Locuções tradicionais no Brasil

LUÍS DA CÂMARA CASCUDO

Locuções tradicionais no Brasil

© Anna Maria Cascudo Barreto e
Fernando Luís da Câmara Cascudo, 2003

1ª EDIÇÃO, GLOBAL EDITORA, SÃO PAULO 2004
1ª REIMPRESSÃO, 2008

Diretor Editorial
JEFFERSON L. ALVES

Gerente de Produção
FLÁVIO SAMUEL

Assistente Editorial
ANA CRISTINA TEIXEIRA

Revisão
GIACOMO LEONE NETO
MÔNICA CAVALCANTI DI GIACOMO

Capa
EDUARDO OKUNO

Editoração Eletrônica
LÚCIA HELENA S. LIMA

Dados Internacionais de Catalogação na Publicação (CIP)
(Câmara Brasileira do Livro, SP, Brasil)

Cascudo, Luís da Câmara, 1898-1986.
 Locuções tradicionais no Brasil / Luís da
Câmara Cascudo. – São Paulo : Global, 2004.

 ISBN 85-260-0872-2

 1. Cultura popular – Brasil 2. Folclore – Brasil
3. Português – Palavras e locuções I. Título.

03-7358   CDD-398.0981

Índice para catálogo sistemático:

1. Brasil : Locuções tradicionais : Cultura
 popular : Folclore   398.0981

Direitos Reservados

**GLOBAL EDITORA E
DISTRIBUIDORA LTDA.**
Rua Pirapitingüi, 111 – Liberdade
CEP 01508-020 – São Paulo – SP
Tel.: (11) 3277-7999 – Fax: (11) 3277-8141
e-mail: global@globaleditora.com.br
www.globaleditora.com.br

Colabore com a produção científica e cultural.
Proibida a reprodução total ou parcial desta obra
sem a autorização do editor.

Nº DE CATÁLOGO: **2272**

Sobre a reedição de Locuções Tradicionais no Brasil

A reedição da obra de Câmara Cascudo tem sido um privilégio e um grande desafio para a equipe da Global Editora. A começar pelo nome do autor. Com a concordância da família, foram acrescidos os acentos em Luís e em Câmara, por razões de normatização bibliográfica.

O autor usava forma peculiar de registrar fontes. Como não seria adequado utilizar critérios mais recentes de referenciação, optamos por respeitar a forma da última edição em vida do autor. Nas notas foram corrigidos apenas erros de digitação, já que não existem originais da obra.

Mas, acima de detalhes de edição, nossa alegria é compartilhar essas "conversas" cheias de erudição e sabor.

Os editores

Sumário

Favas contadas 26
Porrado 26
Minha senhora! 27
Camisa de onze varas 27
Amarrar o bode 28
Macaco não olha o rabo! 29
Coma sal com ele 29
Andar à toa 30
Ouvir como grilo 30
Apetitosa! 31
Níquel! 31
Nem a gancho 32
Emendar as camisas 32
Estar em papos de aranha 33
Outros quinhentos 34
Provérbios 35
Mão beijada 36
É de se tirar o chapéu 36
Éfes e érres 37
Palma e capela 38
Mnemônias 39
Buscar fogo 40
Os três vinténs 41
Levar forquilha 42
Pentear macacos 43
O queijo do céu 43
Com licença da palavra 44
Nove horas 45

Ah! uma onça	47
Cabeça seca e treze de maio	48
Engravatado	49
Enxerido sem lenço	51
Nhénhénhén	52
Tem rabo ou tem cotoco	52
Dar trela	53
Cruz na boca	53
Horas minguadas	54
Pés juntos	55
Levou gagau	55
Arcas encouradas	56
Breca	57
Lá nele!	57
Torcer o pepino	58
Entroviscado	58
Foi um ramo	59
Ter fígado	60
Lunático e aluado	61
Torrinha, paraíso e galinheiro	62
Assinar de cruz	64
Viva-rosário	64
Frango da botica	65
Estrada da liberdade	65
Espritado	66
Vá tomar banho	67
Vida de camaleão	68
Cortar os esporões	69
São brancos, lá se entendem	70
Milagre de santa vitória	70
Borrar o mapa	71
Espora quebrada	72
Entrar com o pé direito	73
Dente de coelho	73

Sapato de defunto	74
Cobra que perdeu a peçonha	74
Andar ao atá	75
Sangue no olho	75
Estar de paquete	76
Danado!	77
Vida de Lopes	77
Fazer as onze...	78
Meco	80
Xeta	81
Estar de carinha n'água	81
Cheio de gás	82
Pian-pian	83
D'aqui mais pra aqui	83
Enfronhado	84
Escuro como um prego	84
Abafar a banca	85
Passou-lhe a mão na cabeça	85
Bater com a mão na boca	86
Pedrinha no sapato	87
Lamber o dedo	88
Pelo bater da chinela	89
Às de vila Diogo	91
Na tubiba, entubibar	95
"Trocar" a imagem	95
Fazer sopa	96
Sujeito escovado	96
Meter um prego	97
Vá plantar batatas!	97
Bode expiatório	99
Comer com os olhos	99
Falar no mau, preparar o pau	100
Dá cá aquela palha!	101
Casa da mãe Joana	101

É rixa velha 102
Nascido nas urtigas 102
Beijar e guardar 103
Está com a mãe de São Pedro 104
Aqui é onde a porca torce o rabo 104
Gato-sapato 105
À custa da barba longa 106
Os mansos comem coelho 106
Segurar o diabo pelo rabo 107
Não case em maio 108
Rente como pão quente 109
Triste como Maria Beú 109
Custar os olhos da cara! 110
Guarda de baixo! 110
Dia em que os diabos se soltam! 110
Dar com os burros n'água 111
É um safado! 112
Quem vê as barbas do vizinho arderem... 113
Cuspir na cara... 113
Fisgar ladrão 114
Surdo como uma porta 115
Sem dizer água vai! 115
Bilontra 116
Bebeu água de chocalho .117
Cum quibus 117
Tapear 118
Queira-me bem que não custa dinheiro 119
Avô torto 120
Está na rede 120
No fio da navalha 121
Não vale uma sede d'água 121
Aquilo é uma poia! 122
Torcer a orelha 123
Socairo 123

A mulher do piolho ...124
Caldo entornado ...124
Pagar o pato ...125
Pregar uma peça ...126
Hóspede de três dias... ...127
Caldeirão do inferno! ...128
Arco da velha ...129
Trabalhar para o bispo ...130
No rumo da venta ...130
Com unhas e dentes ...131
Quem a boa árvore se chega... ...131
Rir a bandeiras despregadas ...132
Fazer chorar as pedras ...132
Aos trancos e barrancos ...133
Descobrir mel-de-pau engarrafado ...133
Casaca de couro! ...134
Morreu o neves ...134
Poeta d'água doce ...135
De meia cara ...135
Vá cantar na praia! ...136
Correr coxia ...136
Como um fuso ...137
Cada um sabe onde o sapato lhe aperta ...137
A mãe do bispo ...138
De alto coturno ...139
Letreiro na testa ...139
Uma via e dois mandados ...140
Não sou caju ...140
É um mata-borrão! ...141
Estranhar a capadura ...142
Saçangar ...142
Perder as estribeiras ...143
Ainda candeias às avessas ...143
Só com esse dedo ...144

Ainda a pedra de escândalo	144
Tem topete!	145
Mar coalhado e areias gordas	146
Enfiado	147
Besta como uruá	147
A terra lhe seja leve	148
De pés e mãos	148
Pano amarrado	148
Sua alma e sua palma	149
Sujeito-pancada	150
Cara de herege	150
Casa de orates	150
Meter a catana	151
Calote	151
Dar o nó	152
Cobras e lagartos	153
Levantar e arriar o paneiro	154
Badulaque	155
Beber da merda	155
Bater barba	156
A boi velho não busques abrigo	157
Cara-dura	157
Arraia miúda	158
Santinha de pau oco	159
Entrar numa roda de pau	159
As paredes	160
Para os alfinetes	161
Abrir o chambre	162
Fazer pinto	163
Patacão de sola	164
Dar bananas	164
Molhado como uma sopa	165
Sal na moleira	166
Fidalgo de meia-tigela	167

As botas de Judas 167
Quebrar a tigela 168
Pegar a ocasião pelo cabelo 169
Donzela de candeeiro 170
Bancando... 171
É uma abadessa 171
Inchar 172
Caga na vela 173
Quilotado 173
Conhecer pela pinta 174
Sem ofício nem benefício 175
Portador não merece pancada 175
Sem eira nem beira 176
Dar luvas 177
Beber ou verter 177
O fito 178
É frecheiro 178
Mundos e fundos 179
Um profuso copo d'água 180
Gato por lebre 180
Não me cheira bem 181
Carona 182
A toque de caixa 183
Tratado à vela de libra .183
Chimangos e maragatos 184
Cantar "serena estrela" .184
Salvou-se um'alma! 185
É peia! 186
Condessa 186
Galinha dos patos 187
Carcamano 187
Por um triz... 188
Doer o cabelo 188
Boa peseta! 188

Não entendo patavina	189
A terra te soverta!	189
Ficou um bolo!	190
Arrotando importância	190
Ronca	191
Cabra de peia	191
Dois bicudos não se beijam	192
Uma "senhora" feijoada	192
Topo!	193
Queiroz, paga pra nós...	193
Preto no branco	194
Homem de boa fé	194
Anda num curre-curre	195
É um sendeiro!	195
Dar a vida	196
Deixe de alicantinas...	197
Usa escrava de ouro!	198
Chucha calada	198
Comido da lua	199
Raio de celebrina	199
Comendo coco	200
Tempo dos afonsinhos	200
Cabeça de turco	201
Para inglês ver	201
O homem da capa preta	201
Passar a perna	202
De canto chorado	202
Macaca	202
Sangria desatada	204
Tempo do rei velho	204
Tempo do onça	204
Tempo da amorosa	205
Biruta	206
Emprenhar pelos ouvidos	207

Em tempo de murici	208
Pratos limpos	208
A Inácia	209
Bernarda	209
Meio Lili	210
É um tratante!	210
Trastejando	211
Nos azeites	211
Chegar ao rego	212
Facada	212
Mordedor	212
Requentado	213
Despacho	214
Mandado	214
Peitado	214
Peitica	215
Godero	215
Pá virada	216
Chorar pitanga	217
Oveiro virado	217
Quem anda aos porcos	217
Quebrar lanças	218
Sem tacha	218
Chapa	218
Ficar no tinteiro	219
Mamado	219
Encolhas	219
Em cima da bucha	220
No rumo da fumaça	220
Três dias de cigano	221
Rota batida	221
Deixe de pagode!	221
Favela	222
Roer um couro	222

Madeira de lei	223
Está num torniquete	224
Locuções referentes ao bilhar	224
É moça	225
Pé-rapado	226
É um puticí	227
Apito	227
Bóia	228
Vai para o Acre	228
Mateus, primeiro aos teus!	229
Espevitada	230
Um é xéo, outro é bauá	231
Frevo	232
Mandar à tabúa	232
Maria vai com as outras	232
Vender azeite às canadas	233
Tempo do Padre Inácio	233
Argel	234
Não vale um xenxem!	234
Matar o bicho	235
Cré com cré e lé com lé	235
Os pontos nos iis	236
É muito cutia!	236
Cachimbado	236
Bigodeado	237
De caixa destemperada	237
Cachimbo apagado	237
Na rua da amargura	238
Minha costela!	238
É espeto!	238
Voltemos à vaca fria	239
Eu arvorei!	239
Levar pelo beiço	239
Pela orelha	240

Levado pelo nariz 240
Furado na venta 240
Corta jaca 241
Esfarinhado 241
O dedinho me disse! 242
Leva remos! 242
Em água de barrela 242
Senhor do seu nariz 243
Levado da carepa! 243
Como abelha 244
Rabo entre as pernas 244
Lamba as unhas! 244
Futrico 245
Assoe-se nesse guardanapo 245
Ladrando a lua 246
Comem e bebem juntos 246
Descendo do sertão 247
Relampo 248
Levante o dedo! 249
Os pés pelas mãos 249
Sopa no mel 249
Taful 250
Cabelinho nas ventas 251
Ir ao mato 252
Boa pedra 252
Uma rata 252
Procurar um pé 253
Quem tem dor de dentes 253
Lavagem 253
Um quebra-louça 254
Pelo nome não perca 254
Estar na onça 255
Meu cadete! 255
Na ponta do dedo 255

Salve ele! 256
Não sou bodé! 256
Com uma bochecha d'água 257
Pender a mão 257
A ver navios 258
Obra de Santa Engrácia 258
Pau de cabeleira 259
Comprou a casa dos bicos! 259
Bicho careta 260
É um beldroega! 261
Perdi meu latim 261
Macaco velho não mete a mão em cumbuca 261
Pegar no bico da chaleira 262
Mais vale um gosto do que quatro vinténs 263
Fazendo biscoito 264
Marca barbante 264
Ser besta 265
É tiro! 265
Está de cavalo selado 265
Mequetréfe 266
Uma banda esquecida 266
Tuta e meia 267
Tangolomango 268
Brincar 270
Carradas de razão 270
Não há boda sem tornaboda 271
Fulustreco 273
Por que cargas d'água? 273
Não dar-se por achado 274
Dar o desespero 274
Metido a taralhão 275
É um pagão! 275
No quente 276
Soprar e comer 276

Ceca e meca	277
Cabra da peste!	281
Vale de lágrimas	281
É como carne de pá	282
Gostar da fruta	282
Torcendo os bigodes	283
Corra dentro!	283
Está nos seus trinta e seis!	284
Arranca-rabo	284
Está em Roma	285
Está na malassada	285
Numa roda viva	285
Pensando morreu o burro	286
Quatro paus	286
Vem de carrinho	286
Comeu buta!	287
Bocó!	287
Viu passarinho verde?	287
Perdeu o trilho	288
Na cacunda do cachorro a galinha bebe água!	288
Ver-se nas amarelas	289
Lá se foi tudo quanto marta fiou!	290
É uma matraca!	291
Arroz-doce de pagode	291
Sete chaves	292
Como trinta!	292
É uma tiborna!	293
Deixe de cantigas! Deixe de lérias!	293
Casa nova, chama cova	294
É um homem marcado	294
Comigo é nove!	295
Baixou o facho	295
Nem arroz!	296
Ao léu	296

Agarre-se com um trapo quente 297
Primeiro sono 297
É como mangaba 298
Boa peça! 298
Trabuzana 298
Velho como a serra 299
Não pisar em ramo verde 299
Destampatório de asneiras 300
O galo onde canta aí janta 300
Com quatro pedras na mão 301
Cagafogo 301
Morra Marta mas morra farta! 302
De apá virada! 302
Fuzilando 303
Bater caixa 303
Cós e maneira 304
As voltas do domingo na rua 305
Fanadinho 306
Virar casaca 306
Comi como um abade! 307
O diabo arma e desarma 307
Estão areados 308
Dizer indiretas 308
Vender farinha 309
Nasceu empelicado! 309
Bater-se com armas iguais! 310
É um alarve 310
Ram-me-ram ou ramerrão 311
Talagada 312
Pau nos galhos 312
Não há boiada sem boi corneta 313
Deu em vasa-barris 313
Malandro não estrila! 314
A volta é cruel! 314

Água ruim, peixe ruim 315
Passar a manta 315
É de chupeta! 315
Canhanha e corcoroca 316
Come surucucu! 316
Passar ginja 317
Coió! 317
Quem tem mazela tudo dá nela! 318
Quinhão do vigário 319
Sair à francesa 319
É um caraxué 321
Comer leite 321
Água no bico 322
Tudo mingua no minguante 322
Moita! 323

– Recolhei os pedaços que sobejaram para que nada se perca.
Evangelho de S. João, 6,12

Todas as locuções reunidas neste livro foram ouvidas por mim. Nenhuma leitura sugeriu indagação. Vieram para documentá-las no Tempo.

Evitei as tentações do esclarecimento controvertido daquelas frases que tinham sido queridas e vulgares em Portugal de trezentos anos passados, fixadas na literatura coetânea e jamais vivas na linguagem brasileira.

O convívio de meio século com o Povo e o contato diário com sucessivas gerações de estudantes autenticavam a presença funcional dessas *palavras cazeyras com que nos creamos*, na confidência de D. Francisco Manoel de Melo, na *Visita das Fontes*, na Lisboa de 1657.

Passei parte da adolescência no sertão oeste do Rio Grande do Norte, pela região do Seridó e nas ribeiras paraibanas do Rio do Peixe e Piancó, antes das rodovias e da luz elétrica. As velhas estradas eram paralelas e não perpendiculares ao litoral. O inglês Trevelyan afirmou que a Idade Média terminara no séc. XVIII. Creio que não se extinguiu totalmente. Era ainda e normalmente o séc. XVIII, entre D. João V e D. José I, o sertão em que vivi.

Na minha família, paterna e materna, as mulheres atingem a uma lúcida e assombrosa ancianidade. As avós e tias-avós foram as minhas Camenas informadoras. E vivíamos em fazenda-de-criação. Viajávamos a cavalo. Vi minha Mãe na cômoda liteira setecentista, natural como uma contemporaneidade. Ouvi falar os vaqueiros voltando do Piauí. Lera em voz alta a *História do Imperador Carlos Magno* para os tios e primos embevecidos. Resistiam, nos armários de cedro ou mogno, livros venerandos, vindos dos

Vigários-Colados. Conheci inúmeros ex-escravos, colaboradores inestimáveis. O Prof. W. P. Ker convencera-se da existência temática da Idade Média e além-Renascença, já no séc. VI. Posso, agora, identificar a linguagem ouvida por mim como uma repercussão quase fiel de Azurara, João de Barros e Diogo do Couto, "matalote" de Camões. Esse tesouro, escondido na memória inconsciente pelo seu automatismo, lastreou as emissões do meu papel-moeda posterior. Seria meu azimute na marcha jubilosa pela quarta dimensão. A bibliografia utilizada foi complementar. As vozes antigas, murmurando as conversas incomparáveis, já constituíam a veracidade fundamental.

Limitando a tarefa às locuções tradicionais, não recusei hospitalidades às relativamente modernas, pequeninas construções novas erguidas com o material das reminiscências sem idade, como surge uma aldeia nas ruínas do castelo desmoronado.

Desejei recolher uma longa série de locuções populares, essas 485, em pleno serviço na fraseologia nacional, com o mérito da legitimidade e a desculpa da boa-intenção que satisfaria Montaige. Reler e lembrar foram os fundamentos. A feiticeira Imaginação não colaborou. Nem a reminiscência erudita alistou-me, de caldeira e pendão, no *Doctus cum libro*.

Fiquei, intemporalmente, ausente dos Golias e Nibelungos, noutra atmosfera e paisagem de interesse e ternura. Os fenômenos sensacionais passaram por mim como sombras n'água viva. Fui uma Danaide jubilosa, julgando indispensável a inutilidade do esforço, sentindo prêmio onde seria penitência.

Termino, com saudades, meu trabalho, libertador das erosões distímicas e demais cortesãos da Velhice.

"Eu dessa glória só fico contente...".

Cidade de Natal, fevereiro de 1970.

Luís da Câmara Cascudo

No *Coisas que o povo diz...* Rio de Janeiro, Bloch, 1968), estudei as seguintes locuções:

- Voz do Povo, Voz de Deus.
- Festa de pobre é bucho, festa de rico é luxo.
- Quem empresta nem para si presta.
- São outros quinhentos.
- Arrancar a máscara.
- Ovelha negra.
- Emprenhar pelos ouvidos.
- Está frito!
- Correr com a sela.
- Candeias às avessas.
- Ficou com a calva à mostra.
- Pagar com palmo de língua.
- É um alho.
- Quem mente se engasga.
- Mente por todos os dentes.
- Puxar a orelha.
- Não meto a mão no fogo.
- Chocando com os olhos.
- É da pontinha.
- Beber sobejo.
- Deu no vinte.
- Pedra de escândalo.
- Tem caveira de burro.
- Gato amarrado.
- Quem nasceu cego da vista.
- Hurra!
- Tirar o roço e baixar a trunfa.
- Filho das ervas e filho da folha.
- Papa jerimum.

No *Folclore do Brasil*, (Rio de Janeiro, Fundo de Cultura, 1967) interpretei o "No tempo de muricí".

FAVAS CONTADAS

O cúmulo da meticulosidade desconfiada seria *contar favas*.
Mas a fonte é outra.
Frase bem velha. Jorge Ferreira de Vasconcelos, na *Comédia Ulisippo*, Lisboa, 1618, (o autor falecera em 1585), registou-a, ato I, cena VII: "E porque sei isto há muitos dias, quem de mim quiser alguma coisa, meta a mão na bolsa, porque *é favas contadas*".
Idem, na *Comédia Eufrosina*, V, 5, diz Cariófilo: "O que digo é conveniente, e *favas contadas!*".
Quevedo, no *Cuento de cuentos*, (1626): *Aqui no hay sino sús, y alto, a casar, que estas son "habas contadas"*.
Antigamente votava-se com as favas brancas e pretas, valendo o *sim* e o *não*. Cada votante atirava o voto na urna. Depois, vinha a solene apuração pela conetagem dos grãos. Estaria eleito quem obtivesse maior número de favas brancas. *Favas contadas* decidiam o pleito, e mesmo julgamento em concursos.
Não é ocasião de evocar as favas como elementos religiosos na Grécia e em Roma.

PORRADO

Embriagado, trôpego pelo álcool, "cercando frango", cambaleante.
Porrado sugere ter sofrido *porrada*, golpe com a *porra*, clava de combate, de madeira rija ou de ferro, utilizada até o séc. XV nas batalhas. Mas, provém de um guisado com alhos porros, quando ingerido em volume desmedido. Já no séc. XIV referia a quantidade maior consumida, provocando a denominação. Viterbo cita uma *porrada de leite* em 1367. Passou aos líquidos e nos finais do séc. XVIII Bluteau e Moraes registavam a *porrada de vinho que tolde e tombe a quem o tome...* A este dir-se-ia, ainda hoje, *está porrado!*
Como sinônimo do membro viril, data dessa época.

MINHA SENHORA!

Um hábito que se tornou tradicional e obrigatório, no plano do protocolo social brasileiro, é o marido apresentar a esposa como *minha Senhora!*

É óbvio ser a esposa a única que o marido poderá referir-se como a *minha mulher*. A mulher dos outros é que será *minha Senhora*.

Creio etiqueta exdrúxula no cerimonial recriado no Brasil nos finais da primeira metade do séc. XIX. Deve ser posterior a 1821 porque os fidalgos de D. João VI não se lembrariam de tratar as cônjuges por *minha Senhora*, como se não fossem as positivas e funcionais *mulheres* deles.

Em Portugal é regra imutável e multissecular, começando pelos Soberanos. Em documento de 1150, lê-se: "Eu, Afonso, Rei de Portugal, *et uxor mea Regina Mahalda*. Eu, Afonso, Rei, e minha esposa, a Rainha Mafalda."

Em 1292, o Rei D. Diniz declarava numa doação:

– "E eu D. Diniz emsembra (juntamente) com a *Rainha Da. Isabel, minha mulher...*".

Na legitimação de D. Afonso em Lisboa, 20 de outubro de 1401, o Rei D. João I assim se expressa: – "... e esta despençação, em todo nem em parte, não faça prejuiso a meus filhos, o Infante D. Duarte, D. Pedro, D. Henrique, D. João, e D. Britis e Da. Branca e a outros quaesquer filhos que eu houver da *Rainha Dona Felippa, minha mulher...*".

Em Portugal ensina-se que: – minha mulher é sua Senhora, e sua mulher é que é minha Senhora! Em cartas há a fórmula cortês: – Meus respeitos a sua mulher, muito Senhora minha!

Malandrice astuciosa dos maridos brasileiros. É mais fácil mentir a Senhora que enganar a Mulher...

CAMISA DE ONZE VARAS

"Meter-se em camisa de onze varas" é estar em situação difícil, angustiosa, desesperada. Debater-se em problema possivelmente insolúvel.

As explicações sobre a figura complicam-na em vez de esclarecê-la. Certo é que jamais foi usada camisa com esse tamanho. A véstia dos condenados à forca apenas cobria os pés dos supliciados. Não media, evidentemente, onze varas, ou seja, doze metros e dez centímetros de extensão.

Desde o Rei Afonso Henrique, no séc. XIII, em Portugal, as penas de açoites eram aplicadas por cima da camisa, conforme a resistência física do sentenciado. Um documento da época, divulgado por Viterbo, é convincente: – "Toda mulher torpe, que sem causa injuriar a mulher honesta, leve sinco açoutes *por cima da camisa*". É a interpretação dos "Estatutos da Confraria de Santa Maria do Castelo de Thomar", (1388) : – "Se algum Confrade ferir outro Confrade com spada, ou com coytello *entre em camisa em XXX tagantes*. Aquele, que a seu Confrade der punhada, ou lhe messar a barba, *entre em camisa a sinco tagantes*". Tagante era o choque do açoite, podendo cortar, retalhar a carne. Do verbo *tagar*, ferir, cortar. *Em camisa*, evitava-se maior dilaceração da epiderme.

A sentença de onze golpes com varas sobre a camisa do condenado será a explicação da frase, ainda expressiva: – *entrar em camisa de onze varas*. A pena seria rápida e pouco dolorosa, comparativamente, mas, apregoada e pública na execução, tomava o caráter oprobioso, de humilhação notória e vergonhosa exibição. Daí o cuidado de evitá-la e o horror de sofrê-la.

Não creio que a *camisa* fosse sinônimo de penalidade, como o *gibão de açoites*, pancadas dirigidas às costas, ou *calçadas*, perna de calça cheia de areia grossa e pedrinhas, podendo matar. Uma versão portuguesa e popular da morte do arcebispo de Tessalônica, D. Frei Inácio de S. Caetano, onipotente confessor e Ministro da Rainha Da. Maria I, fá-lo sucumbir *às calçadas* na matinha de Queluz (1788).

AMARRAR O BODE

Zangar-se. "Estar de bode amarrado", mal-humorado, irritado, enfezado. Raimundo Girão regista "dormir, pegar no sono": *Vocabulário popular cearense*, Fortaleza, 1967.

Corresponde ao *prendre la chèvre*, valendo se *fâcher*, de velho uso na França porque Montaigne já empregava na segunda metade do séc. XVI.

Ils sont matelineurs, prompts à prendre la chèvre: Mathurin Regnier, "Macette", Satyre XIII, 1612. *Se fâcher, s'emporter*, (Larousse).

Os bodes amarrados são impacientes e furiosos. Criados em liberdade, a prisão motivará rebeldia, expressa em movimentação e berreiro. Nos sertões nordestinos, Bode também significa farnel de viagem, denunciando a vulgaridade da carne caprina na alimentação.

MACACO NÃO OLHA O RABO!

Ausência de autocrítica. Ridicularizar no alheio o defeito próprio. Elefante zombando das trombas e tucanos, dos bicos. Ladrão inimigo dos larápios. Satanás pregando Quaresma.

Originar-se-ia de um conto popular, com naturais variantes, personalizando animais rabudos e os desprovidos do apêndice.

A versão que conheço, desde criança, evoca o macaco aconselhando a Cutia (*Dasyprocta aguti*, Lin.), retirar a invisível cauda do caminho, enquanto a dele atravessa a estrada, sendo esmagada pelo carro sobrevindo. Não encontrei essa estória nas coleções impressas ou índices sistemáticos.

No *Jisabú*, provérbios de Angola, de "Jakin ria Mata", Joaquim da Mata, Lisboa, 1891, deparo: – *O hima katale o mukila uê*, "macaco não vê rabo seu". Em nenhuma série de contos angolanos li motivo utilizando o provérbio. Certamente o episódio existe e será a fonte brasileira.

COMA SAL COM ELE

– "V. diz que não lhe encontra defeitos? *Coma sal com ele!*".

O conhecimento será o resultado da convivência. Viver juntos, refeição em campanhia, provando o mesmo sal, é a melhor escola para a revelação dos temperamentos. A intimidade consagra ou decepciona. Não há meio termo.

A locução continua popular.

D. Duarte, XI Rei de Portugal, (1433-38), dedicou o capítulo XIX do seu *Leal Conselheiro*, (deixando manuscrito e publicado em 1842, Paris), a estudar a "razom por que dizem que se deve comer um moyo de sal com algña pessoa até que a conheçam".

O ditado seria vulgar na centúria anterior.

No tempo de D. Duarte o moio de sal contava sessenta e quatro alqueires.

Comer 882,2, litros de sal, condimentando alimentos comuns, creio ser período suficiente para a percepção da mentalidade do comensal.

Pelo menos, pensava-se assim no séc. XIV.

ANDAR À TOA

Na *Comédia Aulegrafia*, (42, v), de Jorge Ferreira de Vasconcelos, (1619):

– Cuidou levar *à toa* sua dama.

Fácil, irrefletidamente, folgada, sem esforço. À toa, desgovernado, sem determinação própria, a esmo, ao léu. Irresponsável. Homem ateu, mulher atéia.

Toa é o cabo de reboque. A nau *à toa* é a que não tem leme nem rumo, ambos determinados pela corda que a prende ao navio condutor.

OUVIR COMO GRILO

Muito vulgar a comparação.

Dediquei ao grilo um capítulo no *Canto de muro*, (Rio de Janeiro, 1959), seduzido com essa inquieta e vibrante figura. Tradicional é a sua sensibilidade auditiva, condicionando a difusa orquestração dos élitros às garantias da conservação pessoal. Cessa, prudentemente, as emissões rítmicas à menor percepção ameaçadora. Irradiando o programa de música hiperastral, não permite ao investigador localizá-lo pelo fio sonoro.

Os portugueses possuíam no séc. XVI o expressivo verbo *ingrilar*, aguçar os ouvidos à maneira do grilo.

– De contino siempre oteo, (ólho)
Ingrilando los oidos

diz o pastor Jorge, no *Auto pastoril castelhano*, de Gil Vicente, representado em dezembro de 1502, pelas "matinas do Natal", Paço Real de Alcáçova, (Castelo de S. Jorge), em Lisboa.

APETITOSA!

Minha filha Ana Maria, voltando do Colégio, apressava a refeição dizendo: – "Estou muito apetitosa!". Diga, estou com apetite, menina!

Há tempos, minha filha com o curso jurídico, casada e mamãe, pedi-lhe desculpas pela corrigenda dispensável aos seus 12 anos.

Na *Comédia Aulegrafia*, (Lisboa, 1619), de Jorge Ferreira de Vasconcelos, (1,12), leio: – "E sabei-o, senhor afilhado, como me eu quero, isso há de ser assoprar e comer, porque eu *sou muito apetitosa*, e cozo mal dilações".

NÍQUEL!

É uma exclamativa popular no Brasil, significando "coisa nenhuma, absolutamente nada". Deturparam para *Nécas* e também *Néris*.

– "Trabalhei na eleição dele, e *níquel*! Não se lembrou de mim". "Quanto ao dinheiro, *nécas*!". "Pedi, requeri, cavei, e *néris!*".

Na *Romagem de Agravados*, 1533, de Gil Vicente, diz o rico Cerro Ventoso ao Frei Narciso, querendo inutilmente *bispar*, ser Bispo:

– Assi que pescastes *nichel!*

É a mesma intenção atual. Antonio Prestes, no *Auto do mouro encantado*, (Lisboa, 1587), repete a imagem verbal:

– Sois de Baião? *Nichel!*

É a prosódia vulgar de *Nihil*, nada.

NEM A GANCHO

Não ceder a força. Difícil, quase impossível. "Nem Deus com um gancho e o Diabo com um garrancho!". Impassível à violência e habilidade. Gancho é também o trabalho auxiliar ao orçamento normal. "Foi à gancho", lenta e custosamente. Lucro adventício.

No *Repertório das leis extravagantes*, (II, tit. XVII, Lisboa, 1569), de Duarte Nunes de Leão, o Rei D. Manoel determinara que os mecânicos deveriam *ter um gancho com croque de haste de 16 palmos* para acudirem às brigas e agarrar os que se acolhiam, para não serem presos em flagrantes. Para retirar objetos nas casas incendiadas. Mecânico era o plebeu, não nobre.

Essa oficialização da serventia do gancho divulgou-o entre o Povo português do séc. XVI, dando a idéia da tração irresistível, que a locução conservou. Assim veio ao Brasil. (Ver p. 113).

EMENDAR AS CAMISAS

Era uma truculenta bravata que alcançou as primeiras décadas do séc. XX, nos sertões do nordeste brasileiro.

Desafiados para duelo de morte, os adversários amarravam as fraldas dianteiras das respectivas camisas, uma na outra, com nó cego, impossibilitando a distância do antagonista, e lutavam à faca ou punhal, até que um dos participantes tombasse.

Em 1895, nos arredores da cidade do Caicó, Rio Grande do Norte, meu Pai, então delegado militar, interrompeu uma dessas lutas bestiais, já os contendores ensangüentados mas ainda ferozes. Leonardo Mota narra uma disputa bárbara, em 1914, no Ceará, entre os cangaceiros Zé Pinheiro e Antonio Godê, acovardando-se o primeiro. Emendadas as camisas, a *fala* de Antonio Godê fora esta:

— "Agora que nós estamo amarrado um no outro e nenhum de nós pode correr, bata mão à faca, cabra senvergonho, que chegou a hora de si decidir quem de nós dois é o home mais home!". Zé Pinheiro, intimidado, não reagiu.

Essa técnica não pode ser invenção sertaneja e sim tradição na Europa. Em certas batalhas os guerreiros encadeiavam os cavalos para não se afastarem da pessoa do Rei. Assim foi em Crécy, 26 de agosto de 1346. Os cavaleiros do séquito de Jean l'Aveugle, Rei da Boêmia, "para cumprirem a sua palavra e não perderem o seu Rei na confusão, ligaram uns aos outros os freios dos seus cavalos, puseram o Rei seu Senhor à frente para melhor satisfazerem a sua vontade, e dirigiram-se assim contra o inimigo... No dia seguinte, encontraram-nos no campo de batalha, estendidos em volta do seu Senhor, eles e os seus cavalos que estavam todos ainda ligados uns aos outros", historia Froissart.

Seria o máximo do destemor ligarem-se os duelistas para a certeza dos golpes e vizinhança dos alvos. Não estaria, certamente, nas regras do bom combate, mas a imaginação humana é fértil na exibição da coragem selvagem.

Diz-se igualmente nos sertões *emendar os bigodes*, mas em referência às conversas intermináveis. "Emendaram os bigodes, e foram até pela manhã, batendo língua...".

Bater língua, bater papo, bater barba, esta na antiga gíria naval, prosa sem-fim entre velhos comandantes, no tempo do *Mar-à-Vela*...

Ausência documental não prova inexistência. *Ça n'empêche pas d'exister*, como dizia Charcot ao aluno Sigmund Freud.

Lembro que, havendo igualdade de armas e de condições físicas, são livres os pormenores duelistas, com testemunhas, quanto mais os clandestinos, fora da fiscalização dos amigos ou autoridades. Em 1712, Lord Mohun e o Duque de Hamilton bateram-se em Hyde Park até a morte de ambos, no coração de Londres.

Os combates *dans l'enceinte fermée*, apenas atendendo ao comprimento das espadas, eram de repercussão brilhante.

Jamais saberemos as formas que os velhos *Duéos* em Portugal obedeceram, *açoitamento* e *desafiações*, sem rastos em livros.

Emendar as camisas é uma indiscutível sobrevivência, valendo debate decisivo, luta desesperada, sem pausa. Discussão intérmina e acalorada.

ESTAR EM PAPOS DE ARANHA

É viver perigosamente, atravessar momento angustioso, difícil, melindroso. Não conheço significando azáfama, urgência, pressa.

Castro Lopes verteu *papos* por *palpos*, impossível na prosódia vulgar.

A investigação das frases tradicionais é feita nos livros e através de processos simpáticos ao pesquisador. *Doctus cum libro*. Jamais a curiosidade alcança a interpretação popular, como explicam a locução, transmitida pela memória coletiva nas gerações, entre analfabetos, conservadores do patrimônio anônimo e cultural.

O Povo diz, inalteravelmente, *papos*, valendo estômago, barriga, saco digestivo. Contam todos que a aranha é insaciável. Nunca rejeita presa. O apetite é estado normal. Não há exemplo de aranha dispéptica ou com fastio. *Estar em papos de aranha* é situação de encontrar-se semidevorado, em via de deglutição, condenado a tornar-se vianda. A tradição famélica da aranha é suficiente formadora da imagem ameaçadora e voraz.

O Povo tem sua História Natural, e no domínio da Fisiologia, inútil é o ensino anatômico vigente.

Assim entende quem estiver *em papos de aranha*.

OUTROS QUINHENTOS

Estudando essa frase, (*Coisas que o povo diz*, Rio de Janeiro, 1968), apenas marquei rumo com as fontes então disponíveis. Adianto um pouco.

A partir do séc. XIII os *fidalgos de linhagem* na Península Ibérica podiam requerer satisfação de qualquer injúria, sendo condenado o agressor em 500 soldos. Quem não pertencesse a essa hirarquia alcançava apenas 300. Compreende-se que outra qualquer vilta, vitupério sem razão, posterior à multa cobrada, não seria incluída na primeira. Matéria para novo julgamento. Outra culpa. Outro dever. Seriam, evidentemente, *outros quinhentos* soldos. Assim D. Quixote, (I, XXII), afirma a Sancho Panza ser *hijodalgo de solar conocido, de possión y propriedad, y devengar quinientos soldos. Devengar hacer suya una cosa ó adquirir derecho á ella.*

A frase é de emprego secular na mesma intenção contemporânea.

Luís de Camões, *Filodemo*, 1555, representado em Goa: – "Doriano: – Dionisia, a mais formosa dama que nunca espalhou cabelos ao vento, senão ainda para o assegurar esse sua boa ventura que lhe vem a descobrir que é filha de nam sei quem nem quem não.

Monteiro: – Esses *são outros quinhentos*...".

Antônio José da Silva, o Judeu, no *Pricípicio de Faetonte*, Lisboa, 1738, faz dizer ao servo Chichisbéu: – "Senhor, quem albardar uma formosura, há de atuar o ser raivosa, zelosa, comichona, pedinchona, desvanecida: pois se tiver acidentes da madre, ainda *são outros quinhentos!*".

Francisco Manoel do Nascimento, (Filinto Elisio, 1734-1819, *Obras completas*, I, 21-22) : – "Ah, que se eu metesse em conta todos os ciúmes, ódios, pragas, críticas e ainda sátiras que os tais versinhos me granjearam, *outros quinhentos seriam*".

PROVÉRBIOS

Naturalmente há centenas de anexins muitas vezes milenários. Os da Bíblia, do Velho Testamento, por exemplo.

Mas a recordação é mais recente.

O imperador Vespasiano faleceu em Roma a 23 de junho da ano de 79 na Era Cristã.

Dezenove séculos passaram.

Dizia ele que a raposa mudava de pêlo mas não de costumes. *Vulpem pilum mutare, non mores.*

O sertanejo continua convencido de que "a raposa muda de cabelo mas não deixa de comer galinhas".

Tito, herdeiro do Império, exprobara ao Pai haver lançado um imposto sobre os mictórios públicos. Quando o imperador recebeu as primeiras contribuições, deu uma moeda ao filho, perguntando: – *Cheira?* – *Não!* respondeu. – *Pois, é dinheiro das urinas!*

Conta o episódio Suetônio, (*Vespasiano*, XXIII).

Dinheiro não tem cheiro! registou Leonardo Mota no sertão do Ceará: (*No tempo de Lampeão*, Rio de de Janeiro, 1930).

"Uma mão lava a outra", dizemos. *Manus, manum lavat*, era dito romano: Petrônio, *Satyras*, Sêneca, *Apocolocyntosis*, no tempo do imperador Nero, suicidado na noite de 9 de junho do ano de 68, depois de Cristo.

"Cada cabeça, cada sentença". Também em Terêncio: – *Quot homines, tot sententiae*, "Phormio". Terêncio, 194-159, antes de Cristo.

"O olho do dono engorda o cavalo!" regista-se no filósofo Quilon: – *Oculos domini facit equos pingues*, versão do grego. Quilon é do VI século antes de Cristo.

"Cavalo dado não se olha o dente" ou "a boca". Era popular na Idade Média, reminiscência romana onde calculavam a idade eqüina pela dentadura. Registo no *Burro de ouro*, de Apuleu, Lucius Apuleius, 114-184, depois de Cristo. Reinava Marco Aurélio quando ele faleceu. *Gratis equo oblato non deves pondere buccas*. Versão francesa, medieval: – *A cheuol done dent ne gardet*.

"Merda mexida, merda fedida!" anota-se no sertão. Sidônio Apolinário, 430-489, ensinava: – *Foetidentia omnino per cloacali, quae plus commota plus foetida est*. Bispo de Clermont-Ferrand, sendo Papa São Félix III.

Às vezes as adaptações populares são geniais.

O latino: – *Asinus asinum fricat*, um burro esfrega o outro, reaparece como: – "um gambá cheira a outro!".

O exasperante olor do gambá tornar-se perfume, só mesmo para as narinas de outro gambá.

Isso explica o *qui se ressemble s'assemble*, humaníssimo...

MÃO BEIJADA

Gratuitamente, sem encargos e retribuições. Desde o séc. XV referia-se às doações do Rei, satisfeitas com o simples gesto de beijar a mão, agradecendo. Em documento de 1555, o Papa Paulo IV aludia às benesses das igrejas, meios regulares de provento sem ônus; *pé do altar*, ofertas depositadas espontaneamente nos templos, e *mão beijada*, as dádivas generosas para o esplendor da culto e propagação da Fé. *Gratis pro Deo*.

É DE SE TIRAR O CHAPÉU

Digno de admiração. Merecendo homenagem pela importância ou originalidade. Empregam ironicamente.

São reminiscências francesas, *chapeau bas, decouvrez-vous!* valendo semelhantemente. A França, sob Luís XIV, regularizou as saudações pelo chapéu, sensíveis no reinado anterior de Luís XIII-Richelieu. Notadamente depois de 1661, quando faleceu o cardeal Mazarin, (que amava o cerimonial de Roma e das pequenas cortes italianas), o Rei governou sem tutela, e o chapéu mereceu inclusão na etiqueta e ganhou significação protocolar não possuída. Antes eram privativas das vênias e curvaturas, cobertos, tal e qual os "Grandes" de Espanha. Impôs a moda aos demais mundos palacianos da Europa, a Espanha de Felipe V, a Grã-Bretanha de Carlos II, Portugal de D. João V. Tocar-lhe a aba, erguê-lo sem incliná-lo, retirá-lo inteiramente, levantando-o ou movimento circular, no nível da testa ou *varrendo o chão*, foram cumprimentos usuais, conforme a hierarquia dos saudados. Certos pormenores ainda estavam confusos no tempo do *Roi Soleil*. O duque de Saint-Simon, (*La Cour de Louis* XIV, LI), registou as anomalias. Durante o jantar em Versailles *tout le monde étoit couvert. C'eût été un manque de respect de n'avoir pas son chapeau sur sa tête. Le Roi seul étoit découvert. Il se promenoit dans ses jardins de Versailles, où lui seul étoit couvert.* Em Marly todos mantinham o chapéu na cabeça.

As demais frases populares são também francesas. "Chapéu às avessas" *mettre son chapeau de travès*, ameaçador, irritado, antipatia desafiante. "Chapéu *atolado* na cabeça", zangado, desabrido, desrespeitoso; *enfoncer son chapeau*. "Chapéu na mão", *chapeau à la main*, subserviente, adulador, bajulação infatigável.

O séc. XVII fixou os primeiros direitos e deveres na cortesia do chapéu. O séc. XIX faria a divulgação em formas, modelos, tipos, incontáveis, grotestos, elegantes, monstruosos, leves, completando a projeção humana no plano da convivência em sociedade.

ÉFES E ÉRRES

Com todos os éfes e érres vale *com todos os pontos e vírgulas*, meticulosamente, sem omissão, sem erro, com fidelidade.

Frei Joaquim de Santa Rosa de Viterbo no seu *Elucidário das palavras, termos e frases que em Portugal antigamente se usaram e que hoje regularmente se ignoram*, (2ª ed., Lisboa, 1865), informa sobre a letra *F*: – "Em os nossos documentos do século XIII, XIV e XV he mui trivial dobrar o *F* no princípio da dicção, v. g. *ffeita, ffalecido, ffoaram, etc*".

Sobre a letra *R*: – "Desde o século XIII até o XVI delle usaram os nossos maiores, dobrando-o no princípio das dicções, e no meio d'ellas, onde não era preciso, caindo no erro que os Gregos chamam *Rocatizein*, que he uma impertinente repetição do *R*; v. g. *rrasa, rrecorer, rrefertar, rreceber, honrra, honrrado, genrro,* etc.". "Singelo, quando devia ser dobrado, he frequente pelo mesmo tempo, v. g. *Careira, tera,* etc. Até os fins do século XVI ha innumeraveis documentos em que se escreveo o *R* singelo, quando devia ser dobrado; notando-se porém que o escreviam muito mais encorpado que o *r* ordinário, ou talvez usavam do *R grande*, v. g. *fero, tera, baRo, por ferro, terra, barro*".

Do séc. XVI em diante a reação simplificadora impôs-se na polícia da escritura e os *FF* e *RR* foram sendo dispostos em justa proporção gráfica.

Mas, é outro assunto, interessando à evolução ortográfica.

A locução, ainda contemporânea, nasceu d'aquela confusa abundância das duas consoantes. Exigir ou citar algum título *com todos os ff e rr,* aludia ao respeito integral aos originais copiados, transcrevendo-os sem esquecimento ou engano de número nas letras. Tal e qual estavam na fonte, manuscrita ou impressa.

PALMA E CAPELA

De palma e capela sepultam-se as crianças e as donzelas, de qualquer idade.

A capela é uma grinalda de flores cingindo a cabeça, como a coroa triunfal.

A palma é um ramo verde de palmeira, natural ou artificial, disposto na mão do cadáver, entre o braço e o corpo, ou colocado em cima do peito.

É o símbolo do êxito feliz. Palma de Vitória. Palma do Martírio. Palma do Mérito. *Levar a palma,* ganhar o prêmio, vencendo todos os concorrentes. *Palmes Académiques* em França. Constituiu o troféu dos gregos.

Enterrar-se *de palma e capela* é proclamar o estado de pureza, virgindade, ausência de qualquer infração moral. Conduta ilibada, natural nas crianças e heróicas nas mulheres.

Tanto assim que é muito antiga a ironia: – "Sepultou-se de palma e capela! Palma da mão e capela dos olhos!".

Capela dos olhos é a pálpebra.

MNEMÔNIAS

São as *Mnemônias* fórmulas rítmicas facilitando a memorização. Quem não as conhece no Brasil?

> *Um, dois, feijão com arroz,*
> *Três, quatro, feijão no prato.*
> *Cinco, seis, chegou minha vez.*
> *Sete, oito, comer biscoito,*
> *Nove, dez, comer pastéis!*

Dos Estados Unidos à Argentina, em formas múltiplas, reaparecem, simples, originais, sugestivas. No *Literatura oral*, (Rio de Janeiro, 1952), expus o assunto com alguma documentação ainda curiosa.

> *Uno, tio Bruno,*
> *Dos, tio Juan de Dios,*
> *Três, tio Juan Andrés,*
> *Quatro, tio Juan Lobato.*

> *One, two, come buckle my shoe;*
> *Three, four, shut the door;*
> *Five, six, pick up sticks;*
> *Seven, eight, lay them straight.*

Vivem em todos os idiomas, raças, regiões do Mundo.
Bem curiosa é essa *Ladainha*, que Pereira da Costa divulgou em 1908:

> *S. Bartolomeu – Casar-me, quero eu.*
> *S. Luduvico – Com um moço muito rico.*
> *S. Nicolau – Que ele não seja mau.*
> *S. Benedito – Que seja bonito.*
> *S. Vicente – Que não seja impertinente.*
> *S. Sebastião – Que me leve à função.*
> *Santa Felicidade – Que me faça a vontade.*
> *S. Benjamin – Que tenha paixão por mim.*
> *Santo André – Que não tome rapé.*
> *S. Silvino – Que tenha muito tino.*

> S. Gabriel – Que me seja fiel.
> Santo Aniceto – Que ande bem quieto.
> S. Miguel – Que perdure a lua-de-mel.
> S. Bento – Que não seja ciumento.
> Santa Margarida – Que me traga bem vestida.
> Santíssima Trindade – Que me dê felicidade!

Raimundo Rocha recolheu do sorveteiro Luís Almeida, em São Luís do Maranhão, esse pregão mnemônico:

> Tem picolé, seu José.
> É de juçara, dona Januária,
> É de murici, dona Lili,
> É de abacaxi, seu Gigi,
> É de coco, seu Tinoco,
> É de caju, dona Juju,
> É de maracujá, dona Sinhá,
> É um suplício, seu Simplicio.
> É um coquinho, seu Agostinho,
> É um tremendão, seu Brandão!

Ouvir o Povo é curso universitário...

BUSCAR FOGO

Em 1944, estava no Rio de Janeiro, na rua Cruz Lima. O meu amigo José Mariano Filho morava na Paissandu. Pertinho. Fui buscar um livro emprestado e resisti às tentações da conversa. – "Alda! gritou o dono da casa – traga um tição, porque ele veio pedir fogo!".

A frase era comum. Desapareceu a função mas ficou a imagem, justificando visitas rápidas.

Criei-me no alto sertão do oeste norte riograndense, vivendo em pequena fazenda-de-gado, "Logradouro", em Augusto Severo. Acabados os fósforos, fogão frio, ia-se pedir um tição de fogo às casas vizinhas que não eram próximas. A demora seria, evidentemente, mínima. Regressava-se agitando o tição para conservá-lo aceso. Agouro, o tição apagar-se no trajeto.

Depois é que os fósforos abundaram, adquiridos nas lojas *da rua*, povoação mais apropinquada. *Rua* é também sinônimo de Vila para o lavrador português do Minho. Os fósforos só se tornaram comuns depois de 1915, quando as primeiras rodovias articularam o sertão ao agreste e este ao litoral, *na pancada do Mar*. Mesmo assim, pedia-se emprestado algumas *cabeças de fósforos*. Voltando-se, no domingo, da feira, pagava-se a dívida.

A caixa de fósforos era escondida para os meninos não *estruirem* com vadiagem à-toa. Acender o cachimbo ou o cigarro, fumo picado na mão, enrolado em palha de milho, bastava o *artifício*, isqueiro de chifre, jamais negando-se serviço.

Pela *Sátira* que Nicolau Tolentino dedicou a D. Martinho de Almeida em 1779, o *pedir lume* às vizinhas era tradicional em Lisboa.

> *Então já quando em cardume*
> *Sai gente da Fundição,*
> *Como sabeis que é costume,*
> *E já as vizinhas vão*
> *Pedir às vizinhas lume.*

No *Auto da Índia*, 1519, Gil Vicente informava:

> – *Encerrada nesta casa,*
> *Sem consentir que vezinha*
> *Entrasse por huma brasa.*

OS TRÊS VINTÉNS

Perdê-los é decair do estado de virgindade, abandonar o título de Donzela, renunciando a pureza angelical. A mulher, privada de tais vinténs, é mulher *perdida*. Não ocorrendo a compensação matrimonial, encontrar-se-á *na perdição*. João Ribeiro esclareceu, (*Frases feitas*) – "Três Vintens de prata era moeda que, furada e pendida de par com o sino samão e as figas, livravam do quebranto". Havia em Portugal o *Vintém de São Luís*, trocado no dia do santo onomástico, retirado da bandeja das esmolas. D. Francisco Manoel de Melo, (*Escritório avarento*, 1655), dizia-o "bom para o ar, para enxaqueca, quartans, afflacto, mal de olhos, quebranto, e mulheres de parto". Equivalia ao ecupercé, de França, de onde viera a tradição. Nenhuma alusão ao privilégio virginal. Teofilo Braga, (*O povo português*, II, Lisboa, 1885), informa: – "Os talismans que livram a criança de quebranto são um cordão de seda preta tendo enfiado um sino-saimão, *tres vintens de prata* furados, uma argola, uma meia-lua, uma figa e um dente de lobo".

Resulta que o amuleto não seria o *Vintém de São Luís* nem jamais houve em Portugal valor metálico divisionário valendo sessenta réis. Havia o vintem, de prata. Furavam três deles e suspendiam num fio ao pescoço, e não uma única moeda, inexistente na espécie. O desvirginamento correspondia à perca dos talismãs defensores. Daí a insistência dos vocábulos, *perder, perdida, perdição*. A donzela estaria de *corpo-aberto* desde que ficasse sem a custódia sobrenatural, desaparecida a vigilância mágica.

Nunca os *três vintens* valeram indenização compensadora.

Uma donzela deparada sem os *três vinténs* provocava a dedução malévola, de lógica formal. Havia perdido as sentinelas comprovantes da inocência. Sem os três vinténs, não mais era donzela. Os demais pendurucalhos destinavam-se a outras finalidades. Os "três vinténs", com a efígie do Rei-Santo, notadamente o símbolo estava no flor do lis, o lírio da Pureza, explicando a *perdição* feminina.

Levar Forquilha

Malogro, decepção, exposto à irrisão, escárneo público, ridicularizado. Pereira da Costa cita uns versinhos do Recife, *América ilustrada*, 10 de março de 1877, com a caricatura de um candidato à Deputação Geral, derrotado nas eleições:

> – Serena Estrela
> que no céu não brilha.
> Gastei meu cobre
> *E levei forquilha.*

Em Roma aplicavam a forquilha, *furca*, instrumento bifurcado, de madeira rija ou ferro em forma de ipsílon, na garganta dos escravos de pequenas culpas, indolentes, larápios, descuidados. Era o *Forcifer, levando a furca*, forquilha humilhante. Considerava-se, nos últimos tempos, mais uma desonra que um suplício, outrora incluindo flagelação: – *ignominia magis quan supplicii causa*, informa Donat. Com a *furca in collo* era uma divulgação notória da culpa e não sofrimento cruel, como tantos outros em Roma.

A *furca* desapareceu nas punições legais mas *levar forquilha* continua significando zombaria indiscutível ao culpado de haver perdido o que desejara.

PENTEAR MACACOS

Pentear macacos é visivelmente operação escusada, digna de ociosos absolutos e malucos integrais, por inútil e ridícula.

O brocardo inicial português era relativo ao asno. *Mal grado haja a quem asno penteia!* Pentear asnos, burros, jumentos, seria tarefa pouco recomendável aos mentalmente sadios. O ditado era vulgar e o padre Antonio Delicado registou-o no *Adagios portuguezes a logares communs*, Lisboa, 1651.

Em Portugal do séc. XVI não se dizia *macaco* mas *bugio*, de Bugia, na Algéria, onde abundavam. Daí o vá *bugiar! bugiaria, buginganga*.

A redação da *Vá pentear macacos!* é brasileira, pelo emprego de *macaco*, denominação indígena dos símios, vinda dos Galibis, da Guiana. Desconhecido oficialmente em Portugal até meados do séc. XVIII. Numa Carta Real de 11 de dezembro de 1756, El-Rei D. José ainda escreve *Bugios*, referindo-se aos *macacos* do Brasil. Se *macaco* fosse voz africana do Congo estaria na linguagem portuguesa do séc. XVI, de onde esteve ausente mesmo em Gil Vicente e Camões.

O QUEIJO DO CÉU

Há um queijo no Céu que só será partido pelo casal fiel, sem prevaricações mesmo por pensamento. Sabe-se que São Lúcio e Santa Bona, padroeiros dos *bem-casados*, o primeiro casal de "Terceiros Franciscanos", santos do séc. XIII, partiram o famoso queijo.

Depois deles, ignoro os sucessores na imaculada façanha.

O queijo do Céu, em gesso, figurava no andor de S. Lúcio e St. Bona, desfilando na procissão de Cinzas, no Recife, Olinda, Salvador, (1861), e na cidade do Serro, Minas Gerais, (1951). Existe na igreja de S. Francisco, em Ouro Preto, quadro a óleo representando S. Francisco de Assis e os *bem-casados*.

A tradição é portuguesa. Os *bem-casados* participavam das procissões votivas. Na Beira existia o queijo e também um presunto, alternadamente. No Minho, era uma imensa broa, Viana do Castelo, Castelo de Vide.

No Ceará é um bolo;

— "Você pensa que vai comer o queijo do Céu? — Ele julga que cortará o queijo do Céu! — Aquele casal é capaz de partir o queijo do Céu!" eram as referências.

Constituía um dos prêmios da fidelidade conjugal.

COM LICENÇA DA PALAVRA

Com licença da palavra! Falando com pouco ensino! Desculpe a má-palavra! são escusas do sertanejo ao dizer palavras julgadas inconvenientes, ou indignas da atenção do ouvinte, Assim, escrementos, pus, cólicas intestinais, latrina, vômito, porco, perua, são alguns desses vocábulos antecipados pela escusa cortês.

Emparelham com o *sauf votre respect*, dos velhos franceses. Ao espanhol *hablando com perdón*, como se lê no *El buscon*, de Quevedo: — *cayó comigo en una hablando con perdón — privada!* Ao português, *com perdão de Vossa Mercê*, como diz D. Francisco Manoel de Melo, *falando com perdão dos que me ouvem*. Esses melindres, isentando-se da culpa ante a delicadeza do auditório, já existiam em Roma imperial.

No *Satyricon*, (XXXVII), de Petrônio, escrito quando Nero era imperador, um conviva de Trimalxion antecipa a afirmativa de ignorar o gênio protetor do companheiro a quem se dirige, numa ressalva gentil: — *Ignoscet mihi genius tuus*, que o tradutor M. Héguin de Guerle equiparou ao corrente *sauf votre respect*, ou seja, na intenção do *com licença da palavra*, dos nossos sertões.

No Portugal-Velho havia o *salv'onor, salvanor,* salvo o honor de Vossa Mercê, antecipando o que julgavam impropriedades verbais. Gonzalo Correa, *Vocabulário de Refranes,* (Madri, 1924), informou, no séc. XVII – "*Salvonor*, dicese haviendo salva a palabras bajas o vergonzosas, como asno, puerco, o rabo, y semejantes entre gente no pulida: de *salvo honor* se hizo una palavra: *salvonor*, por el trasero".

Essa diversão não ocorreu nos sertões do Brasil.

NOVE HORAS

Na noite de 25 de setembro de 1968, o meu velho amigo João Baptista de Medeiros veio ver-me, acompanhado da filha Teresa e do genro, dr. João de Souza Leão Cavalcanti, flor de velhas roseiras pernambucanas. Visita agradável, cativante, afetuosa. Conversa viva, variada, evocadora. Súbito, olhando o relógio de pulso, dona Teresa sob o pretexto de fazer-me descansar, apressou a saída indesejável. Explica-me: – *O senhor precisa repousar e já são nove horas!*

Nove horas era a razão suficiente, indiscutível, para finalizar tão amistosa convivência.

Foi, realmente, a hora clássica do séc. XIX, regulando o final das visitas, ditando o momento das despedidas.

> *Nove hora! Nove hora!*
> *Quem é de dentro, dentro,*
> *Quem é de fora, fora!*

Em 14 de abril de 1825, Manuel do Nascimento Castro e Silva, cearense, presidente da província do Rio Grande do Norte, decretou a organização dos serviços policiais em Natal, seguindo o modelo do Rio de Janeiro, padrão para o Império. Num artigo, lia-se: – "Depois de *corrida a Caixa das Nove* ninguém será isento de ser apalpado e revistado...". A corneta do Quartel de Linha soprava o *toque de Revista*. Os escravos procuravam a residência dos amos. Era a terminação da vida pública, do trânsito nas ruas, beberetes e perambulagens, arriscados às altercações e arrogância dos soldados patrulheiros. Dizia-se *valente como um patrulha!* As nove horas caía o pano sobre a representação do quotidiano. Apenas os boêmios, notívagos impenitentes, teimavam em afrontar os perigos da noite, da polícia, dos ladrões e capoeiras esfaimados.

Anos depois, o toque fatal passou para as Dez Horas. Era o *toque de recolher*. No Rio de Janeiro o sino de S. Francisco tangia o *toque do Aragão*, fazendo cessar a faina interesseira das derradeiras lojas, de portas abertas.

Mas, as Nove Horas continuaram sendo o horário familiar, findando as conversas vizinhas, silenciando as vozes domésticas. *Nove horas? Adeus! Boa noite!*

Nove Horas era a hora da Idade Média. A hora tranquilizante, derramada pelos sinos medievais sobre as cidades que adormeciam. Era o *Couvre-feu*. Regresso ao lar, cerrar a porta, matar o lume, repousar. Lembrava, em 1456, François Villon, no *Lais*, ou seja, le *Petit Testament*:

> – J'oie la cloche de Sorbonne
> *Qui tousjours a neuf heures sonne!*

Era a hora amarga de interromper o jogo cordial, poquer ou voltarete, e voar para o ninho, evitando tempestade.

Gil Vicente, *Floresta de enganos*, (1536), regista a hora dos encontros. Diz a Moça ao pobre Doutor:

> – *Ide antre as nove e as dez;*
> Assoviais vós bem, meu Rei?
> Ou tossi tamalavez,
> Que logo vos entenderei.

No *Auto da Índia*, (1519), há este diálogo:

> Castelhano: – A qué hora me mandais?
> Ana: – *As nove horas e nó mais.*

D. Francisco Manoel de Melo recordava, no *Relógios falantes*, (1654): – "Não dera ainda *as nove horas*, que é a taxa de todo cativeiro do matrimônio!".

E o homem era solteirão...

Nove horas? Casa! Regra do Bem-Viver conjugal.

Hora velha sentimental, evocadora da vida social de outrora, ainda contemporânea, dispondo, prestigiosa, do tempo dedicado às visitas, constituindo fundamento irrecusável para a obediência brasileira nos finais do séc. XX.

Setecentos anos de domínio!

Criou-se no séc. XIX a figura sestrosa, cerimoniática, meticulosa, do *Cheio de nove horas*, criatura infalível em citar regras, restrições, limites às alegrias dos outros, memoralista dos pecados alheios, fiel lembrete aos códigos e regulamentações, imperativas e dispensáveis, complicando as cousas simples.

Também está vivo!

AH! UMA ONÇA

Em maio de 1967 num ônibus no Recife, perto de mim sentava-se uma preta gorda, imponente, cheia de colares, pulseiras e jóias baratas, a cara pintada como capa de revista, olhando com superioridade para o ambiente. Logo que o veículo deixou uma das *paradas*, um gaiato gritou, na impunidade da distância: – *Ah! uma onça!*...

Esse moteju clássico agitou a negra como se recebesse uma chicotada. Convencera-se que a zombaria seria dirigida unicamente a sua pessoa. Pôs a cabeça na janela, balançou-se, arfando irada, rosnando: – *Malcriado! Atrevido!* Um companheiro de poltrona, bem pernambucano, tentou acalmá-la. Na praça havia armado um Circo e o moleque referia-se certamente a um dos animais que passavam, soltos, possíveis manjares da onça. A negra, soberba, continuou inabalável: *Nada! É comigo...*

É singular que essa pilhéria anônima refira-se a um fato constatado e documentado há três séculos, pela África e continente americano. Já em 1618, no V^{o} dos *Diálogos das grandezas do Brasil*, Brandonio, referindo-se às onças, informava: – "A homem branco não ouvi dizer nunca que matassem, mas aos índios e negros de Guiné, sim".

Von Martius, em 1819, no Amazonas, registara semelhante: – "Assaltam de preferência ao homem preto ou de cor, que não ao branco".

Os versos populares recifenses apregoavam:

> *Na ponte de Caxangá*
> *Fizeram uma geringonça;*
> *Bacalhau é comer de negro*
> *E negro é comer de onça.*

Bacalhau é chicote. Um pequenino grupo de barro de Caruaru, que possuo, com o título *O amigo da onça*, apresenta um preto apertando a pata de uma onça. Impossível maior amizade.

Pela África, ocidental e oriental, vive a mesma tradição. As feras têm predileção alimentar pela carne negra, a comum e secularmente utilizada no repasto. A dos brancos seria experiência atrevida, fora dos hábitos dos grandes felinos. Ouvi, inúmeras vezes essa notícia, da Zambézia à Guiné.

John A. Hunter, o grande caçador de Quênia, divulga a mesma história: – "Ouvi os nativos comentarem entre si que os leões não comem gente branca, apenas negros".

Em Moçambique contaram-me que, havendo um leão abatido um caçador português e seu pajem macua, devorou apenas a este. Pela África do Sul os episódios são concordantes e o leão decide-se invariavelmente pelo cafre e não pelo africander.

E a obstinação prolongou-se no Brasil,

Essa simpatia parece não lisonjear os simpatizados. A frase de escárnio, tão antiga e banal, é uma reminiscência dessa ferocidade preferencial da onça pelo negro.

Atendendo ao exposto, a Dona Preta do ônibus recifense tinha toda razão em protestar contra a inoportuna referência...

CABEÇA SECA E TREZE DE MAIO

Ainda nas primeiras décadas deste século, pelo Nordeste, os negros tinham o apelido de *Cabeça Seca*, notadamente os da área de Angola-cabinda, magros, ágeis, irrequietos. Vendo um preto passar, gritavam: – *Lá vai Cabeça Seca!* O troco era um derramar de impropérios, acentuados pela gesticulação furiosa.

Outrora, às nove horas da noite rufavam nos quartéis a *caixa das nove* e a corneta dava o *toque de revista*. O Cabeça Seca surpreendido pela patrulha policial devia exibir o bilhete assinado pelo Senhor-amo, comprovando a presença exterior. Caso contrário, *entrava* na palmatória.

> *Nove hora! Nove hora!*
> *Quem é de dentro, dentro.*
> *Quem é de fora, fora!*

Abandonavam bodegas e conversas, correndo para casa. No Recife, cantava-se:

*Cabeça Seca,
São nove hora!
Lá vem Rufino,
Com a palmatória!*

Rufino José Correia de Almeida era o subdelegado de Boa Vista, alerta contra o Cabeça Seca noturno, informa Pereira da Costa.

Depois da Abolição, em 1888, os ex-escravos passaram a ser *Treze de Maio*, alcunha que os enfurecia. Em Natal, a velha Silvana, minha colaboradora no *Vaqueiros e cantadores,* interrompia as reverências e falas doces para gritar palavrão, ouvindo o inocente apodo: — *Treze de Maio é sua mãe, branco mucufa!*

Solfejava-se:

*Nasceu periquito,
Morreu papagaio,
Não quero conversa
Com Treze de Maio.*

Leonardo Mota, (*Sertão alegre*, Belo Horizonte, 1928), divulgou um *A.B.C. dos negros*, do Maranhão, sátira aos "Treze de Maio".

Como a geração *colored* atual é bisneta e tetraneta dos antigos cativos, todo o vocabulário cáustico evaporou-se nas memórias igualitárias, sem distância para as demais. Os escritores desses assuntos jamais tiveram contato com legítimos ex-escravos, filhos de africanos, bem lembrados do *Cativeiro*, como eles diziam, porque *Escravidão* era aviltante.

É como na África portuguesa onde *Negro* é indelicadeza quase insultuosa. Diz-se *Preto!*

ENGRAVATADO

O séc. XIX foi o século da Gravata.

Como as usamos ainda, apareceram pelo Império napoleônico. Afirmam ser descendente da *Focale* romana mas esta era um *cachecol* ainda existente.

O nome começara depois de 1636, com as faixas de seda ao pescoço, habituais nos cavaleiros do *Regiment de Royal Cravate*, em Paris, na maioria vindos da Croácia, pátria da *cravate*, gravata. Mas não semelhava as que conhecemos. Mesmo sob Napoleão Bonaparte os uniformes militares e os fardões diplomáticos e da Corte imperial eram de gola semifechada. A gravata era uma tira de seda verde ou negra enrolada ao pescoço. A fase realmente da *nossa* gravata foi a volta de 1830, na era romântica, funéria e langorosa. Em 1827, o barão de l'Empesé, publica *L'Art de metre sa gravate aux seize lecons*. No Brasil, é do tempo das Regências e movimento da Maioridade a floração da gravata. Alguém se apresentar em sociedade e repartições públicas sem ela, era inadmissível. Exceto nos que usavam dólmã, abotoado na garganta, a gravata era peça indispensável, imperativa, oficial. Até 1930 proibia-se o ingresso nos cinemas, teatros, refeitórios nos hotéis de meia-classe para cima. Obrigatória para todos os estudantes não fardados. Ainda em 1946 alguns hotéis importantes não permitiam acesso ao jantar sem a gravata visível. Quanto ao paletó, é lógico ser imutável dever, como carregar a própria cabeça. Incrível, à volta de 1930, andar na rua em mangas de camisa. Só o faziam carregadores e recadeiros.

As praias iniciaram a campanha. De princípio mudava-se de roupa em locais reservados. Depois, ia-se ao banho de mar saindo de casa de calção. Sem paletó. Camisa-de-meia. A gravata ficara esperando as horas funcionais da vida prática.

Partindo de 1938, a gravata entrou em colapso, assaltada pelos trajes sumários dos turistas e desportistas à paisana. Os hotéis e cinemas foram capitulando, lenta, inevitavelmente. O *clímax* foi 1940. Andando daí, a gravata é tolerada pelos sobreviventes do *Old Style*. A Guerra, no Brasil, 1942-1945, derrotou-a em definitivo nas ruas e convívios quotidianos. Blusões, *slacks*, camisas esporte foram as *panzerdivisionen* esmagantes. O vocábulo *Informal* é sua lápide no cemitério dos usos-acabados.

A gravata criara o verbo *Engravatar*. O elegante, de roupa nova, chibante, era o *Engravatado*. Ainda em 1953, o *maître* do "Grande Hotel" no Recife dizia ao meu filho Fernando Luís: – *Esses americanos não sabem engravatar-se!*

Quando as gravatas eram, em maioria, de linho, gravatas-lenços, resistindo mais ou menos a 1865, figuravam no arranjo doméstico das lavagens. Às pessoas do Bom-Tom dizia-se *Gente de gravata lavada*. Os *engravatados* eram os solenes, os distintos. No período de transição, guardava-se a gravata no bolso, pondo-a nos lugares de exigência.

Gravata é um golpe na luta-livre. Enredo, intriga, embrulhada intencional. Hoje procura-se o Presidente da República ou Ministro de Estado *desgravatados*, com o papo ao léu. Já assisti a advogados, no Tribunal de

Justiça, discursando sem gravata, ante desembargadores de toga. Seria impossível até bem poucos anos. Epitácio Pessoa, Artur Bernardes, Washington Luís, recebendo no Catête alguém sem gravata... *Mirabile visu*!

Vez por outra o verbo *engravatar* reaparece em formas adjetivas. Não morreu de todo.

É fruto da moda. A moda é cíclica...

ENXERIDO SEM LENÇO

Enxerido é o indivíduo intrometido, *oferecido, apresentado*, participando sem escrúpulos nas conversas, reuniões, festas, sem ser convidado. Às vezes sem ser conhecido. Atrevido conquistador sem possibilidades de êxito, dirige galanteios, louvores, oferecimentos em audácia espontânea e falaz. *Cara Dura* é outro sinônimo popular no plano do cinismo. Castro Lopes disse corresponder o *Cara Dura* aos *Os Durum*, da comédia *O Eunuco*, de Terêncio, (194-159, a.C.). Resulta indesejável pela sem-cerimônia imprudente. Nos bailes é o *Penetra, o Pé de lã*, o Emboca, intruso e desagradável. Inclui-se nos grupos organizadores de piqueniques, *serrando a bóia* que os outros levaram. Atrapalha idílios e namoros, julgando-se irresistível.

Enxerido sem lenço é o rapaz ousado, *metendo a cara* mas desprovido de recursos mentais para bem representar o papel almejado. Falta-lhe *o lenço*, antigamente peça indispensável ao complemento das elegâncias, o lencinho perfumado cujas pontas eram visíveis no bolso superior do paletó, *o bolso do lenço*. Carece do pormenor essencial, o *it, o toque,* o *mínimo* preciso, a graça pessoal na comunicação.

Tem muitas alcunhas e é sempre contemporâneo.

Enxerido, particípio passado do verbo *Enxerir*, inserir, introduzir, materialmente é o mesmo embrechado, embutidos ornamentais em grutas, muros, lápides, madeiras artísticas, conseguindo desenhos coloridos e decorativos com fragmentos de cristais, pedrinhas, conchas, cacos de louça vistosa. O curioso processo dos *enxeridos*, labor cuidado e lento na artificialidade do efeito, metido, implantado, comparava-se às intenções exibicionistas do falso *dandy*, pretencioso e ridículo.

NHÉNHÉNHÉN

Nhénhénhén é a conversa, explicação, queixa, interminável, repetida em tom de lamúria, irritante, monótona, insistente e despida de interesse psicológico. É o *rem-rem* sem fim das mulheres ciumentas, exprobando a conduta alheia. É a *lenga-lenga* em Portugal.

Equivale ao *xororô* das águas correntes ou o *xi-xi-xi* da chuva molhadeira, constante, miúda, exasperante.

– "A mulher passou o santo-dia naquele *nhénhénhén* sem fim... ".

Provirá do *nheem*, falar, dizer, dos indígenas tupis. O *nhenga*, do Amazonas.

O indígena, notadamente o tupi, cantador e bailarino, era loquaz, falador, discurseiro. Aturdidos com a incompreensível loquela, os portugueses do séc. XVI teriam denominado o falatório ininterrupto *nhénhénhén*, triplicação do verbo nativo, tão presente naquele dispensável exercício de eloquência. *Nhénhénhén* vale falar, falar, falar...

Teria sido, na linguagem usual dos povoadores europeus, um dos primeiros brasileirismos...

TEM RABO OU TEM COTOCO

Ter rabo ou *ter cotoco*, rabo curto ou fração dele, é a imagem, ainda presente que o Povo explica a crueldade instintiva, o sadismo nato, a malvadeza irreprimível. Também aplicam às pessoas inquietas, em constante movimento, insusceptíveis de tranquilidade.

A cauda é o estigma da animalização, o índice mais expressivo do primarismo bestial. Os animais caudados são mais violentos e brutais. É também um signo demoníaco. *Rabudo* é o Diabo.

No *Dicionário do folclore brasileiro* registei quanto sabia sobre a documentação do motivo, no espaço e no tempo.

Pela Idade Média os povos em constantes guerras, sem quartel e mercê, acusavam uns aos outros de ostentar o apêndice denunciador da ferocidade. *Gare la queue! In cauda venenum*.

As crianças demasiado irriquietas, buliçosas, com um vivo toque de sadismo e destruição, *tem cotoco,* fragmento de rabo ou cauda reduzida, justificando a anormalidade do temperamento.

DAR TRELA

Dar trela é conceder atenção, tempo, cabimento, interesse. Permitir liberdades, licenças, confianças. Também vale conversa, o prosear ocasional. "Encontrei o Sílvio e fiquei dando trela".

Em 1530, Antônio Prestes escrevia em Lisboa:

– "Quereis *dar tréla* a madraços".

Trela é a correia que prende o cão de caça. Dar trela é alargar o espaço. Soltar a trela é libertá-lo para a perseguição. Não dar trela é trazê-lo preso, junto ao caçador.

As aplicações figuradas da trela, talqualmente empregamos no Brasil, são de uso em Portugal.

O *treloso* é que me parece brasileirismo, na acepção de travesso. É a criança traquina, desassossegada, turbulenta, *bolidor*.

No *Enfatriões*, que Luís de Camões escreveria em Coimbra, diz Felício:

– Dou-lhe trela as travessuras

Libertava-as...

CRUZ NA BOCA

Fazer *cruz na boca* é parte da persignação católica, a vocativa no *Livre-nos Deus, Nosso Senhor!*

Pela boca entra o alimento vital e também o *Corpo de Deus* eucarístico. É o órgão vocal, soberano do Mundo. Bate-se na boca quando proferida blasfêmia ou irreverência.

A cruz significa, na escrituração mercantil, o sinal de pago, quites, satisfeito, assinalando o final de uma dívida. No rol das contas cobradas, o sinal cruciforme substitui o recibo. Mesmo que não haja sido feito o pagamento. Se fez a cruz, renunciou ao débito, perdoou ao devedor.

Ficar fazendo cruzes na boca é não ter o que comer, conformando-se com a leiga abstinência, fazendo o sacrifício da resignação, penitência da fome. A cruz fará o crédito no Céu, como desconto dos pecados.

É um antiguíssimo costume dos solitários do deserto, os eremitas, mais alimentados pela *graça de Deus* do que pelo pão inconstante.

Essa abstinência também é motivo amoroso, nesse versinho do Rio Grande do Sul:

> – Menina se eu pudesse
> Dos teus olhos fazer luz,
> Deixaria mais de quatro
> Na boca fazendo cruz!

Horas Minguadas

Horas minguadas são horas tristes, opressivas, acabrunhantes. O Povo sente-as como incompletas, prenunciando contrariedade, desgosto, *atraso*. Nada provoca alegria, estímulo, inspiração. Tudo parado, misterioso, ameaçador na monotonia inexpressiva. Parece que está faltando alguma coisa para a normalidade quotidiana.

No *Relógios falantes* (1654), D. Francisco Manoel de Melo diz, pelo "Relógio da Aldeia": – "Estou satisfeito nesta parte, porém como quereis que entenda isto que dizem *horas minguadas?*".

A honesta Filtria, da *Comédia Eufrosina,* (1561), inclui as *horas minguadas* entre as de que Deus nos deve guardar (ato 1, cena 2).

O título inteiro da *Arte de furtar* compreende o *Mostrador de horas minguadas.*

Quevedo, nos *Discursos festivos*, desabafa: – *Dias aciagos y horas menguadas son todos aquellos y aquellas en que topan al delincuente el alguacil, el deudor al acreedor, el tahur al fullero, el principe al adulador, el mozo rico á la ramera astuta.*

Não é, como distinguiu Quevedo, o dia azarento, fatídico, aziago, mas um dia morno, infecundo, desanimador. Nem para a frente e nem para trás. Nem mesmo as orações consolam. As pragas não têm alcance. Dia morto ou agonizante. Não há disposição para nada. Não dará certo.

Dia de horas minguadas, murchas, vazias...

PÉS JUNTOS

Pés juntos é a postura ritual dos defuntos, aqueles que vão residir, permanentemente no Cemitério, a *Cidade dos Pés Juntos*.

Negar de pés juntos, formal, decisiva, perempetoriamente.

Na *Comédia Eufrosina*, Lisboa, 1561, de Jorge Ferreira de Vasconcelos, ato III, cena 3, Cariofilo aconselha: –

– "Culpado quando não tenhais culpa, negar a *pés juntos* toda suspeita".

Pés juntos é a forma obrigatória e clássica da obediência, respeito, índice de atenção integral. Corresponde à posição militar de *Sentido!* Assim, outrora, jurava-se, mão direita na Santa Bíblia e a esquerda sobre o coração.

Não se fala com superior hierárquico com os pés desunidos, abertos, valendo o *fora de forma!* Ouve-se e responde-se hirto, pernas coladas, pés unidos. Era a lei consuetudinária por toda a Europa medieval, ante o Rei, o Bispo, Ministro da Coroa, Comandante do Exército.

Ainda vive, parcialmente, lembrando o Tempo-Velho.

LEVOU GAGAU

Levar gagau é sofrer recusa feminina, o rompimento amoroso, a *tábua*, a *lata*, o *fora*. Perder, um final desastroso nos empreendimentos, é *tomar gagau*.

– "Levou gagau da guria!". "Meteu-se em cavalarias-altas e tomou gagau". "Gagau!" Perdeu! Exclamativa com intenção zombeteira.

Jogo de dados em Portugal no séc. XVII, onde o ás e o dois eram pontos maiores. D. Francisco Manoel de Melo cita-o no *Relógios falantes*. Frei Caneca dizia-o jogado pelos prisioneiros políticos de 1817 na Cadeia da

Bahia. Registado no dicionário de Moraes. Ainda conhecido no Brasil nas primeiras décadas do séc. XX.

O poeta norte-riograndense Lourival Açucena, (1827-1907), no poema "Pirraças de Amor", 1874, menciona-o:

> *E ele fazendo xêtas,*
> *Saudou-me com três caretas,*
> *E por fim deu-me um gagau!*

ARCAS ENCOURADAS

Minha Mãe, falecida em março de 1962 com 91 anos, ouvindo subterfúgios e circunlóquios, costumava dizer: – "Eu não tenho *arcas encouradas!*".

O jornalista Ernesto Matoso, (*Cousas do meu tempo*, Bordeaux, 1916), conta que na noite de 27 de março de 1880 ouviu indícios de que o gabinete de Ministros presidido por Cansanção de Sinimbu, *caíra*. Correu, de tilbury, até Marquês de Abrantes onde residia o então Ministro da Marinha, conselheiro Teixeira de Moura, obtendo a confirmação.

– "Homem, eu cá não tenho *Caixas encouradas*... Caiu, sim! Boa noite!".

É bem antiga a comparação e ainda popular no Brasil e Portugal. Antônio José da Silva, no *Guerra do alecrim e manjerona*, 2, VI, representada no teatro do Bairro Alto em Lisboa, Carnaval de 1727, faz Sevadilha dizer: – "Para que estamos com Arcas encoiradas?".

O poeta mulato Caldas Barbosa, (1738-1800), declamava no convento de Cheias, à volta de 1770, satirizando os grandes toucados da época:

> – *E até tinha escondido na cabeça*
> *O marido, e três arcas encoiradas.*

Era uma mala retangular, de madeira resistente; recoberta de couro, espesso, fechadura sólida, lugar das disponibilidades preciosas, alimentos ou reservas financeiras. "Mais val penhor na Arca, que fiador na praça" é adágio recolhido pelo padre Antônio Delicado em sua coleção de 1651.

Arca de segredo, chave difícil. Daí, Rafael Bluteau afirmar, como desejo perdido: "Falar com Arca Encourada".

O Tempo levou o objeto, mas respeitou a imagem que o perpetua.

BRECA

Levado da breca! Travesso, turbulento, ardiloso. *Com a breca!* Com os Diabos! *Levou a breca!* Findou, perdeu-se, desgraçou-se. *Está com a breca!* Mal-humorado, furioso, zangado.

Na Espanha, a *breca* é o peixe ragel, mugilídeo, da família das nossas tainhas, curimãs e saúnas. Do inglês *bleak*, frio, gelado, ermo.

Caminho errado para a origem da *breca*.

Em Portugal é cãibra, contração muscular, espasmódica e dolorosa. Figuradamente significa furor, ira, sanha. *Está com a breca! Ser levado da breca!* encolerizado ou com mau-gênio.

Rumo certo.

Dispenso-me lembrar que *breca* é enfermidade caprina, fazendo os animais perderem o pêlo.

E há *breca*! do verbo *brecar*, freiar, deter-se, parar. Inglesismo.

This is another story...

LÁ NELE!

O sertanejo velho, aludindo às úlceras, tumores, ferimentos, indica o local no próprio corpo, sem que jamais esqueça a frase indispensável:

– *Lá nele!*

Teme, instintivamente, o poder mágico das palavras, o *Nomem, Numen*, podendo atrair sobre si mesmo, pela força evocadora, idêntica chaga descrita.

Daí o prudente e velhíssimo esconjuro. Está afastado o perigo.

No *Satyricon*, (LXIII), de Petrônio, Trimalxion conta aos convivas um episódio fantástico. Um capadociano, alto e possante, feriu à espada uma feiticeira, (*strigae*). O narrador precisa: – "Digamos, aqui!".

Imediatamente pronuncia a fórmula defensiva: – *Salvum sit, quod tango*, salvando o lugar onde toco...

Trimalxion estava prevendo, sob o imperador Nero, a precaução sertaneja.

– *Lá nele!*

TORCER O PEPINO

De pequenino é que se torce o pepino. Na infância é que se educa, eliminando os despropósitos juvenis, as exaltações temperamentais, as tendências bravias e dispensáveis.

O ditado veio de Portugal. *De pequenino se torce o pé ao pepino*, registou Pedro Chaves, *Rifoneiro português*, Porto, 1945.

Originar-se-ia na França onde o pepino vale paixão, capricho amoroso. *Avoir un pépin pour qualqu'un*. E também membro viril: – *Avoir avalé un pépin. Être enceinte*. Uma *pépinière* é o ambiente propício às atividades semelhantes.

Era raro em Portugal no séc. XVI. *Parece que no tempo de Amato Lusitano o pepino era raro em Portugal, como ele nota*, informa J. Leite de Vasconcelos, *Etnografia portuguesa*, II, Lisboa, 1936. O médico Amato Lusitano faleceu em 1568. Originário da Ásia, veio ao Brasil pela mão portuguesa.

E o provérbio também...

ENTROVISCADO

Entroviscado é o semibêbado, zoró, meio-lastro, *perturbado* mas consciente. Termo muito vulgar no Brasil nesse sentido, evocando tarefa maior de seis séculos.

Provinha das *Entroviscadas, troviscadas*, em Portugal, quando se lançava o trovisco picado nas águas piscosas, para tontear o peixe, então facilmente apanhado. Dizia-se *Embarbascar* quando utilizavam o *barbasco*, planta igualmente ictiotóxica.

Constituía direito senhorial já mencionado no séc. XIII. *Nec facias Ramada, neque Entroviscada*, proíbe o Rei D. Afonso II em 1214. "Ramada" era atirar ramos para os poços profundos a fim de o peixe recolher-se a eles. A "Entroviscada" corresponde ao processo brasileiro de usar o timbó ou o tingui, sapindáceas, *Tinguijada*, com idêntica finalidade.

O trovisco embebedava o peixe, *entroviscando-o*, como o álcool ao seu devoto.

Foi um ramo

Luisa, a babá dos meus netos, branca, magra, neurótica, pertence ao quarto estado civil. Não é solteira nem casada ou viúva, mas *deixada*. Abandonada pelo marido. Quem primeiro registou essa classificação foi o folclorista cearense, C. Nery Camelo, na cidade do Ceará-Mirim, no Rio Grande do Norte.

Luisa queixa-se de *um ramo*. É uma das denominações constantes e vagas na patologia popular. Essa enfermidade tem mais modalidades que a imaginação de dama rica e sem filhos.

O Prof. Dr. Fernando São Paulo, (*Linguagem médica popular do Brasil*, dois tomos, Rio de Janeiro, 1936), expõe:

— *"Ramo — Doença, afecção, enfermidade que o ar veicula, em sendo de natureza infecciosa, ou produz por conta própria. Ramo de influência, gripe. Ramo do ar, Ramo Ruim, congestão cerebral. Estupor. Paralisia, particularmente hemiplégia. Gota serena, amaurosa (Afrânio Peixoto). Ramo de valente. Variedade tremenda do Ramo do ar, o causador primeiro do Estupor, das congestões e apoplexias".*

O velho mestre da Universidade da Bahia, nesse e no verbete *ar*, evidencia a antiguidade da crença e a transmissão impositiva pelos médicos de Portugal, os então luminares da Ciência de Curar: Morato Roma na *Luz da Medicina*, 1726, Joseph Rodrigues de Avreu na *Historiologia médica*, 1733, Francisco da Fonseca Henriques na *Medicina lusitana*, 1731, Luiz Gomes Ferreira no *Erario mineral*, 1735, Antonio N. Ribeiro Sanches no *Tratado da conservação da saúde dos povos*, 1756. Reuniram e consagraram a semiologia tradicional portuguesa, e que era de toda a Europa, partindo das cátedras universitárias.

O brasileiro apenas aprendeu a lição magistral.

Ramo quer dizer divisão, repartimento, uma ação determinada e típica do *ar*, responsável por moléstias específicas, privativas do seu contato.

Junte-se a esse complexo a imensa secção *Mágica*, atuadora e distribuidora morbigênica, com efeitos imprevistos e misteriosos. É possível interferir na vontade humana, dispondo, dirigindo, comandando os males para pessoas previamente escolhidas como vítimas, sob pretextos de vingança, punição ou aviso moral.

Doença é castigo de Deus. Também pode ser maldade feiticeira.

De um desses *Ramos*, Luisa enfermou.

É uma doença como outra qualquer.

TER FÍGADO

Ter fígado é possuir coragem, energia, disposição ao trabalho, destemor. Ter a capacidade realizadora, aptidão, ânimo.

Este belíssimo membro, como escrevia o doutor Brás Luís de Abreu, (*Portugal médico*, Coimbra, 1726), responsabiliza-se pela conduta social do seu portador. Fabrica o sangue e, decorrentemente, os elementos mantenedores do comportamento humano. Assim pensa o Povo.

Bons ou *maus* fígados predispõem o temperamento benévolo ou malígno. O adversário irredutível é o inimigo *fidagal*.

Essas tradições são portuguesas. Homem de fígados, em Portugal, é o que tem valor, coragem, espírito. *Bons* e *maus* fígados nos vieram de lá.

Os portugueses receberam essa valorização hepática de Roma, onde ostentava o mesmo prestígio do Coração. *Cogit amare jecur*, o fígado faz amar, escreveu Horácio, (*Odes*, IV, I, 12,), e dirigindo-se a Vênus, pergunta: – "Se procuras um fígado para tuas flamas"; *Si torrere jécur quaereis idonerum*. Os romanos inspiraram-se na Grécia, Anacreonte e os modelos da *Anthologia grega*, (ed. M. Rat).

O dom Quijote de la Mancha, (I, XXVII), confessava que *estaba enamorado hasta los hígados*.

No Brasil indígena, falando nhengatu, *piá* ou *peá*, é o mesmo que coração e fígado (C. F. Hartt, Stradelli).

De vez em quando perpassa uma onda de pavor, irradiada pela presença do *Papa-figo*, raptando crianças para comer o fígado, milagroso específico curador da morféia e lepra.

"Desopilar o fígado" é fazer higiene mental.

Lunático e Aluado

O meu engraxate, quando lhe perguntei por um popular desaparecido, respondeu:

– "O Senhor sabe que ele sempre foi *aluado*. Largou o emprego e tocou-se para São Paulo. Quer ser o que folhinha não marca!"

Confundem *Aluado* e *Lunático* como entidade única. É o *mondsüchtig* alemão, o *moonstruck*, e também *moon-calf*, (bezerro da lua), ingleses, *lunatique* francês, lunático para portugueses, italianos, espanhóis.

Rodney Gallop, em Portugal, mencionava *Luada*, como *influence of the moon*. Lunatismo, afecção determinada pelas mutações lunares. Sonambulismo em noites de luar. O padre Teschauer citava *aluadamente* e *aluamento*. Louco, maluco, alienado, registam os dicionários médicos. Não é bem assim.

Aluado é um esquizofrênico. Alternativas de expansão e recolhimento. Meditador concentrado ou palhaço folgazão. Cara de enterro ou de Carnaval. Cortês e desatencioso. Conversador e caladão. Vôa alto como o urubu e rasteiro como o urumará. Inércia irritante ou trabalho febril.

A fase crítica é do quarto-crescente à lua-cheia. Fluidos não mágicos mas eletromagnéticos, polarizados no sistema nervoso hipersensível. Poderia dizer como Tobias Barreto: – *A Noite bole-me n'alma!* É um esquisito, excêntrico, anormal, sem as crises sonoras e teatrais dos epilépticos. Justamente por isso, o desajustamento singulariza atitudes e opiniões, fazendo-o destacado da massa popular. Abre bruscas soluções de continuidade no procedimento. Ébrio e abstêmio. Comilão e escravo a dietas rigorosas, pessoalmente determinadas.

Quase sempre toma-se de amores por alguém, poeta, artista, Chefe político, com dedicação eufórica e perturbadora, de curta duração. Um desses, no Recife, queria dormir debaixo da cama do presidente Juscelino Kubitschek. Passou a noite passeando na varanda do segundo andar do

Palácio do Governo, *guardando*, inteiramente desarmado, o sono do Chefe. A segurança em Palácio era naturalmente perfeita. O homem convencera-se de que lhe deviam a tranqüilidade do repouso presidencial. Outro, a sério, andou angariando recursos para ir a Berlim matar Hitler. Não dizia uma palavra de alemão. No mais, preciso, claro, lógico, comum.

Há sensível diferença entre o *Lunático* e o *Aluado*. O primeiro é de estado permanente. O segundo, ocasional, cíclico, acidental. O lunático pode ser fanático. O aluado, não. Seu temperamento tem diversidades de pressão como a atmosfera. Não consegue a continuidade em coisa nenhuma. A frase normal é: – *Deixei de gostar!* ou *Tornei a gostar!* E expõe razões plausíveis e naturais. Assistindo a um combate simulado, cargas de baionetas, metralhadoras fazendo fogo-de-barragem, ordens, vibração, entusiasmo, sussurrou opinião personalista: – *E dizem que o aluado sou eu...*

Outro, a quem emprestara livros raros, e que os perdeu, encontrando-se comigo, muitos meses depois, saudou-me com a interjeição: – *Oh!*

O aluado tem convicções sucessivas. Não opiniões, influências, aliciamento, seduções, mas convicções. Está convencido. Inteiramente possuído pela solução psicológica que aprovou. Não aderiu. Convenceu-se. E a constante do aluado é o desinteresse econômico.

Por isso um deles largou o emprego, família, interesses organizados, e tocou-se para São Paulo, querendo ser o que a folhinha não marca.

Como diz o cearense Zé Luís, pajem de Leonardo Mota numa travessia entre Barbalha e Missão Velha: – *é o descontramantelo da desembestação!*

Bem diz Cezilia Pedreanes, no *Clerigo da Beira*, Gil Vicente, (1526): – *he tomado da lua...*

TORRINHA, PARAÍSO E GALINHEIRO

O Paris de Napoleão III foi uma decisiva influência sobre o Rio de Janeiro. Mesmo antes do famigerado *2-décembre*, coincidindo com o aniversário de D. Pedro II, as auras francesas sacudiam a Guanabara. Época saudosa, *brillante et joyeuse*, bailes e banquetes nas Tuileries, Saint-Cloud e Compiegne, caçadas em Rambouillet, refeições campestres, a *fête imperiale* ampliava os encantos parisienses, fixando a capital da França como a maravilha, a emoção, o ciúme de todas as Cortes. O Imperador, airoso, sadio, amava a Vida. A imperatriz Eugênia era a mais elegante dama da Europa. *L'Empire c'est la fête!* A sedução derramava-se pelo Mundo numa irresistível magia.

O padre Lopes Gama, o *Carapuceiro*, escrevia no Recife de 1847: – "Logo que este traje vei-nos da França, ficou autorizado!". Os retratos de Napoleão III e da imperatriz Eugênia vendiam-se na rua do Ouvidor, na Livraria Garnier. Era moda à *l'anglaise* e, através do *beau* Paris, o sonolento e pacato Rio de Janeiro contaminou-se no turbilhão envolvente, ritmos ingleses *made in France*, todos os encantos perturbadores da irradiação imperial. De 1850 a 1870, a sociedade carioca atingiu ao esplendor. Carruagens, luvas, perfumes, piqueniques, festas impecáveis, *toilettes* fascinantes, passeios a cavalo, sobrecasacas cintura-de-abelha, casacas ao duque de Morny, bigodes de guias aguçadas e cavanhaque pontudo, movimentação incessante, variada, alucinante. O Imperador D. Pedro II dançava e, cauto e casto, cortejando as fidalgas românticas. Reino do *champagne*, conhaques velhos, *patisserie* incomparável.

Foram construídos, adaptados, remodelados edifícios para teatros. Dramas, óperas, cantos indispensáveis nos salões, versos tristes, amores, fatalismo eterno que não durava uma noite, constantes luminosas do Tempo amável. Passara, na França, a monarquia *bour-geoise et économe* de Luís Felipe, e no Brasil, o tropicalismo sexual e pelintra de D. Pedro I, calças justas de cetim negro e sobrecasaca azul. Do chalaceiro Chalaça, dos lenços vermelhos conselheirais. Jantar às três horas. Dormir às dez.

O teatro centralizava a circulação mundana, atraindo a exposição de toucados e vestidos, a mostra cintilante das jóias tropicais.

A última galeria, mais alta na situação e mais baixa no preço, era a *Torrinha*. Batismo português, unanimemente aprovado. Torrinhas para estudantes melômanos, jornalistas em flor, burgueses desabrochantes.

Enfin, la France vint... As Torrinhas mudaram de nome para *Paradis*, como se usava, desde o séc. XVII, em Paris. Seria *reservé aux Bienheureux*, e traduziram para *Paraíso*.

Aqueles que viajavam, atravessando o Atlântico para *désopiler la rate*, regressando, explicaram que o *Paradis* possuía um delicioso apelido *boulevardier*.

Era o *Poulailler*.

Ficou o *Paraíso* com mais esse sinônimo, o *Galinheiro*.

Era pouco. Faltava título brasileiro, fácil, local, próprio.

Nasceu o *Poleiro*. Limitação utilitária do *Galinheiro*.

Todos são anteriores à República, em 1889.

E continuam com vida e saúde funcionais...

ASSINAR DE CRUZ

Firma dos analfabetos, autenticada pelo escrivão, juridicamente idônea. A partir de 1095 assinaram *de cruz* os soberanos de Portugal, homenagem ao instrumento do suplício de Jesus Cristo e, a maioria, por não saber de outro modo de documentar a participação, senão *cruce subscribere*. Assim fizeram príncipes, prelados, alta fidalguia (Viterbo, *Elucidário*). Ego Alfonsus Rex *Portugalensis et uxor mea Regina Mahalda, manu nostra hoc scriptum subter firmamus*. Escrevia o cancelário. Os Reis riscavam cruzes. *Magister Albertus Cancellarius notavit*: (1150). Estava legal.

Saber ler não era condição indispensável na Corte Clerezia européia. Em 1512, no "Compromisso do Hospital de Caldas", a rainha Da. Leonor de Portugal ordenava: – "O vigário será home onesto e de boa vida e bom eclesiastico e *letrado se se poder haver*". Alguns aprenderam unicamente a grafar laboriosamente as letras nominais, *ferrar o nome*, como fazia Sancho Panza: – *Yo no sé ni leer ni escribir, puesto que sé firmar*": (II, XXXVI). Em boa percentagem brasileira, desde o séc. XVI aos princípios do XX, assinava *de cruz* ou *ferrava o nome*. Para finalidade eleitoral foi proveitoso uso até 1926, pelo interior do Brasil democrático.

VIVA-ROSÁRIO

O meu saudoso amigo prof. Luís Soares, (1889-1967), falando-me de um meu antigo aluno, Escoteiro dedicado, disse-me que se desviara do bom-caminho. – "Só o encontro meio embriagado, importuno, aí no *Viva-Rosário!*".

Estar de Viva-Rosário não se evaporou no linguajar nordestino.

É de origem pernambucana, nativa do Recife, e Pereira da Costa registou-a no seu *Vocabulário pernambucano*.

Não há fonte mais autêntica.

– "Estar de Viva-Rosário – Na pândega, na vadiagem, em festa, em pagodeira, divertimento. A frase vem das antigas e ruidosas festas de N.

Sra. do Rosário, remontando-se aos tempos coloniais, celebrada pelos pretos da sua Confraria, africanos ou crioulos livres ou escravos, os quais, nas suas alegrias, no calor das suas danças e folgares vários, não cessavam de gritar: – *Viva o Rosário de Maria, sinhô!* por todos calorosamente respondidos".

Frango da botica

Rapaz magro, pálido, macilento, escaveirado.
Até os primeiros anos do presente século, algumas boticas no Rio de Janeiro e pelo Nordeste vendiam frangos preparados para a dieta; sem vísceras, pés e cabeças, sem sangue, lavados n'água quente, escorridos e brancos, destinados aos caldos e canjas dos convalescentes.
O aspecto da ave aplicou-se à criatura humana que lhe semelhava nas carnes escorreitas e descoloridas.

Estrada da Liberdade

A *Estrada da liberdade* era um *risco* repartindo o cabelo em traço que atravessava a cabeça, da testa quase até a nuca. Foi o mais vulgar para os rapazes, e não desapareceu de todo, notadamente em gente moça. A cabeleira *puxada para trás* deveria ter divisão e ser contida pelas pomadas *brilhantinas* oleosas. O dr. José Pereira da Silva Moraes, presidente de Sergipe em 1866, ficou consagrado em toadas, cantadas em Sergipe, Pernambuco e Rio de Janeiro, que Silvio Romero e Pereira da Costa registaram, no "Senhor Pereira de Moraes":

> – Tomando o pente
> P'ra fazer seu penteado...
> Com bem cuidado
> Para *abrir a liberdade*.

Raros e reprovados os cabelos soltos. *Assanhado* era sinônimo de Doido. Ninguém ousava pentear-se na rua. Scarmiglione, demônio do *Inferno*, de Dante, (XXI), quer dizer o *Mal penteado*.

Os escravos não podiam seguir essas tentações. As duras carapinhas dificultavam o traçado e os amos não permitiam ornatos de "brancos" no pixaim dos pretos, rebelde às banhas-de-cheiro, de emprego infalível.

– Em cabelo pixaim
Não se pode botar banha.
Quanto mais banha se bota
Mais o danado s'assanha!

Alforriados, e depois da Abolição, os negros mandavam *abrir a estrada da liberdade* à tesoura, acertando-a a bico de navalha.

Com o passar do Tempo e descaso geral, a *Estrada da liberdade* perdeu o nome, substituído pelo banal *aberto no meio*. Antes, tivera alcunha de *Estrada real*. Mas, presentemente, se o repartimento ultrapassa o alto da cabeça, sendo visível na parte-de-trás, é a velha *Estrada da Liberdade*, funcionando, seja qual for a denominação elegante.

ESPRITADO

Todo brasileiro conhece e aplica o vocábulo *Espritado, espritou-se*, valendo "pessoa inquieta, que parece ter o espírito malino, f. travesso, mui inquieto", como registou o velho Antonio de Moraes Silva no seu Dicionário. *Espritar* era *inspirar*, em Portugal, ainda informa Moraes, citando o desembargador Antonio Ferreira, Antonio de Castilho e Garcia de Resende.

Estar espritado era estar possesso. Em fevereiro de 1581, em Roma, Montaigne assistiu a cerimônia de exorcismos, aplicados por um sacerdote *embesongné à guérir un spiritato*.

Para nós o *espritado, com o espírito*, figura o irriquieto, buliçoso, turbulento. O animal que arranca subitaneamente, disparando sem motivo, *está espritado*. O cachorro *espritado* está hidrofóbico. Não alude o Povo à Raiva, *mal dos cachorros*, como anotaram os drs. Artur Neiva e Belisário Penna, na sua *Viagem científica*, em 1912, da Bahia a Goiás, através de Pernambuco e Piauí.

É comum significar moléstias mentais, caracterizadas pelos acessos convulsivos, explicados por atuação diabólica.

Há pouco tempo, no mesmo dia, ouvi o *espritado*, ao sorveteiro e a um *chauffeur*. Exilaram-no dos jornais e romances.

Mas o Povo é fiel ao seu vocabulário.

VÁ TOMAR BANHO

Vá tomar banho! é a exclamativa de repulsa, muito vulgar no Brasil. Vá limpar-se, eliminar quanto o afasta da normalidade decente. Tornar o impróprio em próprio. Voltar à higiene do quotidiano.

Todas as manifestações agressivas, grosseiras, atrevidas, são primitivismos equivalentes ao estado de sujeira, ausência do asseio devido ao homem sadio, educado, normal. Dizemos *Sujeira* as desonestidades. *Sujo*, nome do Diabo, é o gatuno impenitente e hábil. *Vá tomar banho* é o envio compulsório à purificação indispensável.

Banho é reprimenda, admoestação, correção. Ouvida, atendida esta, o caráter é melhorado.

Qualquer boa Enciclopédia recordará a história do Banho, *balneum*, no plano simbólico de aliviar dos pecados, anular os resíduos das massas inferiores da mentalidade, sobrenadando nas águas puras da sanidade moral.

Banho para o catecúmeno ser cristão, *baptizein*. Banho prévio para receber as insígnias de Cavaleiro. *Cavalieri bagnato*. Banho no Ganges. *Order of the Bath*, Ordem do Banho, criada pelo rei Henrique IV em 1399, na Inglaterra. Banhos religiosos, lavando as enfermidades espirituais:

> *Oh! meu São João,*
> *Eu já me lavei,*
> *As minhas mazelas*
> *No rio deixei.*

A boa Enciclopédia quase tudo dirá.

Naturalmente, quem manda o antagonista *tomar banho*, não está com essas reminiscências presentes e, no comum, ignora as associações deslumbrantes para o ato julgado de mero asseio corporal. Esses atributos estão esquecidos mas não estão mortos.

Ninguém vai pensar quando se despede e diz – *adeus!* que está entregando a outra pessoa à Divindade. Nada impede, entretanto, que o Passado continue contemporâneo, como ensinava Fustel de Coulanges.

VIDA DE CAMALEÃO

Vida de camaleão é viver sem comer. Mastigar pastéis de brisa, evocando o cardápio que Luís de Camões saboreava em Goa:

> *Tendes nemigalha assada,*
> *Cousa-nenhuma de môlho,*
> *E nada feito em empada,*
> *E vento de tigelada.*

A tradição imutável alimenta o Camaleão na substancial aerofagia. As fontes são acordes. O Povo alcunhou-o *Papavento*.

Gil Vicente, no *Auto das fadas*, 1511, descreve-o nas *sortes*:

> *Tem este fraco animal*
> *Tão estranho alimento,*
> *Que não se farta de vento.*

No V° dos *Diálogos das grandezas do Brasil*, 1618, Brandônio menciona o *Senebu*, (*Sinimbu*, corrige Teodoro Sampaio), nome indígena do Camaleão; – "acontece estarem sobre uma árvore, por espaço de dous e tres dias, sem se mudarem dela, parece que sustentando-se do vento, como escrevem os naturais".

Deixando multidão informadora, lembro Santa Rita Durão em 1781, (*Caramuru*, VII, LVIII), pela primeira vez explicando a nutrição do *Iguana tuberculata*.

> *Vê-se o Camaleão, que não se observa*
> *Que tenha, como os mais, por alimento*
> *Ou folha, ou fruto, ou morta carne, ou erva,*
> *Donde a plebe afirmou que pasta em vento;*

> *Mas sendo certo que o ambiente ferva*
> *De infinitos insetos, por sustento*
> *Creio bem que se nutra na campanha*
> *De quantos deles, respirando apanha.*

Mas o Povo segue a imóvel ciência hereditária. Camaleão vive do vento. Quem vive sem comer é Camaleão.

CORTAR OS ESPORÕES

Cortar os esporões é inutilizar arrogâncias, apagar valentias, extinguir petulâncias.

> *Eu que sou negro nas cores*
> *Mas não negro nas ações,*
> *Se fosse atrás do malvado*
> *Cortava-lhe os esporões.*

Nas técnicas das Rinhas não se inclui *cortar os esporões* aos galos de briga, mas apará-los, tornando-os mais aptos ao combate. Os longos esporões são mais atrapalhantes que ofensivos. Evidentemente a frase não procede dessas atividades galísticas.

Esporão, *sporonus*, é o mesmo que espora. A imagem, então, terá cabimento e razão de ser porque fora um ato real, histórico, comprovado. *Couper les éperons* era o castigo aos Cavaleiros cobardes, desleais, ao Rei, falsos à Pátria. Cortavam-lhes as esporas com golpes de acha, em cerimônia pública, diante dos Cavaleiros reunidos em círculo. Era a expulsão da nobreza, o exílio ao convívio da Corte. Não poderia mais usar a brilhante armadura, a espada heráldica, a espora de ouro, recebida em solenidade religiosa e militar.

Significaria, funcionalmente, *cortar os esporões*, desarmando para sempre o Cavaleiro orgulhoso, apeiando-o do cavalo senhorial, reduzindo-o à situação humilhante de peão plebeu (Ver p. 72).

SÃO BRANCOS, LÁ SE ENTENDEM

São brancos, lá se entendem, designando a compreensão entre iguais, o melhor entendimento aos do mesmo nível social, dataria de episódio ocorrido no Rio de Janeiro, quando do 12º Vice-Rei do Brasil, (1777-1790), Luís de Vasconcelos e Souza, (1742-1807).

O capitão Manuel Dias de Resende, do Regimento dos Pardos, fora desrespeitado por um seu soldado. Queixando-se ao Comandante do Terço, major Melo, português cioso da prosápia, mereceu a zombeteira resposta: – *Vocêis são pardos, lá se entendam!* O capitão procurou o Vice-Rei, narrando a indisciplina da praça e a sentença do major. Luís de Vasconcelos e Sousa mandou chamar o major Melo, obtendo a confirmação, mandou-o recolher preso. – *Preso, eu? E por quê? Nós somos brancos, cá nos entendemos*, informou o futuro conde de Figueiró. A resposta do Vice-Rei, que era desembargador do Paço, teve uma imensa repercussão em simpatia, comentada com aplausos e tornou-se frase-feita, empregada nas oportunidades. E não desapareceu...

MILAGRE DE SANTA VITÓRIA

Santa Vitória era a Palmatória inseparável dos Mestres-Escolas de outrora. Seus golpes alertavam a memória facilitando o ingresso da Sabedoria, "Palmatória não é Santa mas obra milagres!". Diziam-na também *Santa Luzia dos Cinco Olhos*, (por ter cinco orifícios no centro), *Mamãe Sacode*, por agitar o paciente, *Menina dos Cinco Olhos*, em Portugal, de onde a tivemos.

Havia a festa de Santa Vitória, descrita por Pereira da Costa: – *"Furtar a Santa Vitória*: – Tirar a palmatória da escola nas proximidades das férias, restituindo-a depois, belamente enfeitada com fitas de cores e emoldurada de flores, dentro de uma bandeja, forrada com uma bonita toalha de labirinto, e acompanhando-a os presentes ao Mestre-Escola para o bródio da festa escolar dos exames e das férias no ano".

Chamavam-na também *Férula*. A férula, do latim *ferire*, em Roma era uma vergôntea flexível e rija, aplicada aos jovens estudantes e lembrada por Horácio, Juvenal, Marcial. Tomou o formato conhecido, e recortado em madeira, na Idade Média. Palmatória, de *palma*, imitando vagamente a disposição do vegetal.

Era característica dos velhos professores. Nicolau Tolentino, que dezesseis anos pertencera à súcia, escrevia à roda de 1781, dirigindo-se ao Príncipe da Beira, D. José, herdeiro do trono de Portugal:

> *Cedo ao meu fado e vou co'a palmatória*
> *Cavar num canto da aula a sepultura.*

Desejava era abandonar o folgado timão magistral e passar a uma Secretaria do Reino, o que conseguiu, lamuriando peditórios rimados.

BORRAR O MAPA

O Professor Panqueca, (Joaquim Lourival Soares da Câmara, 1849-1926), foi o Vieira Fazenda de Natal. Conversando, era prodigioso de informações velhas, tornadas surpreendentes pela ignorância contemporânea. Vieira Fazenda, oral. Justificava antigas frases, recordando episódios ou tradições explicativas que as teriam provocado. Filho do poeta Lourival Açucena, (Joaquim Eduvirges de Melo Açucena, 1827-1907), grande sabedor de antiguidade, herdara sabedoria, predileção e memória paterna.

Contou-me a origem da locução *Borrar o mapa*.

Não era mapa geográfico mas a exposição gráfica do movimento trimestral nas repartições públicas do Império. Antes de *subir* ao despacho do diretor, passava pelo *visto* do Contador e esse revia, meticulosamente, as parcelas, somas e destinação das verbas. Sempre no desejo de corrigir os subalternos. Ao encontro do menor engano, retificável no próprio documento, o Contador *borrava o mapa*, cobrindo-o de riscos, mandando confrontar os comprovantes. Duplicava o trabalho dos funcionários que viviam alarmados com a possibilidade trágica do mapa *borrado*. Já era assim em 1860.

Depois é que aplicaram o *borrar o mapa* a qualquer superveniência inutilizadora.

ESPORA QUEBRADA

Espora quebrada referia-se ao mau elemento social, embora de boa família e antecedentes respeitáveis. *A Ovelha Negra*, que estudei no *Coisas que o povo diz*. Falso amigo, companheiro desleal, correligionário *adesivo*. Frase do ciclo pastoril, da aristocracia rural, *when men were men and rode on horse*, quando os homens eram homens e montavam cavalos!

A espora era o sinal visível do Cavaleiro. Calçava-a solenemente na iniciação fidalga. Era amarrada por mão de Dama. *Ganhar as esporas* era ingressar na Nobreza, batendo-se ao lado do Rei. As *Ordenações Afonsinas* mencionam os Cavaleiros de Espora Dourada, correspondendo aos *Knights* ingleses que tinham o tratamento de *Sir*.

Quando um Cavaleiro fugia da batalha, desertando por pavor do Estandarte Real, partiam-lhe as esporas em golpe de acha, na presença dos Pares, expulsando-o da *Knighthood*, por indigno e cobarde. Era a punição cruel na Lei da Cavalaria. Assim procederam os Reis da França e da Inglaterra. Morte civil. Degradação militar. Mistress Page refere-se a esse ato – *These knights will hack*, na *Merry wives of Windsor*, em 1593 Shakespeare sabia as causas.

O par de esporas era usado na maioria sertaneja. Filhos menores e escravos de estimação apertavam apenas uma, no calcanhar esquerdo. Entrar numa sala arrastando as *chilenas* era intimidade absoluta ou desafio formal. Ameaçar alguém de *cortá-lo* nas rosetas da espora, suprema afronta.

> *Seu capitão João de Melo,*
> *Dê licença, sem demora,*
> *E veja eu rasgar um negro*
> *No cachorro da espora!*

Ignoro se em Portugal houve o humilhante processo de *couper les éperons*.

Certo é que o Brasil conheceu a locução recordadora.

Possivelmente o *Cortar os esporões*, abaixar o orgulho, desmoralizar o valentão, seja uma modalidade da imagem, com idêntico conceito (Ver p. 77).

ENTRAR COM O PÉ DIREITO

Entrar com pé direito é prenúncio de felicidade, ventura, êxito. Superstição que Roma oficializou, derramando-a pelo Mundo. Mesmo as regiões anglo-saxônicas, onde é o *happyfoot* tropical.

Estudei longamente o assunto no *Anúbis e outros ensaios*, (XXIII, Rio de Janeiro, 1951), e no *Dicionário do folclore brasileiro*, nos verbetes, *Pé direito, Pé esquerdo*, e os genéricos *Direito* e *Esquerdo*. Era regular em Roma o aviso aos convidados – *Dextro pede!* lembrando a obrigação de pisar com o pé direito a entrada do salão festivo, evitando o agouro, o *sestro agoiro*. Assim praticavam no Brasil figuras eminentes, José do Patrocínio, almirante barão de Jaceguai, Coelho Neto, Pedro Lessa, Santos Dumont.

Do uso regular dessa locução, recordo Ruy Barbosa, em discurso de 11 de novembro de 1914 no Senado, vésperas da posse do marechal Hermes da Fonseca: – "Que o novo Presidente entre nas suas responsabilidades *com o pé direito!*".

DENTE DE COELHO

Ter dente de coelho é existir um problema confuso mas perceptível, não de origem natural mas engenhado pela intenção humana, demandando habilidade para a solução. Dificuldade, armadilha, artimanha, oculta mas deduzível.

Por toda África negra o coelho é um dos animais de inteligência mais arguta e viva, permanentemente desconfiado, cauteloso, invencível. Determina ciclos na literatura oral africana do Atlântico e do Índico. É o *Sonsani*, sudanês, do *Decameron negro*, de Leo Frobenius, o *Kabulu*, de Heli Chatelain, o herói das multidões bantos, emigrando para o sul dos Estados Unidos onde é o ardiloso, suspicaz e astuto *Ber Rabbit*, do *Uncle Remus*. Por todo continente americano suas façanhas são inesquecíveis nas memórias populares. A pata do coelho, *Rabbit foot*, é amuleto de alto prestígio norte-americano e espalha-se na mesma intensidade crédula.

O coelho é um roedor. O dente é o instrumento insubstituível para sua subsistência. Apesar da suprema sagacidade, morrerá de fome se lhe arrancarem os dentes. Decorrentemente, é o símbolo legítimo do próprio coelho, trazendo o conjunto das sabedorias imprevistas e das artes infalíveis do fabuloso personagem leporino.

Ter dente de coelho denuncia a presença de uma de suas obras, exigindo atenção cuidadosa para desvendá-la. *Hic jacet lepus.*

SAPATO DE DEFUNTO

Sapato de defunto é a propriedade problemática, incerta, aleatória, pode ser que seja e pode ser que não seja. Fiar-se em *sapato de defunto* é confiança excessiva, credulidade infantil, plano de sonhador acordado.

De onde nos veio essa figura?

Em Portugal, de muitos séculos passados, havia nas Irmandades o Campeiro, encarregado de tanger a campainha, convocando os Irmãos. Esse Campeiro herdava os sapatos dos congregados falecidos. Um documento da Universidade de Coimbra, datado de 1290, (Viterbo, *Elucidário*), avisava: – "Todo o Confrade, que se finar, dê os sapatos ao Campeiro, ou lhe dê um soldo".

O Campeiro usava e sonhava com os sapatos dos defuntos.

Essa função legal há quase setecentos anos permanece em frase portuguesa e continua viva no Brasil.

COBRA QUE PERDEU A PEÇONHA

É tradição popular em todo o Brasil que as cobras venenosas depositam a peçonha numa folha verde quando vão beber, evitando a auto-intoxicação. Verificando o desaparecimento do veneno onde o deixaram, ficam em estado de desespero, desarmadas do líquido mortífero que exige algum tempo para a reelaboração: Jararacas e cascavéis se tornam inofensivas, distribuindo dentadas inócuas, humilhadas e furiosas na consciência da própria fragilidade.

Aplicam aos casos de irritação permanente, cólera recalcada, desajustamento notório.

ANDAR AO ATÁ

Andar a esmo, sem rumo, despreocupado, sem motivação visível. Do nhengatu *ouatá*, andar, caminhar.

Locução popular nas populacões do litoral nordestino. No V º dos *Diálogos das grandezas do Brasil*, 1618, e Frei Vicente do Salvador, 1627, registaram, assim como Moraes no seu *Dicionário*. Coincide com a época de inícios do inverno, ocorrendo trovoadas, quando os caranguejos ficam ao atá, perambulando às tontas pelas praias. Imagem comparativa da puberdade feminina.

> *Caranguejo ao atá,*
> *Quer brincar!*

Pereira da Costa comenta esse desnorteado passeio dos crustáceos em desova: – "A dição vem do facto muito vulgar de em certas épocas deixarem os caranguejos as suas tocas, e espalharem-se pelos mangues e campos circunvizinhos, ou nadando mesmo ao rumo da corrente, sem direção nem destino, e tão inertes que se deixam facilmente apanhar".

SANGUE NO OLHO

A esclerótica raiada de vermelho, manchas rubras no *branco do olho* indicam temperamento impulsivo, arrebatado, brigão. Homem com esse *sinal de sangue* é destemido, agressivo, afoito, amando desafios e lutas, adorando armas e oportunidade de empregá-las. D. Pedro I e D. João II de Portugal ostentavam esses atributos de bravura. No Brasil a memória popular aponta o signo peculiar em vários espécimes famosos, o imperador D. Pedro I, o general Osório, o barão de Serro Largo, o brigadeiro João Nunes da Silva Tavares, (Joca Tavares), Gomercindo Saraiva, todos de comprovada coragem, olhos injetados, uma espécie de quemose.

A tradição nos veio de Portugal e ainda é corrente no vocabulário brasileiro. João Ribeiro, (*Frases feitas*, II), informa: – *Tanto valia ser gôdo e neto dos antigos conquistadores como ter os olhos abrazados.* Constituíam *sinal certo de fidalguia*. Não seria possível, na Península Ibérica, fonte de mais autêntica nobreza que os Godos. No Brasil, não denuncia fidalgos, mas destemerosos e audazes. E o reparo comprova a herança valente: – *Tem sangue no olho!*

Era sangue à vista!

Quevedo é que não parecia impressionar-se: *Y el blasón tan presumido de tener sangre en el ojo más denota almorranas que honra: Cuento de cuentos.*

ESTAR DE PAQUETE

A severa *Pudicity* inglesa não evitou sua presença motivar sinônimos populares aos incômodos privativos femininos. Em França, da Gasconha a Calais, diz-se: – *Les Anglais sont débarqués* ou *le Anglais ont débarqués*, numa associaçao à cor escarlate das túnicas militares britânicas.

No Brasil, um dos sinônimos é *Paquete. Está de paquete* é suficiente aviso denunciador.

Em 19 de fevereiro de 1810, no Rio de Janeiro, o conde de Linhares, pelo Príncipe Regente, e Lord Strangford, por George III do Reino Unido, assinavam uma *Convenção sobre o estabelecimento dos Paquetes*. No artigo primeiro anunciava-se: – *A packet shall sail from Falmounth to Rio de Janeiro once in every Month*. Sairá de Falmouth para o Rio de Janeiro um Paquete em cada mês!

Por causa dessa visita do Paquete, mensal e regular, e o vermelho da bandeira comercial da Grã-Bretanha, visível no mastro de cada navio, nasceu a aplicação do nome, rapidamente vulgarizado.

DANADO!

O Povo entende *danado* como possesso, furioso, desesperado. Danação! Danado do Inferno! Dane-se! Significa, realmente, quem sofre danos, o espoliado, arruinado, aflito, maltratado. É natural que a ira seja conseqüência lógica. O desespero não é sugestão de bom humor em situação angustiosa.

Os ingleses têm a praga *God damn!* favorita de Lord Melbourne. O *God damn* deu no Brasil o *Godême*, valendo a pessoa do inglês e também soco, murro, bofetada. O verbo *damn* é castigar, censurar, punir. O *God damn* é pedir a Deus essa punição. Corresponde ao nosso *assim Deus me castigue*. Ao pé da letra, *Deus me condene!* Diabo me leve!

Com esse preâmbulo, entender-se-á o registo de Humberto de Campos, (*Diário secreto*), referente a 22 de novembro de 1930.

— "Encontro, no bonde, à rua Senador Vergueiro, com o 2º Delegado Auxiliar, Francisco de Paula Santiago, que conduziu para bordo do "Alcântara" o ex-presidente Washington Luís. – "Seu" Humberto, que sujeito bruto, o "Barbado"! – diz-me. Cercamo-lo de todas as atenções e amabilidades; pois, nem assim! – Quando ele chegou a bordo, onde as autoridades e o pessoal de bordo o esperavam, ele não apertou a mão de ninguém; passou pelo meio de todos com o chapéu na cabeça, sem dar confiança a ninguém! *Ia danado da vida!*"

A origem verídica data da legislacão de Roma, republicana e imperial. "Danado" é o *condenado*, também imagem popular. *Damnati ad Bestias*, *Damnatus ad Gladium*, *Damnati ad Opus*, condenado a ser devorado pelas feras no circo, a ser degolado, aos trabalhos públicos, minas, estradas, cloacas, remar nas galeras. Não estariam "contentes da vida"...

VIDA DE LOPES

Existência farta, despreocupada, jubilosa. Escrevia, em setembro de 1877, o futuro Barão do Rio Branco: — "Vão agora pensar por lá que tenho todos os dias e que passo neste meu Liverpol uma *vida de Lopes*": (Luís Viana Filho, *A vida do Barão do Rio Branco*, Rio de Janeiro, 1959).

Vulgaríssima e de um caráter geral, informa Pereira da Costa. Refere-se a D. Félix Lope de Vega Carpio, (1562-1635). Mestre João Ribeiro, (*Frases feitas*, nº 261), divulgou a origem da loucução: – "No Brasil corre a frase, *Passar vida de Lopes*, como significando passar vida regalada e de prazeres; aqui sempre atribuíram este cognome ao dos tiranos do Paraguai. A frase é, porém, espanhola e este Lopes é o grande poeta Lope de Vega; os adágios castelhanos registam-na sob outras variantes, e no prólogo das edições das *Poesias selectas*, (Madri, 1922), p. VIII, leio as palavras que se referem ao grande poeta: – "veniam muchos a Madrid por solo conocerle, y para calificar una cosa de buena se adoptó generalmente el modo antonomastico de decir que era de Lopes". O Brasil recebeu a frase na última metade da usurpação espanhola (1580-1640); não a vi nunca em escritor português, deste período".

Fazer as onze...

Até poucos anos passados tínhamos horário bem diverso para as refeições. O café matinal aparecia entre seis e sete porque o almoço servia-se às dez ou onze horas. Jantar às quatro da tarde. Cinco, para a gente de categoria mais elevada. O Imperador jantava às cinco horas.

Ao cair da noite era a ceia, seis horas clássicas, quando o sino batia as *Trindades* e aparecia no céu a Vênus vespertina, denominada *Papaceia*.

Para esperar o jantar havia merenda, com vários nomes: *lanche, bico, remate, boquinha, engano*, e também *fazer as onze*.

Pereira da Costa, (*Vocabulário pernambucano*, Recife, 1937), registou: – "*Fazer as onze.* – Uma ligeira refeição a essa hora para esperar o jantar, um petisco, ou um lanche (do inglês *lunch*), segundo a fraseologia moderna. "Um caldo, espécie de remate grosso, com que as moças biqueiras na comida *fazem as onze*": (*O diabo a quatro*, nº 25 de 1875). Registrando Z. Rodrigues o novo termo, cita a respeito, o juízo de Aroma, que escreve: – "Palabra inglesa que ha desterrado por completo i sin motivo la española *de once*. Qué mas dice *tomar lunch que hacer las once?* Nada, absolutamente nada". Citando também a Cuervo, consigna umas frases suas sobre a locução – *Tomar las once* – verificando-se assim que a nossa antiga frase teve também voga nas repúblicas do Prata e do Pacífico, e naturalmente originária da pátria comum, a Espanha. Ainda com uma certa voga entre nós, principalmente entre uns tantos espíritos intransigentes, cremos que a locução *fazer as onze* vem dos tempos patriarcais de almoço às sete horas e jantar às três, fazendo-se de permeio, *às onze horas*, uma ligeira refeição, *um petisco*, para esperar pelo *jantar*".

Pereira da Costa, (1851-1923), escrevia a volta de 1915 quando *fazer as onze* era frase de uso vulgar.

Ricardo Palma, (*Tradiciones peruanas*, Buenos Aires, 1942), informando sobre a aclimatação da azeitona no Peru, 1559), escreve: – "*Como iba diciendo, en los tiempos de Cerezo era la aceituna inseparable compañera de la copa de aguardiente; y todo buen peruano hacía ascos a la cerveza, que para amarguras bastábanle las propias. De ahi la frase que se usaba en los dias de San Martin y Bolivar para tomar las Once (hoy se dice Lunch, en gringo): – Señores, vamos a remojar una aceitunita. – Y por que – perguntará alguno – llamaban los antiquos las Onze, el ato de echar después del medio dia, un remiendo al estómago? Por qué?*

Onze las letras son del 'aguardiente'.
Ya lo sabe el curioso impertinente."

Corria uso comum também na Bolívia. Informa M. Rigoberto Paredes, (*Mitos, supersticiones y supervivencias populares de Bolivia*, La Paz, Bolívia, 1936): – *Y toman las once o lunch, como se estila calificar tan copiosa alimentación.*

No Chile, um registo de 1957, situa o horário: – "A vida decorre num outro ritmo, No Chile entra pela noite adiante, um pouco à maneira de Espanha. Escritórios e armazéns quase não abrem antes das nove horas, alguns às dez. Almoçam-se a uma hora da tarde, às vezes às duas. A *once*, uma espécie de "five ó clock tea", é servido às seis horas da tarde, e o jantar em geral não é antes das nove ou dez horas": (Michel Brun, *O destino trágico da Tahiti-Nui*, trad. de Alberto Candeias, Lisboa, 1961).

Não me recordo de haver entendido em Portugal o "fazer as onze". Ou, teria desaparecido a locução que fora popular. No Brasil era usual e velha e não de todo ainda ignorada.

Colorin, colorao, cuento acabao...

MECO

Os dicionários brasileiros registam o *Meco* como termo de gíria, valendo qualquer indivíduo, um tipo comum, e também libertino, atrevido, espertalhão. No *Tesouro da língua portuguesa*, de frei Domingos Vieira, (IV, Porto, 1873), o *Meco* provirá do latim *moechus*, e é sujeito licencioso, adúltero, devasso, dissoluto. Há uma locução plebéia: – *Perdoem ao Meco, não o castiguem*, que Moraes conclui ser uma *injúria aos galegos*. Domingos Vieira adianta o complemento: – "Este homem tornou-se um perfeito *meco*; degenerou completamente".

No Brasil, *Meco* é afirmativa de autoria vaidosa: – *Quem venceu foi aqui o Meco!* numa auto-referência orgulhosa. Ou fórmula identificadora do acusado: – *Cá está o Meco!*

É o malandro, esperto, astucioso, vadio, mas desprezível, desmoralizado, vulgar. Acompanha-o a fama erótica, conquista banal, sexualidade grosseira. Não tem o anedotário elevado, espirituoso, de habilidade graciosa, como Pedro Malasarte. É uma figura antiquíssima do folclore galego, indeterminada no tempo e vivendo na região da Galícia e Entre-Douro-e-Minho, peralvilho atrevido e sedutor, já dissolvido numa expressão genérica nas comédias *Ulysippo*, 1618, *Aulegrafia*, 1619, de Jorge Ferreira de Vasconcelos: (Pedro Craesbeeck, Lisboa); – *este meco... nunca fui desses mecos...*

Nessa acepção, pejorativa e soez, era do vocabulário normal do povo no século XVI. Em julho de 1591, na cidade do Salvador, na Bahia, o lavrador Manoel de Paredes, com sangue de judeu, cristão novo, foi denunciado ao Santo Ofício pelo mercador Gaspar Dias de Figueiroa por haver, referindo-se ao cerimonial das Endoenças que deveria realizar como mordomo de Nossa Senhora de Ajuda, dito: – "Não temos lá nada que ver senão a figura de Ecce Homo o qual meteremos *entre dois mecos* que lhe fação o seu officio".

Rafael Bluteau, *Vocabulário*, regista: – "Aos de Entre Douro e Minho costuma-se perguntar por zombaria: – *Perdoaste ao meco?* Mas com muito maior razão fazem os do Minho esta mesma pergunta aos da Galiza que são os verdadeiros galegos; e o caso é que um minhoto estando em Galiza tirou a muitas donzelas a honra e paz a muitos casados os c... do que os galegos ficaram mui sentidos e raivosos e esse tal foi chamado por alcunha o *Meco*, e por isso se ofendem tanto os galegos da pulha e injuriosa pergunta: *Perdoaste ao meco?*". Bluteau adianta que esse Meco era médico em Braga.

Não o perdoaram os galegos. Juan C. Piñol conta que o *Meco* foi enforcado numa figueira. Sofreu castigo num ato de solidariedade comunal como Fuenteo-vejuna em Córdoba e Berninches em Guadalajara aplicaram aos seus *tiranilos*. Daí a altiva resposta galega quando perguntam: — *Quién mató a Meco? — Matámosle todos!*

O *Meco*, possivelmente histórico, seria galego *viejo* e não do Minho. Denomina localidade na província de Madri que, em 1489, pertencia a D. Iñigo Lopez de Mendonza, conde de Tendilla. Aí nasceria o herói malogrado das anedotas lúbricas e que terminou esperneando na forca, cumprindo sentença da coletividade galega. Da capacidade infiltradora em matéria amorosa, há o rifão: — *Mete en tu pajar al gallego, hacérsete ha hijo heredero.* Afirmam que, *can atado y gallego suelto, son o demo.* Advirta-se do anexim português do séc. XVI: — *Guarte de cão preso e de moço galego.*

São os antecedentes psicológicos do *Meco*.

XETA

Designação vaga e complexa. *Não vale uma xeta*, referência à moeda ínfima. *Cheio de xetas*, trejeitos, momices, fingimentos amorosos. Simulação. *Está com a xeta*, pensativo, apreensivo, preocupado.

O poeta Lourival Açucena, (1827-1907), escrevia em Natal, 1874, no poema "Pirraças de amor", referindo-se a Cupido:

> *E ele fazendo xetas,*
> *Saudou-me com três caretas.*

ESTAR DE CARINHA N'ÁGUA

Estar alegre, em situação feliz, regozijo. Pensava essa locução desaparecida no uso vulgar mas ouvi-a no Recife, a uma camareira do Hotel.

Perguntara por sua antiga colega: – "Casou, está importante, morando em Olinda. Vive *com a carinha n'água*".

Castro Lopes interpretou como *caninha n'água*, relação das plantas palustres no farto elemento vital.

É frase que recebemos de Portugal.

Poderia explicar-se como sugestão das repetidas lavagens do rosto, na ânsia de aformosear-se. *Vive se lavando*, é imagem dessas tentativas de rejuvenescimento, com água e sabão. Assim procedeu o velho Gil Brás de Santillana nas vésperas do casamento, já tardio para sua idade. Poderá ser reminiscência do complexo de Narciso que, julgando-se deslumbrante de beleza, *vivia com a carinha n'água*, conta Ovídio, (*Metamorfoses*, III).

Água parada era o espelho das moças pobres. A superfície refletia o jovem encanto suficiente.

CHEIO DE GÁS

Gás é empáfia, orgulho, presunção. *Cheio de gás* é o arrogante, pretensioso, *bancando o importante*.

Gás era o nome popular do querosene com que as principais cidades do Brasil foram iluminadas na segunda metade do séc. XIX. Libertavam-se do azeite de carrapato e do óleo de coco.

De sua vulgarização, atesta a anedota de José Carvalho, informando ter sido o farmacêutico Garrido o introdutor do farol e do querosene no Crato, Ceará. *E a noite saía ele pelas ruas da cidade com o seu farol. E quando as pessoas, curiosas para ver a novidade, se aproximam, dizia ele: – Arreda povo! Deixa o Gás passar!*

Diz-se *gás* ao querosene, petróleo, foi uso em Portugal, de onde recebemos à mercê.

O *Cheio de gás* é posterior a 1850.

O poeta natalense Lourival Açucena, no seu poema tradicional "*A política*", de 1862, documenta a popularidade da figura:

> – Enquanto esperam maré,
> Oh, que afeto! Oh, que doçura!
> Mas, quando embarcam na lancha,
> *Quanto gás!* Quanta impostura!

PIAN-PIAN

Indicava marcha, normal, lenta, comum, no ritmo quotidiano. Sem alterações e novidades.

Virá do italiano piano-piano, devagar e continuamente.

Na *Comédia Eufrosina*, 1561, de Jorge Ferreira de Vasconcelos, (cito a que possuo, versão castelhana de D. Fernando de Ballesteros y Saabedra, Madri, 1631, reproduzida por Menendez y Pelayo), 2ª, III, o estudante fala:
– "Caminaremos assi *pian-pian*".

Prova-se sua vulgarização no Portugal do séc. XVI.

Pereira da Costa, documentou, no *Vocabulário pernambucano*:
– "PIAN-PIAN, assim, assim; vamos andando, vamos indo; como Deus é servido; devagarinho. Como vai você nos seus negócios?: Assim, assim... *pian-pian*. "Fundo, capacidade, talento, não é assim... *pian-pian*: (*Marmota, 2, 1844*). A locução vem, naturalmente, do provérbio italiano, *Piano piano, si va lontano*".

D'AQUI MAIS PRA AQUI

Uma frase, ainda contemporânea, de desprezo e pouco caso, é dizer:
– *D'aqui mais pra aqui!* Acompanha o gesto de persignar-se, correspondendo o dito à posição ao *nossos inimigos*.

Antonio José da Silva, na ópera *Vida do grande D. Quixote de La Mancha*, I, VII, representada no teatro do Bairro Alto de Lisboa em outubro de 1733, escreve o dito de Sancho Pança: – "Diga-me vossa mercê, que me meta eu noutra cova? *Para aqui!*...

Outro emprego, também atual, é responder, ouvindo o que não se concorda: – "Sim, mas, *para atrás das costas!*"

Na *Esopaida*, ópera que se representou no teatro do Bairro Alto de Lisboa no mês de abril de 1734, no 2º, III, declama Esopo:
– "*Sic querit, et respondeo*: chamam aos carcundas Poetas porque os Versistas deste tempo são Poetas, *mas é cá para trás das costas!*"

Não mudou a intenção...

ENFRONHADO

O meu velho amigo Sérgio Severo de Albuquerque Maranhão, quando governador de um dos distritos do *Lions Club*, contando-me uma festa em Curitiba, pormenorizou: – "*Enfronhei-me* numa roupa nova..."

Não consegui convencer-me da argumentação do mestre João Ribeiro sobre *Gato e farinha e fronha*, onde "*enfronhar-se* não é mais do que a alteração de *enfarinhar-se*, para indicar a fraude e trapaça legendária do gato que se disfarça em alva farinha... Engaticar, enfronhar, enfarinhar, equivalem a enganar ou seduzir": (*Frases feitas*).

Para o Povo, Enfronhar-se é apenas vestir-se. Notadamente roupa nova.

No *Tesouro da língua portuguesa*, do Dr. Domingos Vieira, (Porto, 1873), *fronha* é sinônimo de *vestido*. Daí o *enfronhar-se* em fidalguia, envergar trajes aristocráticos.

Apenas tenho ouvido o verbo *enfronhar* como vestir ou capacitar-se, saber bem um assunto, e não fingir, enganar, iludir.

Enfronhado em Direito, Mecânica, Medicina, é usual. Assim registou o *Pequeno Dicionário Brasileiro da Língua Portuguesa*, de Aurélio Buarque de Holanda Ferreira, valendo versado, instruído. No mesmo sentido de *esfarinhado*. Ver p. 194.

ESCURO COMO UM PREGO

Essa comparação misteriosa e absurda atravessou tempos e tempos até que a traduziu o Prof. Augusto César Pires de Lima, (1883-1959), diretor do Museu de Etnografia e História, do Porto.

Escuro, preto, como um prego?

Não é prego mas *prégua*. Em 1917, o etnógrafo português deparou em Santo Tirso a explicação cabal.

– "Entrando numa casa coberta de telha vã, na freguesia de S. Martinho de Bougado, vi junto ao teto, sobre a lareira, uma lousa, posta ali a fim de impedir que as labaredas queimassem os barrotes. A esse anteparo, que se vai cobrindo naturalmente de uma camada escura, e que outrora era mais conhecido, chamam a *Prégua!*" Datou do Porto, 15-VII-1917, divulgando-se na Revista *Lusa*, de Viana do Castelo, nº 20, de I-I-1918. Foi muito divulgada a nota, ampliada em definitivo no V tomo dos *Estudos etnográficos, filológicos e históricos*, Porto, 1950, e resumida no tomo anterior, o IV, 1949.

A *prégua* é encontrada em Santo Tirso, Gondomar, Guimarães, Marco de Canaveses. O Povo local também dizia *Prego*, em vez de *Prégua*.

Para o Brasil viajou o *prego*, deixando a *prégua* no Minho.

ABAFAR A BANCA

No jogo do *Marimbo*, também denominado *Abafo*, jogado com três cartas. Quem julga possuir o maior número de pontos, cobre com as cartas o monte das apostas, dizendo: – *Abafo a banca!*

A frase derramou-se pelo Brasil. O vitorioso em qualquer façanha, política, literária, esportiva, científica, é aquele que *abafou a banca*. Ou, simplesmente, *abafou*!

Abafar, sinônimo de sucesso evidente para o próprio adversário, êxito incontestado e público, é vocábulo de velho uso em Portugal, popular no séc. XVI.

Na *Comédia Aulegrafia*, Lisboa, 1619, de Jorge Ferreira de Vasconcelos, (falecido em 1585), ouve-se:

– "Estai assi quêdo que voto a mim de fazer outra que *vos abafe!*"

Naturalmente *abafar* é muitíssimo anterior ao seu complemento, que julgo brasileiro, *a banca*.

O *Marimbo* não existia no séc. XVI em Portugal.

PASSOU-LHE A MÃO NA CABEÇA

Passar a mão pela cabeça de alguém é desculpá-lo, perdoar, relevar vícios, erros, e mesmo crimes. Como se o gesto tivesse a faculdade do apagamento, olvido, absolvição das culpas. É, sem que o Povo conserve a explicação milenar, um ato de remissão, de bênção, de misericórdia total.

Passou-lhe a mão na cabeça! Decretou a inculpabilidade. Está proclamada a inocência.

Assim abençôou Jacob, e todos os patriarcas do Velho Testamento. Assim abençoam os israelitas. A mão sobre a cabeça atrai o beneplácito de Iavé.

O *Monitório do inquisitor geral*, (Évora, 1536), mandava investigar se alguém abençoava como os judeus: "deitam a bênção aos filhos, pondo-lhes as mãos sobre a cabeça".

Pela imposição da mão o Bispo conceda o diaconato. Também na ordenação sacerdotal. Na sagração do novo Bispo, repete-se o cerimonial na transmissão da graça sacramental.

Os sete primeiros diáconos em Jerusalém foram sagrados pela imposição das mãos. Assim, Paulo e Barnabé: (*Atos dos apóstolos*, 6,6). Na II Epístola a Timóteo, (1,6), o apóstolo Paulo proclama: – "Por cujo motivo te lembro que despertes o dom de Deus que existe em ti pela imposição das minhas mãos!"

A imagem passou para o Povo. Em 1519, na *Farsa dos físicos*, Gil Vicente relembra:

> *Sobre vos pongo la mano*
> *Como diz el Evangelho.*

Assim Giotto pinta as figuras abençoadas: – um Anjo com as mãos sobre as cabeças.

Na *Benção de Matelda* estudei o motivo: (*Dante Alighieri e a tradição popular no Brasil*, ed. Pontifícia Universidade Católica do Rio Grande do Sul, Porto Alegre, 1963).

Vive a frase: – "Passou-lhe a mão na cabeça! Não teve uma ave-maria de penitência..."

BATER COM A MÃO NA BOCA

Bater com a mão na boca é autopunição simbólica às palavras blasfêmicas ou irreverentes aos assuntos religiosos. Assim também castigam as vozes de orgulho, jactância, maledicência ou impiedade, para com os semelhantes. Segue-se a forma de contrição: – *Deus me perdoe!*

Há o irônico reparo: – "Bata com o pé na boca, que a mão não chega!"

Bento Teixeira, o cristão-novo do Porto, o poeta da *Prosopopéia*, depondo em Olinda à mesa do Santo Ofício, 21 de janeiro de 1594, contra Pero Lopes Camelo, informava: – "... e logo acabando de dizer as ditas palavras antes de ninguém o repreender *bateu com a mão na boca*, dizendo que não falara bem e que Deus lhe perdoasse": (*Denunciações de Pernambuco*, 163, São Paulo, 1929). Jorge Ferreira de Vasconcelos, *Comédia Ulisippo*, (ato 1, cena 2), publicada em Lisboa, 1618, 33 anos depois do seu falecimento, relembra o costume em Portugal, e também na Espanha, áreas vigilantes da Santa Inquisição: – "Ora, douda, dái com a mão na bôca!"

Essa pragmática, eminentemente popular, não desapareceu nos usos-e-costumes do Brasil.

PEDRINHA NO SAPATO

Imagem, velhíssima e contemporânea, para a posição mental vacilante, com razões atendíveis nos extremos, temendo erro, retardando a escolha inevitável, num processo íntimo de argumentação oscilante, dualista, insuportável.

A *pedrinha no sapato* é pequeno e doloroso incômodo, perturbador, impertinente pela obsessão do sofrimento mínimo, depressivo. Restringe o ritmo da marcha, com sua presença obstinada e diminuta.

Naturalmente tivemo-la de Portugal, com os primeiros sapatos quinhentistas. Lembra o *Escrúpulo*, indecisão, cuidado extremo na escolha da exatidão, prejudicando solução imediata pela ambivalência psicológica, entre possíveis decisões lógicas e sedutoras. Preocupação constante.

Escrupuloso. Moléstia, vício, pecado do Escrúpulo.

Inicialmente seria apenas a *pedrinha no sapato*. De *scrupulus*, diminutivo do grego *scrupus*, a pedra.

Lamber o dedo

Lamber o dedo é a expressão mais legítima da homenagem sápida. Prolongar o sabor no aproveitamento dos derradeiros vestígios. Por translação, aplicam como julgamento das coisas deliciosas, agradáveis, bem-feitas.

Antes que o Homem soubesse apertar a mão, abraçar, organizar Estados, plantar civilizações, valorizar o infinito da força cerebral, já lambia o dedo. É, certamente, um dos gestos mais primitivos, autênticos, na espontaneidade útil e maquinal.

Centenas de séculos depois foram surgindo, uma a uma, as peças do talher. A faca substituindo ou reforçando a potência dos dentes incisivos e caninos. O garfo, símbolo higiênico dos cinco dedos. A colher, côncavo da mão onde se deposita a porção alimentar para o prévio arranjo acomodador e aperitival. Ainda centenas de milhões de criaturas humanas independem do talher. Os mais adiantados têm faca, dividindo os pedaços maiores em frações distribuíveis. Nós mesmos, vez por vez, recorremos aos cinco companheiros inseparáveis para encaminhar alimentos ao órgão competente.

Quando Nars-ed-Din, Shá da Pérsia, visitou a França, foi hóspede de Napoleão III em Paris. Durante um banquete nas Tuileries, o soberano iraniano servia-se diretamente dos acepipes pegando-os com os recurvos e ágeis dedos orientais, habituados há milênios. O Imperador ofereceu-lhe o garfo de ouro. – *Vous ne savez pas de quel plaisir vous vous privez*, respondeu o Xainxá, continuando a manobra inicial.

Não apenas os nossos indígenas e africanos escravos serviam-se sem auxílios materiais, em massa total no séc. XVI e subseqüente. Os portugueses obedeciam ao mesmo estilo. Em 1556, Fernão Mendes Pinto esteve em Bingo, Bigo, ilha Nippon, no Japão, onde o Rei acolheu-o generosamente. A maior surpresa para os japoneses, utilizando varetas de madeira, era ver os portugueses servirem-se com os dedos para tomar os alimentos. *Rogou que por amor dele quiséssemos perante ele comer com a mão, assim como fazíamos em nossa terra... Toda essa gente costuma comer com dois paus, tendo por muito grande sujidade fazê-lo com a mão, como nós costumamos*, conta o viajante no *Peregrinaçan*. Eram fidalgos da corte del-Rei D. João III. A etiqueta permite o uso dos dedos para os aspargos e camarões torrados. Júlio Camba, o Brillat-Savarin espanhol, recomenda: – *Considero inutil advertir que las sardinas asadas no deben comerse nunca con tenedor*. Os gaúchos criticam faca e garfo num bom churrasco. Receber a porção e manobrá-la a dedos. *Costela? Unhas a ela!* ensinam no Rio Grande do Sul. O Barão do Rio Branco considerava o abacaxi cortado a faca como perdendo quase todo o gosto. Depois de descascado, açulava sobre ele a matilha dos dentes. Jaime Ovalle, em casa de Olegário Mariano, produziu dissertação capital sobre a decadência do sabor de certas iguarias, *espetadas no garfo*. Foram feitas *pour s'en lécher les doigts*.

Não aludo ao verbo *Lamber* como elemento de sucesso social. Em inglês, *to lick* é lamber e vencer.

Quem não sabe lamber,
Não sabe vencer.

PELO BATER DA CHINELA

Numa feira de Alagoinha, Bahia, Leonardo Mota, (*No tempo de Lampeão*, Rio de Janeiro, 1930), ouviu cantar um poeta popular:

Galinha tem duas asa
Mas não tem duas moela;
Conheço mulher solteira
Pelo arrastar da chinela.

Entre os deveres da moça-donzela estava o não-arrastar a chinela. Era gesto privativo da mulher-casada ou da *mulher-solteira*, sinônimo das despudoradas, aludidas pelo cantador. Arrastar as chinelas nas calçadas da rua era uma denúncia de mulher-sem-fundamento, ditas em Portugal, *mal-procedidas*.

Minha avó paterna, dona Bernardina Ferreira de Melo e Oliveira, ralhava com as netas, minhas primas, na cidade de Souza, Paraíba de 1910:

– "Segura a chinela na sola do pé, menina! Tu não sois casada..."

O andar preguiçoso, displiscente, sonoro, era vedado às meninas-sepondo-moças, aprendendo os *modos de gente*, decorando as limitações impostas à puberdade, respeitando as regras do código donzelil, intransponíveis, naquele tempo.

Citava o cantador baiano a *mulher solteira*, figura indispensável no vocabulário plebeu e corrente. A *solteira* é a mulher *solta*, livre de leis e imposições morais. *As solteiras, termo que nos sertões tem o pior dos significados, desenvoltas e despejadas, soltas na gandaice sem freios*, informava Euclides da Cunha, (*Os Sertões*, 25ª ed. 1957).

Viera, usual e comum, na voz portuguesa do séc. XVI. Nas *Denunciações do Santo Ofício* no Brasil, Bahia, Pernambuco, Paraíba, 1591-1595. Salvador, 1618, são de fácil encontro.

Gaspar Manoel, licenciado em Artes, agosto de 1591, alude às *mulheres solteiras pubricas*, existentes na capital do Estado do Brasil. A cigana Tereja Roiz na mesma data, denuncia Maria Gonçalves, *dalcunha Arde-lhe-o-rabo*, com o apodo de *mulher solteira*, e agravante de prática feiticeira. Catarina Vasques, outubro do dito ano, indicia Inês Pousadas, *moça solteira*, prostituta funcional. É um amável disfarce da *mulher do mundo*, de aplicação contemporânea, banalmente registado nas *Denunciações*: – Ana Franca, a Viegas, Maria Fernandes, cigana, mulheres-do-mundo; Maria de Lucena, em Olinda, *solteira que tinha filhos e usava mal de si*; Lianor Fernandes, *mulher do mundo pública*.

Eram tantas e tais que faziam nascer acomodações justificativas. Diogo Nunes, senhor de engenho na Paraíba, em 1594, não considerava *pecado dormir carnalmente com mulher solteira, pagando-lhe seu trabalho*. Doutrina corrente com a qual a Santa Inquisição não concordou.

Os nossos romancistas sempre arredaram essas imagens de seus livros quando o Povo, imperturbável, continua fazendo presente na linguagem diária.

A chinela, para emprego doméstico no interior da casa, não dava boa recomendação ver-se em sítios públicos, quando levadas por pessoas-de-tratamento, sugerindo impressão de pouco-caso e mesmo desprezo pela assistência. Andar de chinelas na rua era um despropósito inconcebível. Permitia-se, no máximo, ir até a calçada residencial, para conversa amena nas cadeiras de espreguiçar. Mantinha-se essa etiqueta rigorosa para os *antigos*. Recordo, em Santa Cruz, Ezequiel Mergelino, (1866-1953), chefe político, grande fazendeiro, desculpando-se insistentemente à minha Mãe, por estar de chinelas, numa loja nas proximidades da sua residência.

Depois, a chinela arrastada intencionalmente era leve pregão da presença feminina.

> *Quando tu pisas na rua,*
> *Toda dengosa, Maria,*
> *Já sei de tua chegada*
> *Que a chinela anuncia.*

Creio que as clássicas mulatas baianas divulgaram a valorização das chinelas, inseparáveis da vistosa indumentária na cidade do Salvador. As legítimas Haussás vinham descalças, mas a moda portuguesa das senhoras-brancas contaminou as mucamas, fazendo-as amar a *chinela-na-ponta-do-pé*, no airoso balançado dos opulentos quadris ondulantes.

Mas, pertencem aos tabus do meu tempo de rapaz as normas práticas da chinela nos níveis da convivência social. *Chineleiro* era insulto. Não para o artífice que as fizesse mas para quem individualmente as usasse, fora das fronteiras familiares.

O exemplar mais tipicamente desclassificado entre as *raparigas* era a *mulher chineleira*, barulhando as palmilhas pelas ruas, numa consciente propaganda do humilde trânsito.

Tudo isso passou, amigos! A imagem verbal é que resiste...

ÀS DE VILA DIOGO

Locução vulgar e corrente no Brasil, literário e popular. Vale dizer safar-se, evadir-se, fugir: *Dei às de Vila Diogo, tomei às de Vila Diogo.*

Villadiego é lugar na província de Burgos. De origem espanhola, recebemo-la de Portugal, fazendo a imagem tornar-se vulgar e fácil na voz brasileira.

No registro português a menção mais antiga creio pertencer a D. Francisco Manoel de Melo, nos *Relógios falantes*, 1654, onde o "Relógio da Cidade" aconselha ao "Relógio da aldeia": – *toma às de Vila Diogo, para a tua Vila.*

Anotando os *Relógios falantes*, o Prof. Joaquim Ferreira, (Porto, 1942), informa: – "Toma as de Vila Diogo para a tua Vila –, foge a toda a pressa para a tua vila de Belas. "Tomar ou dar às de Vila Diogo" é expressão ainda hoje sinônima de "escapulir-se" ou "fugir velozmente".

No *Tesouro da língua portuguesa*, de frei Domingos Vieira, V, Porto, 1874, regista-se: – "*Villa-Diogo*, s. f. Termo usado na seguinte locução popular: Dar às de Villa-Diogo; fugir, esgueirar-se, raspar-se. Diz-se do mesmo modo: Tomar às de Villa-Diogo".

Antônio José da Silva, o Judeu, (1705-1737), no *Obras do diabinho da mão furada*, (folheto II), faz o Diabinho dizer: – "e Vm por evitar este recolhimento, não *tomou as de Vila Diogo* com um soldado que vinha do Porto?"

Na Espanha o mais velho exemplo encontro em Fernando de Rojas, *La Celestina*, (ato XII), onde Sempronio adverte ao colega Pármeno: – *"Anda, no te penen a ti esa sospechas, aunque salgan verdaderas. Apercíbete: a la primera voz que oyeres, tomar calzas de Villadiego"*. La Celestina é de 1499.

No *Don Quijote de la Mancha*, (I, XXI), ouve-se a narrativa de Sancho Panza: – *Digame vuestra merced qué haremos de este caballo rucio rodado, que parece asno pardo, que dejó aqui desamparado aquel Martino que vuestra merced derribó; que, según él puso los pies en polvorosa y cogió las de Villadiego, no lleva pergenio de volver por él jamás"*.

A primeira edição do *Don Quijote* é de 1605, Madri.

Gabriel Maria Vergara Martin, *Refranero geográfico español*, (Madri, 1936), assim explica o *Tomar las de Villadiego*: – "Significa marcharse precipitadamente, y alude esta frase a las alforjas, por las que Villadiego es muy conocido.

Otros creen que se refire esta locución a un Villadiego que escapó de la cárcel, y por eso suponen que decir *tomó las de Villadiego* equivale a *huyó de un peligro*; sin embargo, la generalidad entiende equivocadamente que equivale a "tomar el camiño de Santiago de Galicia".

No Brasil tentou-se esclarecer a origem da frase.

O primeiro, creio, foi o doutor Castro Lopes, (*Origens de anexins, proloquios, locuções populares, siglas, etc.*; Rio de Janeiro, 1893, 2ª edição em 1909). Divulgou sua interpretação em 1886, inventando um episódio decorrente de acontecimento histórico. Em 1808 os franceses marcharam sobre Burgos, de que Villadiego era um dos doze distritos. Os espanhóis entrincheirados em Gamonal, não resistiram ao ataque, retirando-se para Lerma. Na confusão, uma *señorita* procurava, angustiada, o noivo, e ao saber que ele tomara rumo para as *bandas de Lerma*, protestou: – "No; al contrario; él *tomó las de Villadiego*; y fué solo para me salvar"! A locução nasceu daí. Tomara o capitão Gil Garcia a fuga para as bandas de Villadiego e não Lerma. Castro Lopes ignorava ou esquecera a *Celestina*, Cervantes, D. Francisco Manoel de Melo, Antônio José, o Judeu, e mestre Quevedo, em 1622, em *Los Sueños*, frei Domingos Vieira, todos anteriores à campanha de Napoleão na Espanha.

Em 1905, pelo *Diário Popular*, de São Paulo, o Prof. Sílvio de Almeida dedicou-se ao estudo de locuções populares, entre essas, *Diogo* dando explicações engenhosas e uma dispensável, como *calzas de huir luego* pelas *calzas de Villadiego*. A mais curiosa análise publicou-a a 4-VII-1905, no citado periódico. Diogo é um dos nomes do Demônio. Realmente encontra-se no vocabulário, parecendo-me ter vindo dos Açores, sendo de maior circulação no sul do Brasil. Segundo o erudito Oskar Nobiling, a frase *dever ao Diogo*, na acepção da fisionomia horrenda, seria o próprio Satanás "ficar devendo" no plano da hediondez; ser menos feio. Villa Diogo significa *Vila Diabo*, Casa do Diabo, como ainda dizemos: – *vá para casa do Diabo, para as profundezas dos Infernos!* Mandar ao *Diabo* subentende-se deslocamento, viagem, distância. Aulete dicionarizou "Casa do Diabo" como "um sítio remoto". A Vila Diabo nunca a deparei fora da sugestão do Prof. Sílvio de Almeida. Nem conheço como provérbio em Portugal ou na Espanha. A nossa Vila Diogo é salvação e não maldição.

Ignoro se Diogo, Diego, seja nome satânico espanhol. Sei que não era popular nas Astúrias, especialmente entre os pastores onde *ningún niño le bautizan con el nombre de Diego* (Vergara Martin, *opus cit*), por ódio à memória de D. Diego das Marinas, regedor de Oviedo em meados do século XVII. Esse fidalgo solicitara ao Rei autorização para castrar os pastores, evitando que se propagasse *tan despreciable raza*. Nenhuma relação com o fundador de Villadiego, D. Diego Rodriguez Porcelos.

João Ribeiro, (*Frases feitas*, 1º, Rio de Janeiro, 1908), disse lição erudita e ágil de aplicação improvável. Tomar as calças de Villadiego seria corresponder às meias e aos sapatos. "Deixar as calças" era sinônimo de morrer. *Laisser ses gregues, ses bottes, ses houseaux. Tirar le calze*, no italiano. No português do Brasil, *deixar* ou *esticar as botas*, "esticar as canelas", no sentido de sucumbir. Para indicar o sentido contrário a morrer que é o de *escapar* e *salvar-se* que é semelhante a *fugir*, empregou-se a frase oposta, *tomar as calças* ou *levá-las*. Esclarece muito a locução o parágrafo 61 da *Lex Salica* pelo qual os que faziam a cessão dos bens (e a morte é uma cessão forçada) e os abandonavam, segundo o costume bárbaro, deviam retirar-se saltando sobre a sebe ou cerca, tirando o cinto e as calças (*discinctus et discalceatus*). Assim *tirar as calças* era passar adiante, sair do recinto, abalar para longe, abandonar ou fugir. O resto da frase Vila Diogo (Villa Diego) deve talvez referir-se a qualquer anedota, mais ou menos história, daquele lugarejo de Espanha ou mais provavelmente de pessoa daquele nome, que escapou de alguma afronta ou perigo". Mas a locução refere-se a tomar, vestir, *cogió las de Villadiego*, dir Sancho Panza: – *tomar calzas de Villadiego*, recomenda o Sempronio da *Celestina*, e não o livrar-se delas.

O escritor José Ramón y Fernández Oxea, de Madri, conheceu a pesquisa de D. José Maria Iribarren, *Tomar las de Villadiego*, no seu *El porqué de los dichos*, (2ª ed. Madri, 1956), examinando e debatendo tôdas as sugestões no assunto, controvertido e negaceante. A hipótese que não sofreu recusa formal é a que evoca Fernando III, (1199-1252) protegendo os judeus perseguidos como feras, dando-lhes Villadiego como refúgio inviolável. Deveriam os israelitas dessa localidade usar trajes distintivos, marcando a distinção. Assaltados ou ameaçados noutras paragens, os judeus fugiam para Villadiego, tomando as insígnias salvadoras. Ensina Iribarren: – "Y, como por precepto real, los judios llevaban traje distinto de los demás ciudadanos, cuando se veían en peligro abandonaban sus propias ropas y huian para tomar las de Villadiego y acoger-se a los privilegios y encomiendas de cuantos habitaban esta villa. La alusión a las calzas podría explicarse – digo yo – ya porque las calzas o calzones constituen una prenda esencial, indispensable, o bien porque las calzas que tiviesen que usar como distintivo los judios de Villadiego fuesen muy llamativas por su color extraño o por su forma".

Conhecia eu o sinal denunciador do judeu ser uma rodela vermelha ou amarela no ombro direito, obrigatório na Espanha e Portugal. As calças de Villadiego com essa finalidade iniciariam o processo diferencial notório. Fernando III faleceu 118 anos antes das Cortes de Toro, reunidas em 1370, (Zamora, León), onde nasceu a determinação do *judeu de sinal*.

O eminente dr. Fermín Bouza-Brey Trillo, meu amigo de Santiago de Compostela, informa (abril de 1966) em bom galego: – *"Hoxe inda decimos 'tomar las de Villadiego', por as alforxas de iste lugar, pra decir que se fuxe..."*

Da minha parte acolho a opinião de don Francisco de Quevedo Villegas como a mais intuitiva. Quevedo, (*Los sueños*, "Visita de los Chistes"), visitou os mortos e pessoalmente avistou o próprio Villadiego. Ouviu-o dirigir-se a don Francisco de Vargas, solicitando-lhe a graça de mais uma averiguação: – "Señor Vargas, pues vuesa merced lo averigua todo, hágame merced de averiguar quién fueron *Las de Villadiego, que todos toman*; porque yo soy Villadiego, y en tantos años no lo podido saber ni las echo menos; y queria salir si es posible deste encanto".

D. Francisco de Vargas fora Alcaide da corte da rainha Isabel a Católica. Constantemente a soberana, despachando processos, encarregava-o de inquéritos indispensáveis: – *Averigüelo Vargas*, escrevia a rainha.

Vargas não podia atender ao pedido de Villadiego. Tentava apurar se, no princípio, existia a Verdade ou viviam os alfaiates. *Porque si la mentira fué primero, quién la pude decir no habia sastres? Y se fueron primero los sastres, como pudo haber sastres sin mentira?*

Pelo exposto, desde abril de 1622, procura-se a exata origem do episódio, ocorrido *em* ou *com* Villadiego, homem ou terra de Burgos.

NA TUBIBA, ENTUBIBAR

Quantas vezes ouvi *entubibar* e *na tubiba*, acompanhar de perto, seguir imediatamente, no *socaro*, *apuz*, narrando-se as peripécias de *dar campo*.

– "O novilho mergulhou na varjota e eu *entubibei* atrás!".

Tubiba, Tubim, Tubí, é uma pequenina abelha bravia, *Mel pona tubiba*, Smith, indomesticável, construindo os ninhos em árvores nas proximidades das residências sertanejas. Sua agressividade não impede o aproveitamento do mel, abundante embora ácido e cera escura, útil para as necessidades domésticas.

A Tubiba quase sempre voa em grupos, numa direção única, alinhadas como em coluna sob comando. Não costuma esvoaçar, esparsa. A formatura sugeriu a imagem da perseguição obstinada.

– "O touro ganhou o carrasco e eu, ali, *na tubiba*!"

"TROCAR" A IMAGEM

As imagens de Cristo, Nossa Senhora, Santas e Santos, não são *vendidas* mas *trocadas*. "*Troquei* o Crucifixo por cem cruzeiros". É pecado empregar o verbo *vender* em cousas que não se vendem, como entidades do Reino do Céu. Serão permutadas por dinheiro.

Em certas regiões da Índia, no séc. XVI, a barganha era o único processo aquisitivo. – "Não têm peso, dinheyro, ou medida; mas só comprão, e vendem, *trocando as cousas humas por outras*" – Frei Gaspar de S. Bernardino, *Itinerário da Índia* (Lisboa, 1611).

No *Auto da Feira*, 1527, diz o Tempo:

– *Venha trocar, qu'eu não hei de vender*
Tôdas as Virtudes qu'ouverem mister,
Nesta minha tenda as podem achar
A troco de cousas que hão de trazer.

Gil Vicente entendia que as Virtudes não poderiam ser vendidas.

Fazer sopa

"Sopa: coisa, negócios, conquista amorosa, sem custo, e prontamente. É sopa! Foi uma sopa! Sopa no mel, o cúmulo do êxito" – assim escrevi no *Folclore da alimentação*, (1963).

Fazer sopa é aproximação erótica, namoro flamejante, onde os participantes se confundem com os ingredientes no caldo. Prenúncio de viver juntos, cozinha comum.

É esse o rumo da pergunta de Caterina ao pastor Joane, no *Auto pastoril português*, de Gil Vicente, 1523:

– E tu porque não *faes sopa*
Com Inês, pois te afaga?

Sujeito escovado

Hábil, desempenado, insinuante, astuto, manhoso, traquejado.

João Ribeiro escreveu: – "Ora este *escovado* não pode ser senão o *escoimado* dos antigos escritores". Três citações da primeira metade do séc. XVI, abonando o *escoimado*.

Por que não *escovado*? É o sabido, usado, tradicional. Nesse sentido, o escoimado desapareceu em Portugal, onde não se encontra também o *escovado*, limpo, apto, batido a escova, apresentável.

Pereira da Costa registou o *escovado*, valendo prevenido, preparado, em ordem, pronto para agir. Mesma paralela do *escovado*. Nenhuma, do *escoimado*.

Está sendo substituído pelo *Escolado*, saído de escola, com o curso completo, sem surpresas na especialização.

METER UM PREGO

Meter um prego é pleitear benefício, solicitar intervenção poderosa, recorrer ao auxílio de alguém. A frase posterior, *não meter prego sem estopa*, é apenas reforçativa da significação utilitária. Incluir no pedido maior esperança conseqüente.

É um vestígio do mundo religioso de Roma, diluído e espalhado pelo domínio do Império. Desapareceu a superstição mas a frase, ainda contemporânea, revela a reminiscência do rito, outrora indispensável e de suprema veneração.

A cerimônia de *meter um prego*, o *Clavus Figere*, ocorria no princípio do ano, posse de novos magistrados, sagração de templos e, ocasionalmente, durante calamidades públicas, guerras, epidemias, turbação social. O Pretor Máximo, ou um Ditador especialmente designado para o ato, fixava um grande cravo de bronze no muro entre os altares de Júpiter e de Minerva, no Capitólio. Era a festa do *Clavus Annalis*, destinada a conservação da tranqüilidade futura e expiação das culpas passadas. Ficava imóvel, permanente como a súplica coletiva que simbolizava.

Os pregos eram dedicados às divindades do Destino e da Vitória. Os romanos haviam recebido a tradição dos Etruscos, desde os soberanos Tarquinios. Na Etrúria, pregavam, anualmente, o cravo no altar da deusa Nortia, a Fortuna.

A devoção tornou-se popular e doméstica, e, *meter o prego*, mesmo nas residências particulares, era voto pela saúde, amuleto contra febres, epilepsia, encantamentos adversos. Os arqueólogos encontram *clavus*, artisticamente ornamentados, nos túmulos e *celas* votivas de muitos edifícios consagrados aos cultos oficiais.

A intenção era a mesma dos nossos dias: – Pedir!

VÁ PLANTAR BATATAS!

A frase pareceu-me portuguesa porque a batata não é básica na alimentação coletiva brasileira, embora vulgaríssima. A locução, muito viva em Portugal, coincidiria com o emprego na ementa local, notadamente as solanáceas, *do Reino* ou *Inglesas*, ao inverso da preferência brasileira pelas doces convolvuláceas, complementares da refeição e jamais indispensáveis.

J. Leite de Vasconcelos dizia as batatas de pouco consumo em 1882. Preferiríamos a farinha, feijão, milho, fundamentais.

Cá e lá ouvimos o *Vá plantar batatas!* e a locução interjetiva: – *Boas Batatas!* mais de século ambas circulando no vocabulário comum.

O comando, depreciativo mas verossímil, denuncia orientar o interlocutor ao encargo da lavoura, possivelmente abandonando ofício antes exercido. Na paremiologia do Brasil não há exemplo de mandar-se alguém trabalhar em tarefa natural, e sim impossível e risível: – lavar urubu, encangar grilos, desempatar briga de gatos, lamber sabão, etc. Plantar batatas é ocupação proveitosa, incabível na imaginação de um brasileiro zangado.

As condições do trabalho rural brasileiro não são idênticas às de Portugal, antigo e contemporânea. Em 1881, uma Comissão de Inquérito portuguesa indicava a regressão dos operários fabris para os plantios e mesmo, excepcional no Brasil, a alternância da lavoura com outra qualquer profissão. "Em grande parte os operários são também lavradores, pequenos proprietários, e as economias do salário consolidam-se na terra". Essa informação portuguesa de 1881 jamais se ajustaria ao Brasil, de qualquer época. O operário brasileiro é monotécnico. Ou é operário trabalhando ou operário desempregado. Lavrador é que não.

Teófilo Braga, (*O povo português*, I, Lisboa, 1885), registou: – "Na decadência lamentável das pequenas indústrias, os operários que não emigram pedem ao trabalho agrícola os recursos imediatos da subsistência; os oficiais de ourives dos conselhos de Gaya e Gondomar, depois da entrada do ouro francês, tiveram de ir trabalhar nos campos, ou, como se diz na locução chula: – *Foram plantar batatas*. O mesmo aconteceu aos oficiais de marceneiro no conselho de Paredes. A Agricultura torna-se assim um trabalho secundário, um sucedâneo da emigração".

Nesse clima socioeconômico é que nasceu o *vá plantar batatas*, numa fórmula imediata e salvadora. Tornar-se-ia sarcástica sem que deixasse de ser lógica. É que, em Portugal, o Homem não perdeu a paixão pela Terra. Quase o *rien que la Terre*, de Paul Morand.

Machado de Assis, no *Quincas Borba*, ironiza um *Ao vencedor, as batatas!*

Apenas esqueceu-se da ausência de quem as plante...

BODE EXPIATÓRIO

É o grande culpado inocente, responsável pelas culpas alheias, expiando os crimes que não cometeu. "O ladrão é o diretor mas o servente foi o *bode expiatório*".

É o bode *Azazel*, do Levítico, (16, 20-23), o *Hircus emissarius*, da Vulgata.

— "Depois de ter purificado o santuário, e o tabernáculo, e o altar, então ofereça o *bode vivo*; e, postas ambas as mãos sobre a sua cabeça, confesse todas as iniqüidades dos filhos de Israel, e todos os seus delitos e pecados; e *carregando-os com imprecações sobre a cabeça do bode*, enviá-lo-á para o deserto por um homem destinado para isso. *E, quando o bode tiver levado todas as iniqüidades deles* para uma terra solitária, e for deixado no deserto..."

Os judeus já não realizam essa cerimônia para descarga e alívio dos pecados.

Continua, porém, imutável, no Mundo.

J. G. Frazer estudou exaustivamente o assunto: (*Le Rameau D'or*, II, Paris, 1908).

Apenas, como sabemos, *Azazel* tornou-se uma criatura humana.

COMER COM OS OLHOS

É olhar cobiçosamente os alimentos. Ter olho-pidão, faminto, insaciável. Fitar com insistência.

O Povo concede aos olhos faculdades mágicas e também a transmissão da força magnética. Cobras e jacarés chocam os ovos com o olhar. Também os lacertílios, enfim todos os sáurios. Origina o *Quebranto* e o *Mau-olhar*. A Inveja é o olhar malfazejo, *in-video*. Olhar de *seca-pimenteira*, de azar, de mofina.

Certos olhares absorvem a substância vital dos alimentos, deixando-os inúteis à nutrição. Soberanos negros da África Ocidental não consentiam testemunhas às suas refeições. Comiam ocultos e sozinhos. Os sertanejos acreditam que o olhar *fincado no comer, tira a sustança*. Uma nossa empregada, em junho de 1954, enxotou o meu *basset* que mirava o jantar, aguardando a ração: – "Saia daí, Gibí, você está tirando as forças do comer!".

Estudei o assunto no *Símbolo respeitoso de não-olhar*, (*Superstições e costumes*, Rio de Janeiro, 1958).

Nos pejis dos Candomblés, Umbandas e Xangôs, os orixás utilizam as oferendas pelo olhar.

Havia em Roma uma modalidade do *Silicernium*, festim fúnebre, oferecido aos Deuses Manes, durante o qual a família, clientes e amigos, não tocavam nos alimentos, limitando-se a olhá-los, em silêncio e fixamente. *Quod eam silenter cernant, neque degustant*. Participava do ágape com a intenção visual.

Comiam com olhos...

Falar no mau, preparar o pau

O aforismo refere-se à simultaneidade entre a menção e o aparecimento de alguém, referido na conversação. Explicam por uma ação telepática, irradiação inconsciente da pessoa que se aproxima, captada por quem lhe citará o nome. Creio que a repetição do aparente fenômeno provocaria a locução, tornada velha e comum.

Poderia, como deduziu mestre João Ribeiro, originar-se do temor de pronunciar o nome do Demônio, atraindo-lhe a presença pela magia da invocação nominal. *Quem fala do Diabo, acaba vendo!*

No Brasil jamais se divulgou, nem existiu em Portugal, o *Falar do Ruim de Roma, logo assoma!* alusivo ao Papa, registada por Gonçalo Corrêas e I. de Luna, ambos espanhóis do séc. XVII. A razão é que os portugueses sempre foram partidários fiéis do Papa de Roma, começando por Urbano VI, durante o Grande Cisma do séc. XIV. Possível aos castelhanos porque preferiram o Papa de Avignon, desde Clemente VII. Essa divergência foi elemento de reforço à popularidade do Mestre de Aviz contra o Rei de Castella.

João Ribeiro enganou-se, julgando-os correligionários.

Os portugueses não permitiriam a insolência ao Pontífice que proclamavam legítimo.

DÁ CÁ AQUELA PALHA!

Zangar-se facilmente, por motivo fútil. *Ter o zangador perto*. Frase comum nos escritores portugueses dos séculos XVI e XVII. *Não tira palha comigo!* locução popular, significando não consentir desafios, importunações, atrevimentos. Na vila de Olinda, dezembro de 1594, depõe Diogo Carneiro, que o vigário Simão de Proença, numa reunião onde estava o pedreiro Baltazar da Fonseca, *tirando palha* com aquele pedreiro, provocara-o a dizer inconveniências: (*Denunciações de Pernambuco*, 368).

A citação jurídica, correspondendo à intimação judiciária, pelos séculos XIV e XV, podia ser feita mediante a apresentação de *uma palha* que o Juiz entregava ao Oficial de Justiça. Recebê-la era reconhecer-se participante de processo civil ou criminal, parte, réu ou testemunha.

Dar a palha era admitir querela, permitindo o debate.

Um compromisso tomava-se partindo uma palha, dividida entre os litigantes, a *stipula festuca*. Contratar, condicionando-se a um ajustamento mesmo verbal mas oneroso, a *Estipulação*, provinha de *stipula*, a palha, rompida e guardada pelos contratantes.

Essas fórmulas de intimação e concordância obrigacional desapareceram há mais de quinhentos anos.

Resta-nos a simbólica *entrega do ramo* nos leilões, valendo proclamação de posse.

Fora de uso e entendimento, as palhas continuam aludidas na fraseologia popular.

CASA DA MÃE JOANA

Onde todos têm vontade, domínio, liberdade. Podem entrar, dispor, mandar. Confusão, balbúrdia, desorganização.

Joana, rainha de Nápoles e condessa da Provença, (1326-1382), em sua tumultuosa existência, refugiou-se em Avignon, (1346). No ano seguinte regulamentou os bordéis da cidade. Um dos artigos estatutais dizia: – *et que siegs une porto... dou todas las gens entraron*. Tenha uma porta por onde todos entrarão.

Ficou sendo o prostíbulo o *Paço da Mãe Joana*, e assim o nome divulgou-se em Portugal. Teófilo Braga, (*O povo português*, II, Lisboa, 1885), informa: — "*Paço da Mãe Joana* com que se designa a casa que está aberta para toda a gente. Nos Açores é muito usual para dizer que uma porta está escancarada – É como o *Paço da Mãe Joana!*"

No Brasil, *Paço* não é vocábulo popular. Tornou-se *Casa* e, às vezes, com nome mais repugnante e feio.

Não terá, a *Casa da Mãe Joana*, outra origem.

É RIXA VELHA

Desde que me entendo ouço falar numa fórmula conciliatória entre cães e gatos. Há sempre intermediários presentes e desinteressados, visando ao *Bem Geral*. Esses serão mais exigentes nas tabelas compensativas.

Alegro-me com os debates em lá-menor, anteriores às eleições. Lembro que as peças decisivas no xadrez provinciano são adversárias profissionais. Um dos circunstantes adverte: – *é reixa velha!*

Reixa, querela, contenda, birra. Linguagem do séc. XV. Depois veio a *Rixa*, luta, disputa, já em totalidade belicosa. As *Ordenações Manuelinas*, (V, 93, 1513), fixam a *Rixa velha*, concentrada, recôndita, indeformável, alimentada pela própria toxina do ódio. A *Rixa nova* excluía a premeditação, o processo interior e lento em que se filtrava o ácido estimulador da luta. Seria o arrebatamento, o arremesso guerreiro, o inimigo enfrentado na espontaneidade duelista.

Curioso, apenas, essa imagem do tempo do Rei D. Manoel na hora em que as naves espaciais atravessam o infinito sideral, onde a Natureza não forja o fulgor meteórico do raio.

Parece que o Homem vai ficar com o privilégio de elaborar cataclismas.

NASCIDO NAS URTIGAS

Não é imaginável origem mais indecisa e rude. *Filho das ervas* já denunciava o anonimato paterno na vaguidade dos coitos errantes no mato noturno. A referência às *urtigas* ressalta a bruteza da junção ocasional, sem escolha de sítio acolhedor e plausível. Nem mesmo as feras elegeriam semelhante tálamo fugitivo.

Continua sendo frase acusadora de nascimento obscuro e fortuito. "Nasceu nas urtigas..."

D. Francisco Manoel de Melo, (*Obras métricas*, II, 1665), alude à imagem e subseqüente vitória do predestinado:

> – E *nascendo nas ortigas*
> Vão morrer na governança.

BEIJAR E GUARDAR

É surpreendente a vitalidade dos gestos, os mesmos através de milênios, embora mudando parcialmente a intenção, sem de todo modificá-la. Foram todos ensinados no convívio social, participando de um código tradicional, determinando obediência automática e natural.

Ninguém atina que o *adeus*, a despedida diária e banal, é a entrega do futuro encontro a Deus. Nenhuma lei nos obriga e nada lemos nos textos escolares para essa conduta, tornada índice imperioso no plano do comportamento. Os diplomatas reunidos no "United Nations Buildings" aplaudem percutindo as palmas das mãos, exatamente como os babilônios fizeram. O Homem desintegra o átomo mas não "inventou" uma nova fórmula coletiva de aclamação. Nesse particular, tanto vale New York City como Nínive.

Atirar um beijo, tocando nos lábios com as pontas dos dedos e jogando-o na direção da pessoa homenageada, é um ato de *Adoratio*, adoração, cuja primeira e quase suficiente expressão era o *jacere oscula, basia jactare*, atirar o ósculo votivo. Era a forma primária de orar, *ad orare*, dirigindo mentalmente exaltações e súplicas aos entes sobrenaturais.

Uma frase popular referindo-se ao objeto querido, motivo de carinhoso ciúme, *é de beijar e guardar*, traduz todo o apaixonado enlevo devocional, superior a qualquer outra locução. É, apenas, a reverência, de antiguidade incalculável, devida às relíquias portáteis, resguardadas e ocultas nos oratórios familiares, nos *larários* domésticos, os objetos defendidos nos tesouros sagrados, expostos em dias especiais e aos raros fiéis.

Civilizações desfizeram-se, culturas foram dissipadas, raças sucumbiram, deuses morreram, mas os gestos permanecem íntegros, na legitimidade da significação inicial.

ESTÁ COM A MÃE DE SÃO PEDRO

É uma estória que se tornou adágio.

A Mãe de São Pedro vive entre o Céu e o Inferno, equidistante dos extremos, sem decidir-se pela opção ou tomar outra situação. É um conto europeu popularíssimo, constando nas coleções clássicas e estudado por Johannes Bolte e George Polivka na Alemanha, Pitré na Itália, Sébillot na França, Espinosa e Boggs nos Estados Unidos, (com material espanhol), Teófilo Braga em Portugal, Antti Aarne na Finlândia, Lindolfo Gomes no Brasil. Pormenores bibliográficos e versões no meu *Contos tradicionais do Brasil*, (3ª ed. Rio de Janeiro, 1967).

– Era uma velha egoísta e má. Incapaz de piedade. Um dia, lavando cebolas num córrego, escapuliu um talo e não podendo reavê-lo, disse: – "Vá lá, pelo amor de Deus!" Morrendo, foi para o Inferno. O filho, tornado Chaveiro do Céu, conseguiu de Nosso Senhor retirá-la *das Profundas*, subindo pelo talo de cebola, a única coisa que dera em nome de Deus. Foi subindo, subindo, mas as outras almas, desejosas de salvação, agarravam-se a ela. A velha repeliu-as aos pontapés, com tal violência que o talo rompeu-se. Não podia voltar ao Inferno, de onde saíra. Não pôde alcançar o Paraíso por haver-se partido o talo condutor. Ficou entre os dois infinitos.

Até hoje...

AQUI É ONDE A PORCA TORCE O RABO

É o momento de trabalho penoso, problema cuja solução exige habilidade. Não conheço interpretações "indecentes" aludidas por mestre João Ribeiro. Associa-se ao axioma "o rabo é o mais difícil de esfolar", e não ao "de rabo de porco não se faz bom virote", que somente encontro em fontes impressas portuguesas do séc. XVI, origem de todos os três ditados. "Aqui ou, onde torce a porca o rabo", já se depara no "Disparates da Índia", de Luís de Camões, à volta de 1556, e seria corrente em Portugal, valendo momento custoso e angustiante.

Minha Mãe, falecida além de nonagenária, dizia a frase: – "Aqui é onde a porca torce e rabo, se ela rabicha não é!" Rabicha é não ter cauda.

Qual seria a explicação da imagem, tão velha e ainda lépida? A porca silencia quando se faz torção à cauda.

Não posso, presentemente, localizar onde li a seguinte anedota de Carlos Quinto. Viajando, encontrou um labrego arrastando um porco. Irritado pelos guinchos, o Imperador disse ao porqueiro que torcesse o rabo ao animal e este se calaria... Obtido o efeito, o aldeião, ignorando o semideus que o honrara com a palavra, saudou-o: – "Bem se vê que o senhor sabe mais de porcos do que eu!" É, realmente, o minuto áspero onde a porca deverá emudecer. O *tempus tacendi*, sempre doloroso.

> – que lá no dia da fronta
> aqui *torce a porca o rabo*.

Dizia o Ratinho, no *Auto da natural invenção*, de Antônio Ribeiro Chiado, representado nos Paços da Ribeira, ante El-Rei D. João III, entre 1545 e 1554: (ed. Sabugosa, Lisboa, 1917).

GATO-SAPATO

Entregue ao arbítrio alheio, humilhado, abúlico, ínfimo e sofredor. "Fizeram dele *gato-sapato*". "Já namorados! Isso foy huma só cousa; fiz delles *gato sapato*", escreve D. Francisco Manoel de Mello no *Relógios falantes*.

Antiquíssimo jogo infantil, modalidade da *Cabra cega, Cobra cega, Batecondê* no Brasil, *Gallina ciega* no mundo hispano-americano, *Colin-Maillard* na França. Uma criança, sempre de olhos vendados, é batida pelos companheiros que empunham sapatos, chinelas, varinhas, até que consiga agarrar a um deles, seu substituto. Era o *Chalké muia* na Grécia clássica, passando a Roma onde se denominou *Musca aenea*.

Para antiguidade, variantes, bibliografia, ver *Cabra Cega*, no *Dicionário do folclore brasileiro*.

À CUSTA DA BARBA LONGA

Parasita, aproveitador, vivendo sem esforço, na exploração do nome de família ilustre ou poderosas relações domésticas. Utilizar crédito do cargo exercido. Fácil na literatura portuguesa dos sécs. XVI e XVII. Ainda vivo no Brasil.

João Ribeiro, Carolina Michaelis de Vasconcelos, Oscar de Prat tentaram abrir porta que o velho Dicionário de Moraes, (1831), escancarara gentilmente. "Comer *à custa da barba longa*, com embuste, e à custa da autoridade, que ellas davão a quem as usava, militares, magistrados, padres, e frades, santões, e echa-corvos (*enganadores, burlões*), e outros taes veneraveis, sendo hipocritas".

O alferes Martin Afonso de Miranda, (*Tempo de agora*, Lisboa, 1622), lembrava: – "Não ouvistes dizer em quanta veneração se tinhão antigamente as cãs, e o caso que se fazia de humas barbas brancas e largas?"

Vemos que la cosa más estimada en el hombre es la barba, afirmava Quevedo.

À sombra do Renome, o rato rói o queijo.

OS MANSOS COMEM COELHO

Ao contrário dos caprinos, o alimento leporino é tranqüilizante, de acordo com o temperamento tímido dos coelhos e lebres. Dizia-se outrora que a inquieta energia do general Pinheiro Machado, (1851-1015), ditador da política brasileira no seu tempo, explicava-se pela predileção ao cabrito assado. A obstinação serena do presidente Afonso Pena, (1847-1909), baseava-se no lombo de porco, como bom mineiro. O presidente Epitácio Pessoa, (1865-1942), vibrante, indômito, arrebatado, fora criado, como sertanejo nordestino, com carne de bode. *Dis-moi ce que tu manges, je te dirai ce qui tu es*, convencera-se Brillat-Savarin.

No sertão, o *cabelo-louro*, tendão vertebral, da nuca à extremidade dorsal dos bovinos, torna bonito quem o comer.

Em Roma a lebre gozava desse privilégio de embelezar seus devotos. Durava o encanto sete dias. Martial, (*Epigramas*, V, XXIX), agradece a Gelia o envio de uma lebre que, segundo o anúncio, *Formosus saptem, Marce, diebus eris*. Para não perder o hábito da malícia, o homenageado respondeu que, sendo verdade, Gelia jamais saboreara lebre: – *Edisti nunquan, Gellia, tu leporen*.

A explicação é um desses mitos de sugestão verbal, como dizia Max Muller. O naturalista Plínio ensina ter sido originária na confusão entre *Lepus, lebre*, e *Lepor, beleza*. Segundo a tradição romana *ils pouvoient aussi conclure que ceux qui mangoient du liévre, Leporem, acqueroient de la beauté, Leporem, à cause de la ressemblance de ces deux mots qui ont un sens tout différent*. Plínio lembra que a lebre era animal de mau-agouro para as Legiões, significando seu encontro prenúncio de derrota e fuga desastrosa.

O caminho fora a estrada-velha – Roma, Portugal, Brasil.

SEGURAR O DIABO PELO RABO

O cardeal Mathieu, (François Desiré, 1839-1908), jamais ficou devendo resposta. Em fevereiro de 1907, posse na Academia Francesa, o conde de Housonville, que o recebia, disse ter sua eminência idéias liberais sob o solidéo. Mathieu retirou-o, sacudiu-o como se o limpasse, remirou-o atentamente, repondo-o na cabeça, entre os sorrisos da assistência.

Quando Bispo d'Angers, em Roma, um dos cardeais-príncipes da Alemanha, imponente como a Porta de Brandenburgo, ouvindo-lhe o nome plebeu, condescendeu em dizer: – "Mathieu? Mathieu? Creio ter tido em Strasburgo um *Porte-queue* com esse nome!"

– "Possível bem possível – replicou o futuro Cardeal da Cúria – Na minha família há tradição de *tirer le Diable par la quenue!*".

Era um exorcismo vulgar na Europa e, desaparecendo dos rituais, conserva-se nas orações populares, obrigando o Demônio a descobrir objetos ocultados por ele. Amarram um cordel ou fio do rosário em laçada, pronunciando-se a oração apropriada, com referência expressa à cauda de

Satanás. J. Leite de Vasconcelos registou a fórmula portuguesa de Braga, (*Tradições populares de Portugal*, 313, Porto, 1882), e Menezes de Oliva a brasileira da Bahia, (*Minhas recordações de garoto*, 26, Rio de Janeiro, 1968).

Como locução, vale dizer grande dificuldade vencida, problema insolúvel com inopinada solução, incluindo audácia feliz.

NÃO CASE EM MAIO

Desaconselhado o matrimônio em maio, apesar de ser o mês de Maria e das flores. Tradição constante nos países de ascendência latina. Até princípios do século, maio era a época de menor número de casamentos. *Malum esse nubere mensa maio*, afirmava em Roma. Dizia-se em França:

– *Mariages en Mai,*
Mariages mauvais.

Nas noites de 9-10-11 de maio comemoravam em Roma as *Lemúrais*, oblação aos espectros, lémures familiares. Templos, tribunais, mercados não funcionavam. Era o sinistro aniversário do fratricídio de Remo por Rômulo. *Cujus occisi umbras frater Romulus placara cum vellet Lemuria instituit.* Cerimônias pacificantes do fantasma terrífico. Todas as famílias repetiam as oblações noturnas, afastando as sombras apavorantes dos antepassados.

Ovídio, (*Os Fastos*, trad. de Antônio Feliciano de Castilho, V), declama:

– Em prazo tal nem virgens nem viúvas
Se deverem casar; a que o fizesse
Pouco espaço da vida se lograva;
Por isso, a darmos crédito a provérbios,
Diz o vulgo, que em maio as ruins se casam.

Contam que apenas três Reis em Portugal casaram em maio: – o artibulado D. João VI, 1785; D. Pedro V, viúvo 14 meses depois; D. Carlos I, 1886, assassinado em 1908. No Brasil, os dois Imperadores evitaram o mês malsinado, para eles próprios e suas filhas, exceto a que se tornou princesa de Joinville, (1843), irmã de D. Pedro II, desmentindo a tradição em 55 anos de união feliz.

– *Maio, amar sem casar!*

RENTE COMO PÃO QUENTE

Vale dizer oportunamente, precisamente, no momento exato sem demora, esquivança, atraso. De antiga significação de "cerce, pela raiz, ao pé", o advérbio *rente* passou a expressar proximidade, vizinhança; *ali rente*, junto, unido, pegado. Os outros sinônimos seriam posteriores e decorrentes.

Os iniciais desapareceram de uso.

Um amigo do Recife, escrevendo-me em novembro de 1968, falava da recepção à rainha da Inglaterra no Palácio do Governo. "Eu ali estive, *rente como pão quente*". Não perdera tempo.

O *pão* lembrou a João Ribeiro o *trigo*, e este o *trigoso, trigança, trigar*, pressa, urgência, açodamento, tão vivos em Fernão Lopes e já não recordados na linguagem popular de Portugal. No Brasil, jamais existiu.

Quer parecer-me que a locução se refira à oportunidade agradada em que o pão matinal aparece na primeira refeição, *rente*, justamente na hora, coincidente com a inadiável necessidade. Equivalendo ao *chegou na hora*, embora não houvesse ajuste prévio. A mecânica associativa explica todas as aplicações verbais subseqüentes.

TRISTE COMO MARIA BEÚ

Maria Beú era a "Verônica", desfilando na procissão dos Passos, Sexta-Feira da Paixão. Acompanhava Jesus Cristo ao Calvário, chorando e cantando, lugubremente, as *Lamentações* de Jeremias. Cada estrofe termina com a exclamativa *Heu, Heu Domine!* sempre pronunciada *Heú, Heú*, de onde o Povo entendeu *Beú, Beú*, denominando a figura.

A Verônica, vestindo negra túnica talar, cabeleira solta, levando nas mãos maceradas a *Santa Efígie*, feições que o Messias imprimira em suor e sangue, a voz lenta, a música dolente, arrastada, sepulcral, o passo trôpego, esmagado pelo sofrimento, sugeriu a própria imagem da Tristeza desolada, aflita, inconsolável. Não era possível existir entidade mais soturna e trágica como Maria Beú.

CUSTAR OS OLHOS DA CARA!

Objeto ou vitória de alto preço. Êxito correspondente ao esforço total. Demasiado caro na obtenção.

A interpretação comum é aludir ao suplício bárbaro de arrancar os olhos aos prisioneiros de guerra, soberanos depostos, príncipes e fidalgos perigosos à estabilidade do Reino. Cegos, seriam inofensivos.

Parece-me referir-se ao valor incomparável da visão, a *luz dos olhos*, de equivalência suprema. É a imagem mais viva na simbologia amorosa: *Luz dos meus olhos, occhi miel, aimer comme la prunelle de ses yeux, lumière de ma vie,* a clássica *lux mea* dos poetas latinos. Marcus Accius Plautus, (250-184 antes de Cristo), que tão bem conhecia a velha Roma republicana, é abundante nesses registros populares: — *meus oceluus, ocellus aureus, oculitus te amo, oculissimus*, suficientemente expressivos para considerar os olhos como as jóias mais preciosas. Cousa com eles adquirida seria superior às demais, existente no Mundo. Termo de comparação, entende-se.

GUARDA DE BAIXO!

Anúncio de notícia sensacional, acontecimento surpreendente. "*Guarda de baixo*, o Presidente renunciou!"

Era o aviso do encarregado dos guindastes, descarregando o navio de mercadorias transportadas, gritando a proximidade da ligada atingir o solo do cais. Quem estivesse à sua sombra, deixasse a perigosa área. "Guardar" na acepção quinhentista de acautelar-se, defender, abrigar-se.

DIA EM QUE OS DIABOS SE SOLTAM!

É 24 de agosto, dedicado a S. Bartolomeu, morto nesse dia, escorchado vivo e crucificado com a cabeça para baixo, na Armênia, no primeiro século da Era Cristã. Fora adversário invencível nas batalhas a Belzebu, narra a *Lenda dourada*, de Jacques de Voragine, arcebispo de Gênova no séc. XIII.

Aproveitando o interstício liberatório, garantido, pela momentânea ausência do grande inimigo, Lúcifer solta suas legiões sobre o mundo povoado e tentável. *Agosto-Desgosto.* A destruição de Pompéia, Resina, Stabia, Herculana, foi realmente a 24 de agosto do ano de 79, embora iniciado o cataclisma no dia anterior, conforme a carta de Plínio-o-Moço ao historiador Tácito. Ficou sendo um dia nefasto. O massacre dos huguenotes na França de 1572 ocorreu no noite de S. Bartolomeu. "Em agosto não viajes nem em dezembro navegues", aconselham em Portugal. Em 1954, o suicídio do presidente Getúlio Vargas avivou a superstição da data fatídica na memória coletiva brasileira.

Não há país sem uma história calamitosa em agosto. Foi o mês em que o Rei D. Sebastião desapareceu em Alcácer-Quibir, 1578.

É uma reminiscência religiosa de Roma. Do dia 23 de agosto em diante, contando-se uma semana, celebravam em Roma as festas votivas do deus Vulcano, as *Vulcanalia*. Durante esse tempo não havia guerra, as assembléias não se reuniam, ninguém contraía matrimônio, e nenhum negócio público ou particular seria permitido. Por quê? Macróbio explica: – *O inferno estava aberto!* Ou seja: – *Mundus cum patet, Deorum tristium atque infernum quasi janua patet!* Dizia-se comumente: – *Mundus Patens*, o Mundo aberto, denominação do templo dedicado aos Deuses Infernais. Embora os demônios ainda não fossem os modelos orientais divulgados pelo Cristianismo, os *Dii inferi*, eram as forças destinatárias do misterioso Destino. Imprimiam respeito total. Esse fermento foi o caldo-de-cultura para a convergência crédula e temerosa do 23/24 de agosto. O cerimonial resistiu até o séc. V da nossa Era, quando o turbilhão bárbaro precipitou-se sobre a vacilante capital do Império.

A crendice derramou-se...

DAR COM OS BURROS N'ÁGUA

A imagem já está em Camões, (*El-Rey Seleuco*, ed. Craesbreck, Lisboa, 1644-1645). O poeta morrera em 1580. No final do Auto, declama Martin Chinchorro: – "Moço, acende esse molho de cavacos, porque faz escuro, e não vamos dar com nosco em algum atoleiro, onde nos fique o ruço, e as canastras!"

O poeta Ribeiro Chiado, (*Prática dos compadres*, 1568-1672), repete: – "Lá vae ruço e as canastras!". E na *Ulissipo*, de Jorge Ferreira de Vasconcelos, 1618. Antonio José da Silva, o Judeu, (*Vida do grande D. Quixote de la Mancha e do gordo Sancho Pança*, 2, 1, Lisboa, 1733), diz o fiel Escudeiro: – "Ah burro do meu coração! Bem te entendo o que queres dizer nesse zurro; mas não te posso ser bom; tem paciência, que bem sei, que em deixar-te, *dei com os burros na água!*" De Gregório de Matos:

– Que de tudo o que tem vítima faz,
E dá com os burros n'água desta vez.

Era a contemporaneidade.

É UM SAFADO!

Em Portugal seria aquele que se safou; livre, saído da dificuldade, desembaraçado, safo. Safar-se é fugir, esgueirar-se. Resiste na linguagem naval brasileira. Mais particularmente, *safado* é o gasto pelo uso, atrito quotidiano. Tapete, cortina, estofo, sem relevo, com desenhos indistintos, semi-apagados. Homem desvalioso, sem recursos, sem pecúnia. No *Auto da Índia*, (Gil Vicente, 1519):

– Ama: – Mas antes era escudeiro.
– Moça: – Seria, mas *bem çafado*;
Não suspirava o coitado
Sinão por algum dinheiro.

No Brasil é termo chulo, valendo desavergonhado, cínico, patife, salafrário, descarado. Objeto reles. Safadão. Safadinho. Safadagem. Safadeza. Todos populares desde a primeira metade do séc. XIX, evitados na polícia verbal.

QUEM VÊ AS BARBAS DO VIZINHO ARDEREM...

Castigo alheio é lição magistral. Aprende-se no erro dos outros. A explicação mais clara é a do mestre J. Leite de Vasconcelos.

— "É o costume que sob o execrando domínio da Inquisição vogava barbaramente de, nos autos de fé, o populacho das ruas queimar com tições acesos aos impenitentes, condenados ao fogo, antes de os tocarem as labaredas. Chamava-se a isto *fazer a barba aos hereges*: (J. Lúcio de Azevedo, *História dos cristãos novos*, 324, nota 1). Com o mencionado costume se relaciona em parte o ditado: — *quando vires as barbas do teu vizinho a arder, põe as tuas de molho*. O existir a expressão somente na Península Ibérica, onde a Inquisição tanto reinou, confirma, creio, essa explicação": (*A barba em Portugal*, Lisboa, 1925). O autor argumenta que noutros países, Itália, França, Alemanha, Inglaterra, Suécia, etc., em latim medieval, a referência é invariavelmente às casas incendiadas e não às barbas. Queimá-las, com tição soprado, era modo ibérico nos tempos idos...

CUSPIR NA CARA...

Para o Povo não há maior injúria nem humilhação mais aviltante. Assim fizeram os judeus com Nosso Senhor: (Mateus, 27, 30; Marcos, 14, 65). O rosto é a parte sagrada do homem porque repete as divinas feições.

Estudando o "Conceito popular de ofensas físicas", (*Coisas que o povo diz*, Rio de Janeiro, 1968), lembrei: — "Esse orgulho popular pela face, valendo vergonha, dignidade, pundonor, determinou modificação européia nas penas deformantes da fisionomia. Na Espanha, as *Partidas*, (Ley 6, tít. 31, Partida 7) aboliram-nas, porque *la cara del home fizo Deus à su semejança*".

Em Roma constava das *Ponae navales*. O traidor, cobarde, marinheiro rebelado, sofria o inacreditável castigo de *lui faire cracher au visage par toute la troupe*, de bordo, informa Samuel Pitiscus no *Dicionaire des antiquités romaines*, (Paris, 1766).

Pensar-se que essa ignomínia constituiu uma punição legal...

Era um trote dos estudantes do Alcalá de Henares, conta Quevedo no *El buscon*, V, escarrarem sobre o *novato* recém-vindo.

Fisgar Ladrão

Conheci mais intimamente Oscar Siqueira, (1900-1967), na Faculdade de Direito do Recife, 1924, onde ele era *quartáu* e eu calouro. Foi Chefe de Polícia no Rio Grande do Norte e, ao falecer, desembargador.

Durante sua responsabilidade pela "Segurança Pública", Natal fora invadida por sucessivas maltas de larápios e arrombadores, expulsos pela repressão dos Estados vizinhos. Dispondo de elementos reduzidos, atravessou fase áspera, com inalterável energia. Dizia sempre *fisgar* em vez de *prender* o ladrão, informando-me que o Pai, pernambucano, outrora membro do Tribunal de Justiça, empregara invariavelmente o mesmo vocábulo. *Fisga* é arpão para pescar. De onde teria vindo essa aplicação? Eu, então, ignorava. Agora é que poderei explicar. Fi-lo pessoalmente antes de Oscar Siqueira morrer.

Consta da lei II, tít. XVII, do Rei D. Manoel, incluída no "Leis Extravagantes collegidas e relatadas pelo Licenciado Duarte Nunes do Liam, por mandado do muito alto & muito poderoso Rei Dom Sebastião", Lisboa, 1569.

O trecho essencial é o seguinte: – "Ordenou o dito Senhor que todo oficial mecanico tenha na cidade, (de Lisboa) à porta de sua tenda e casa em que viva ou esteja, um gancho com croque de haste de 16 palmos, tendo casa em que caiba ou de grandura que na dita casa caiba. E sejam obrigados com elles acudir a qualquer arroydo que se faça na rua ou por onde fossem fugindo as malfeytores, e trabalhem quanto possível lhe sejam para os aprenderem infragante e os entregarem ás justiças do mesmo Senhor".

O croque no gancho era, realmente, uma fisga. O *malfeytor* fugitivo seria *fisgado*, imagem que resistiu ao tempo e variações da linguagem popular.

"Mecanico" era o plebeu, operário, artesão, não-nobre, e será fácil deduzir o número de *ganchos com croques* existentes na Lisboa da primeira década do séc. XVI (Ver p. 51).

SURDO COMO UMA PORTA

Ou, burro, estúpido, como uma porta. A explicação de mestre João Ribeiro é a porta ser *dura de fechos*, como o animal seria *duro de queixos*. Queixos, fechos, quícios, e a imagem abrangeu azêmolas e portas, pelo emperro dos gonzos, dificultando a tração.

Havia em Roma, mesmo além do séc. III da Era Cristã, o costume do *Occentare Ostium*, constituindo em fazer grande ruído diante de uma porta fechada, dirigindo-lhe injúrias e imprecações, com repetidos clamores e vozerio, como protesto ou admoestação. Registrou-o Sextus Pompeius Festus no *De significatione verborum*, e Samuel Pitiscus repetiu no *Dictionnaire des antiquités romaines*, (II, Paris, 1766), *ce qui étoit un usage assez général*. O mesmo autor, (I, 59), referindo-se aos namorados informa: – "eles dirigiam suas súplicas à *Porta*, honrando-a como uma Deusa, perfumando-a, beijando-a, molhando-a de lágrimas, coroando-a de flores, e fazendo mil outras extravagâncias *qu'Ovide, properce & Tibulle décrivent fort au long*".

Esse documentário é suficiente para evidenciar a personalidade da porta, respondendo pelo silêncio ao furioso ou apaixonado *apellatio* dos interessados, na esperança de vê-la obediente e aberta...

Ver, *Anúbis e outros ensaios*, XIII, Rio de Janeiro, 1951, sobre as tradições religiosas referentes à porta.

SEM DIZER ÁGUA VAI!

Inopinadamente, sem aviso, inesperado, de súbito.

Até a segunda metade do séc. XIX em Portugal e Brasil o despejo das residências domésticas, notadamente dos sobrados, era atirado à rua pelas janelas, gritando: – Água vai! anúncio dos líquidos jogados na via pública. O transeunte fugisse do breve e nauseante aguaceiro. Sem o antecipado pregão, a surpresa era desagradável e o protesto natural.

Na comédia de Cervantes, *La casa de los gelos*, Jornada II, canta a pastora Clori:

> *Derramaste el agua, la niña,*
> *y no dijistes: – "Agua va!"*
> *La Justicia os prenderá".*

O serviço de esgotos eliminou a função mas não suprimiu a frase.

BILONTRA

Os dicionários brasileiros averbam o *Bilontra* no modelo de Beaurepaire-Rohan, (1889), valendo "pessoa abjeta que frequenta os botequins, às más companhias e particularmente as mulheres de má vida, das quais se torna o correspondente". Equivale ao *Carachué*, rufião mantido por prostitutas, aproveitador de meretrizes apaixonadas, o *amigo* que não paga mas recebe tudo.

O *Bilontra*, cuja voga conheci, era outro; namorador profissional, enganador, burlão, inconstante, leviano. Cantava-se, à volta de 1910, uma modinha que era o hino da Bilontragem:

> – A borboleta gentil,
> A borboleta bilontra,
> Que vai sugando no hastil
> O mel das flores que encontra,
> Isto hás de ser meu amigo
> Assim .... hás de ser;
> Amor constante é tolice,
> Foge dele a bom-correr!

Mandava amar, fruir, gozar, fugir. Esse era o Bilontra autentiquíssimo. Araripe Júnior dizia Gregório de Matos o *Bilontra do séc. XVII*. Carlos de Laet, (*Jornal do Commercio*, 9-3-1886), informa o vocábulo criado pelo popular Castro Urso, vendedor de loterias no Rio de Janeiro, exasperando-se com a alcunha de *Lontra*. "O Lontra! oh Lontra! berrava a molecagem. – E vocêis são *Bi-lontras*, respondia o filólogo". Fora nome vulgarizado pela comédia *O bilontra*, de Artur Avezedo, em janeiro de 1886, fazendo o ator João Colás o papel do Faustino, o *Bilontra*, astuto e cínico. A figura, evidentemente, seria anterior no vocabulário carioca. Espalhou-se pelo Brasil. Passou à Portugal, (Alberto Bessa, *A linguagem popular e a gíria portuguesa*, Lisboa, 1901), como indivíduo sem préstimos, o nosso malandro, e Cândido de Figueiredo incluiu-o como *voz portuguesa*, embora sem antecedentes comprovadores.

O Castro-Urso, (1829-1889), mereceu carinhosa crônica de Araripe Júnior, no dia seguinte ao seu falecimento, 22 de outubro, rebatendo "O Paiz" que o dissera *sandeu*: (*Obra crítica de Araripe Júnior*, II, Ed. Casa de Ruy Barbosa, 1960) e Melo Morais Filho estudou-o no *Festas e tradições populares do Brasil*, (Briguiet, Rio de Janeiro, 1946). Mestre Ribeiro diz o Bilontra pertencer ao calô e argot de várias línguas romanas, (*Belitre*): *Frases feitas*, 367, nota. Rio de Janeiro, 1960.

BEBEU ÁGUA DE CHOCALHO

Antes de aprender a ler, já sabia que as crianças demorando a falar devem *beber água de chocalho*. É tradição comuníssima no Nordeste, registrada por Pereira da Costa, João Ribeiro, Barão de Studart. Nunca ouvi falar em leite.

Pereira da Costa, (*Folk-lore pernambucano*, 1908), informa: – "Para falar depressa dá-se-lhe a beber das primeiras águas de janeiro, e não se deve absolutamente mostrá-la ao espelho, porque isto faz retardar-lhe a fala. Goza também de grandes preconceitos para uma criança falar depressa, dar-se-lhe água de um chocalho; e diz-se mesmo, que com isto não só se consegue começar imediatamente a desenvolver-se essa faculdade, como ainda, que as crianças tornar-se-ão verbosas e loquazes. É daí, talvez, que vem dizer-se de um tagarela que fala pelos cotovelos, que – *bebeu água de chocalho*".

É a mecânica das imagens associadas. A continuidade sonora do chocalho transmitirá ao retardado verbal o domínio da comunicação.

CUM QUIBUS

"Faltaram os *cum quibus* e nada fiz!" É dinheiro, *com o qual* as utilidades são possuídas.

De *quibus* o Povo fez quiabos. "Os quiabos estão difíceis". Não se referem ao "Hibiscus esculento", de Linneu, mas aos cruzeiros.

Já em 1915 havia a *Caixa dos quiabos*, valendo a cabeça humana ou onde guardam aquilo com que as coisas serão nossas... *Cum quibus* é expressão já usual no séc. XVI (Francisco Rodriguez Marín, *Miscelánea de Andalucía*, 29, Madri, 1927).

TAPEAR

É iludir, enganar, trapacear. O *Tapiador* sulista corresponde ao *Estradeiro* nortista, sagaz, astuto, pérfido, inesgotável de manhas.

Depois de 1930, *Tapiar* e *Despistar* foram vocábulos de emprego diário e básico na imprensa, aplicando-os às habilidades oportunas do Presidente Getúlio Vargas.

Deixo aqui uma lição do Dr. Artur Neiva, (1880-1943), de impossível esquecimento na espécie:

– "Quintino do Valle averba *muquear* e ao tratar do vocabulo *tapiara* recorda o significado de 'espertalhão, velhaco, estradeiro' que lhe dão em São Paulo, *ap.* C. Pires, e escreve: 'É provavelmente o tupy *tapeyar* (tape, caminho, yar ou iar, dono) aquelle que toma o caminho, conhecedor do caminho, vaqueano pratico, sabedor, useiro e vezeiro, etc.' Terá o povo carioca tirado do *tapiara* paulista o verbo *tapear*, illudir, lograr, ou devemos reconhecer neste o radical de *tapera*?" Tenho dúvida se é palavra carioca. Embora R. Pederneiras em 1922, na *Geringonça carioca*, assim defina o termo: "*Tapiar* – embaçar, enrodilhar, enganar". Antenor Nascentes também regista o vocábulo no *Linguajar carioca*.

No Rio evidentemente se divulgou por todo o país, talvez tenha ocorrido com o vocábulo o mesmo que com tantos outros. Expressões vindas das regiões mais remotas do Brasil chegam à Capital do país onde as que alcançam popularidade se derramam por toda a Nação. Há 46 anos passados, em 1892, Oscar Leal nas *Viagens às Terras de Goyanas* (*Brasil Central*) emprega o vocábulo *tapear* na atual acepção como se vê do *Glossário*, com 365 verbetes, apenso ao livro.

Quanto à origem, fico com Quintino do Valle, ao julgar o vocábulo de provável procedência tupi, como também pensa Alarico da Silveira, bom conhecedor desses assuntos": (*Estudos da língua nacional*, S. Paulo, 1940).

Antenor Nascentes, (*Dicionário etimológico resumido*, INL, Rio de Janeiro, 1966), informa:

– "*Tapear* – (enganar). De *tap*, raiz de *tapar, scilicet os olhos* e suf. – *ear*".

Pereira da Costa, (*Vocabulário pernambucano*, Recife, 1937), registava mais ou menos em 1915:

– "*Tapia* – Engano, logro, subterfúgio: 'Se sambas, meu bem, dengosa, não me deixes *na tapia*': (*América Ilustrada*, 1873). Derivado: *Tapiar*. "Procurando fazer suas cavações, esses indivíduos circulam nos bondes e trens tapiando os passageiros': (*Diário de Pernambuco*, nº 158, 1913) ".

Em 1892 registam em Goiás e já em 1873 no Recife, corrente, 1913, na capital pernambucana, e colhido no Rio de Janeiro nos vocabulários cariocas de Raul Pederneiras e Antenor Nascentes, ambos de 1922. Comum no linguajar paulista: – "Estradeira. Águia. Velhaco. Ligeiro de mão": (Cornelio Pires, *Conversas ao pé do fogo*, 3ª ed. S. Paulo, 1927) embora ausente no *Dialeto caipira*, 1920, de Amadeu Amaral. Waldomiro Silveira recolheu o *tapijara*, como "conhecedor do terreno ou região, prático da zona, vaqueiro", sem os demais atributos que o tornaram nacional: (*Nas serras e nas furnas*, S. Paulo, 1981, *Leréias* S. Paulo, s. d.) não *Nos caboclos*, (S. Paulo, 1920), e *Mixuangos*, (Rio de Janeiro, 1937).

Creio o vocábulo de origem tupi, decorrente de *tapiar, tapiara*, estradeiro, com os recursos imediatos e felizes para solução de problemas imprevistos.

QUEIRA-ME BEM QUE NÃO CUSTA DINHEIRO

Frase tão comum e vulgar, tem velhice culta e nobres antecedentes no uso.

Luís de Camões no *Enfatriões*, que escreveria quando estudante em Coimbra, (1542-1546), repete nos versos 433-434:

> Não lhe negues teu querer
> *pois te não custa dinheiro.*

AVÔ TORTO

Vulgar no Portugal-Velho. Camões emprega-o no *Auto D'El-Rei Seleuco*, representado entre 1542 e 1549:

— Por vós morto,
Pezar do *meu avô Torto!*

Antonio Prestes, *Auto dos cantarinhos*, (1530?):

— Oh! pez'ó *meu avô torto*.

Evocava o marido da avó legítima que, enviuvando, convolara segundas núpcias. Enxerto na árvore familiar. Havia a *Avó-torta*, com a mesma aparelhagem severa, desamorável, ridícula. *Mãe-torta*, *Pai-torto*, madrasta e padrasto.

Resiste, usual, em Portugal e Brasil.

Era o Avô ou a Avó sem a herança da ternura, do afeto comovido aos netos, entendimento, compreensão, benevolência. Intolerante, acre, reprovador. Não poderia merecer estima.

Avô torto!

ESTÁ NA REDE

Caiu na rede é peixe! Já está na rede, enredado, indefensável pela evidência. A locução vivia, corrente e popular, no séc. XVI.

Gil Vicente, *Auto da barca do inferno*, 1517:

— Y vos veredes
peixes nas redes!

Luís de Camões, *Filodemo*, 1555:

— Ia vos, sedes
pexes nas redes.

Jorge Ferreira de Vasconcelos, *Eufrosina*, 1561:

— *Jaa vos fazedes peixes nas redes*.

NO FIO DA NAVALHA

No fio, ou *no gume da navalha*, é o momento angustioso e decisivo, difícil de atravessar.

É de comum citação, impressa e oral. Assim traduziram para o português uma novela de W. Somerset Maugham. A vulgaridade da imagem resumiria o problema psicológico, imaginado pelo escritor inglês.

Apenas, conta mais de trinta séculos de uso.

Fedro, que viveu no tempo do imperador Augusto, em Roma, na fábula viii, do V livro, *Occasio depicta*, evoca a Oportunidade andando sobre o fio de uma navalha – *pendens in novacula*.

Era vulgar na Grécia de Homero, *epí euroy akmés*, citado na *Ilíada*, X, 173, que Manoel Odorico Mendes traduziu: – "Vida e morte pende aos Gregos *do gume de um cutelo*". Para Eugéne Lasserre: – *Aujourd'hui, pour eux tous, c'est sur le tranchant d'un rasoir*.

Homero existiria nove séculos antes de Cristo.

A comparação segue vivendo...

NÃO VALE UMA SEDE D'ÁGUA

Quase sem préstimo apreciável, de aproveitamento mínimo, insignificante.

Corresponde a um sorva d'água, a quantidade que se poder conter na boca, bochecho. É a *sede d'água* em Portugal.

Depende da oportunidade o valor útil.

– "Que será no dar a uno *una sed de agua*, que tan frecuente se oye en las quejas de los amigos y de los criados?", regista Quevedo, *Cuento de cuentos*, (Madri, 1626).

AQUILO É UMA POIA!

Aquilo é referência a uma pessoa. *Poia* é um montinho de excrementos, de gado ou humano. É o sentido mais popular, evitado pelos léxicos, limitados ao registo já feito no *Dicionário de Moraes*, (1831) : – "*Pôya* – o pão mais avultado, que paga quem coze o seu em forno alheyo. Provindo do árabe". Retribuição medieval, datando da era muçulmana, consagrada nos usos urbanos e rurais.

São presenças da antiga fraseologia portuguesa. A Dra. Carolina Michaelis de Vasconcelos, (*Algumas palavras a respeito de Púcaros de Portugal*, 3ª ed. Lisboa, 1957), expõe: –

"*Poia* ou *poya* (em fornos de *poya*, pão de *poya*) designava antigamente em ambos os países (*Espanha e Portugal*) uma contribuição, paga em pão, por quem cozia em forno alheio, quer de senhor particular, quer de uma comunidade (vide *Elucidário*, s. v. *poyo* e *Dic. Acad*: "derecho pago en pan en el horno commun").

Em Portugal, a linguagem do povo deu a *poia* três empregos derivados: o de bolo grande e chato, feito originariamente para o fim indicado, e mais tarde para presentear alguém; o de bolo chato e grande, bem feito e formoso; e figuradamente, por também ser grande e chata, a bosta do gado vacum (*Kuh-Fladen*). Desconheço o motivo por que o feminino de *podio* (*podium*) tomou o sentido indicado. Porventura por que a oblata devia ser mais crescida do que o resto do pão? Ou porque o forno comum, ou forno de aluguel, era mais alto do que os restantes? Viterbo, no *Elucidário* citado, regista a primeira sugestão da autora, originando a denominação pelo pão mais avantajado, lembrando colinas, elevações, enfim o *podio*.

Há uma outra aplicação no Brasil. *Pôia* ou *pêia* é o *barato*, percentagem que os jogadores davam ao proprietário da tavolagem.

Decorrente ao epíteto pejorativo, apareceu o sinónimo ao indolente, imprestável, "parado". A significação vulgar é a registada por Pereira da Costa em princípios do século: – Poia, o escremento resultante de uma defecação; indivíduo encostado, preguiçoso, poltrão".

TORCER A ORELHA

A orelha era dedicada a Mnemosine, deusa da Memória, mãe das nove Musas. Por isso os velhos mestre-escolas puxavam-nas aos discípulos, para que retivessem a lição, protegidos pela égide da Lembrança.

Quando alguém torce a própria orelha, castiga-se de não ouvido a voz da Razão em tempo oportuno. É gesto-símbolo do Arrependimento, autopunição pela desatenção culpada.

> – Se tu não deras á golhelha,
> Nunca o nosso agravo fora,
> *Nem eu torcêra a orelha.*

"Dar a golhelha" é falar demasiado.

Assim são os lamentos de Marta do Prado, vendedora de peixe, na *Romagem de agravados* que Gil Vicente escreveu e fez representar em Évora a El-Rei D. João III, "na era do Senhor de 1533".

SOCAÍRO

No sertão-velho do Nordeste dizia-se comumente *no sucáro*, significando proximidade da rês perseguida, segui-la imediatamente, *na tubíba*, *apúz* o boi, corrução do *empós*. *Sucáro* era *socairo*, termo náutico, amarra de popa. *Ir no socairo* entendia-se acompanhar, seguir de perto.

Antonio José da Silva, *Guerras do alecrim e manjerona*, (2º, VI, 1737),

> – Sevadilha: – O senhor D. Tiburcio anda-me ao *sucário*,
> e não me deixa uma hora e nem instante.

A MULHER DO PIOLHO

Um *exemplo* do séc. XIII tornado adágio popular: – *Teimosa como a mulher do piolho!*

A fonte mais antiga é o cardeal Jacques de Vitry, falecido em Roma em 1240, incluindo-o no 221º dos seus *Sermones vulgares*. Estudou-o no Brasil, João Ribeiro, n*O folk-lore*, 1919, e Gustavo Barroso, *O sertão e o mundo*, 1923. Em Portugal, Teofilo Braga e Cláudio Basto. Vulgar em toda a Europa pelas incontáveis variantes, como a mulher da tesourinha. No *Contos tradicionais do Brasil*, (Rio de Janeiro, 3ª ed, 1967), reuni a bibliografia mais expressiva e comprovadora.

A mulher diz ter encontrado um piolho no cabelo do marido e este nega. Discussão, luta, arrebatamento. O esposo atira-a a um poço, de onde a teimosa, apenas com as mãos fora d'água, junta os polegares, fingindo esmagar o parasito.

CALDO ENTORNADO

Ainda continua empregado, valendo oportunidade perdida, trabalho frustrado. João Ribeiro, citando Sá de Miranda e Jorge Ferreira de Vasconcelos, considera: – "frase já deturpada e a verdadeira e mais inteligível é a de *carro entornado* ou *carro virado* e não *caldo virado*". Podiam, logicamente, coexistir as duas expressões que não se excluíam na voz popular. A frase que se divulgou e resistiu refere-se ao *caldo* e não ao *carro*. "Entornar" o carro desapareceu na fraseologia vulgar. No *Auto de Santa Genoveva*, de Baltazar Lisbonense, lá diz:

– Agora, meu cozinheiro,
De todo *entornou-se o caldo*.

Não escreveu doutra forma Antonio José da Silva, o Judeu, tão sabedor da linguagem do seu tempo. No *Esopaida*, (1, 2, Lisboa, 1734).

Geringonça:
– Temos o *caldo entornado!*

No *Principicio de Faetonte*, (3, III, Lisboa, 1738):

– Chichisbéo: – Foi o caso. Viu Faetonte o *caldo entornado*, e que fez?

PAGAR O PATO

Satisfazer o que não deve. Pagar e não comer. Recair a punição no inculpado. Vulgar e secular em Portugal. Sá de Miranda, na *Carta* a Antonio Pereira:

– Onde se há de lançar tanto?
Aquilo é *pagar o pato!*

No *Auto da festa*, de Gil Vicente, diz a cigana Lucinda:

– Yo temo, hermana mia,
se nos toman en tal trato,
que *paguemos nos bien el pato*
y aun muy mas de la contia.

Numa versalhada de Gregório de Matos, derradeiras décadas do séc. XVII, a uma mulata Anica, na cidade do Salvador, encontra-se:

– Quem te curte o cordovão
Por que não te dá sapato?
Pois eu que te rôo o osso
É que hei de *pagar o pato?*

Antonio José da Silva, o Judeu, na *Esopaida*, (1734):

– Euripides: – Ele *pagará o pato*.

Mestre João Ribeiro enfrentou o enigma sem resolvê-lo: – "São muitas as histórias que se contam; mais numerosas são ainda as que se podem inventar para ir ter à conclusão de que alguém *pagou o pato* sem o comer". A transcrita e obscena anedota de Poggio, (*Facetiae*, 1450), de forma alguma determinaria divulgação em Sá de Miranda e Gil Vicente. O marido da mulherzinha loureira *pagou o pato*, mas saboreou-o à ceia. Seria o mais antigo registro da locução na Itália, já velha na segunda metade do séc. XV. O enredo deve ser invenção de Poggio, talqualmente a sugestão de Cassiodoro de Reyna, cem anos depois, substituindo *pato* por *pacto*, de convergência impossível para a memória coletiva.

Provém do jogo de destreza, antigo e favorito: *Correr o pato*. Frei Manuel Calado descreve uma dessas festas, no Recife, em 1641: (*O valeroso Lucideno*, II, 2): – "*e correndo no fim patos a mão, e a espada*". Essa era proeza de equitação. O atilho que prendia a ave ao poste deveria ser cortado de um único golpe. Ou o cavaleiro, curvando-se da sela para o solo, erguia o pato, num movimento feliz. Havia modalidade bárbara. Decepar a cabeça do pato, enterrado n'areia, numa espadada certeira. Nas aldeias, corria-se o pato a pé, perseguindo-o, agarrando-o, sem repetir a tentativa. Falhando, *pagava o pato*. Penalidade hilariante. O escritor português Gastão de Bettencourt, (1894-1962), disse-me ter assistido a um desses divertimentos no norte de Portugal.

PREGAR UMA PEÇA

Em Portugal dizem *fazer peça a alguém* ou *pregar-lhe uma peça*, logração, engano, fraude.

O Prof. Menezes de Oliva, (*Você sabe por quê?* Rio de Janeiro, 1962), estudou excelentemente a frase, explicando-a embuste na idade do escravo exposto à venda, simulando-o jovem quando seria *trintão*. Acresce, para reforçar a conclusão de Menezes de Oliva, que *Peça* era denominação oficial e genérica do escravo. Assim foram mencionados nos Alvarás e Cartas Régias, desde as autorizações iniciais do tráfico africano.

Ao lado dessa interpretação, perfeitamente documentada, existirá outra, possível e verídica.

Peça é a moeda do dinheiro corrente. Peça de moeda, para os portugueses de outrora. Além das divisionárias, havia a *Peça* de oito mil réis, pelo séc. XIX. *Pregar*, de *prego*, vale fixar, impor, transmitir, dar. *Pregar calote*, em Coimbra *Calo*, *pregar* bofetadas, olhares, descomposturas.

Não se *prega a peça* legítima mas a desvalorizada, de cunho ilegal e doloso, de valor inferior ou nulo. *Pregar a peça* seria circular moeda falsa, dinheiro de mentira.

Ainda presentemente as cédulas falsárias são coladas em lugares visíveis nos Bancos e repartições arrecadadoras, para aviso e mostra públicas da contrafacção.

Hóspede de três dias...

Sê breve, e agradarás, ensinavam os romanos. Creio que Cícero ignorou o conselho, assim como mestre Ruy Barbosa.

A hospitalidade é tanto mais agradável quanto menos demorada. Deixando saudades pela brevidade. Dizem em Portugal: – "Hóspede e pescada aos três dias enfada". E no Brasil, "Hóspede de três dias dá azia". É preceito mouro, impondo limite ao *Ed-Diaf-Allah*, hóspede-de-Deus. Ensinava Ibn Khaldun: – "*Vós sabeis que a hospitalidade deve ser dada por três dias!*"

Marcus Accius Plautus, (250-184, antes de Cristo), na comédia *Miles Gloriosus*, (III, 2), pensava semelhantemente na Roma republicana. O hóspede Pleuside diz a Périplectomeno, dono da casa, quanto desperta animosidade aos familiares uma permanência superior a três dias: – *ubi triduum continuum fuerit jam odiosus siet*.

Plauto faleceu 1516 anos antes de Ibn Khaldun nascer em Túnis.

Tornou-se o critério normal da hospedagem.

Quevedo, na *Premática del tiempo*, entre 1610-1614, divulga a norma: – *Item, porque sabemos hay algunos caminantes pelones y gorreros, hospedándose más de lo que fuere razón en casa de los amigos, declaramos que el primero dia sean bien venidos, tratados con regocijo y hospedados con diligencia; el segundo admittidos con llaneza, y el tercero con descuido y enfado; y tan mal detenidos sean tenidos, ya no por amigos, sino por enemigos de casa y de la hacienda.*

Nuno Marques Pereira, (*Compêndio narrativo do peregrino da América*, I, XXVI, 1728), registou: – "E pedindo-lhes licença para seguir a minha viagem, (porque tinha ouvido dizer que *os hóspedes aos três dias enfadam*), com efeito deles me despedi".

Antonio José da Silva, o Judeu, no *Guerras do alecrim e manjerona*, (Lisboa, 1773), faz o dom Lancerote dizer: – "Sobrinho, vós bem sabeis, que hóspede, *passando os três dias* fede, como cavalo morto!"

Joaquim Alves de Oliveira, comandante de Meia-Ponte, (Pirenópolis, Goiás), em agosto de 1819 dizia a Augusto de Saint-Hilaire: – "Concedo aos meus hóspedes três dias de repouso; mas, ao cabo desse tempo, encarrego-o de uma parte da administração da minha casa": (*Viagem às nascentes do rio S. Francisco e pella provincia de Goyaz*, IIº, XXIV).

Há mais de vinte e dois séculos que hóspede de três dias dá azia...

Três dias de exposição era prazo para toda iguaria aborrecer-se:

> A perdiz, o capão, o fresco lombo
> Do lodoso animal, se vão três dias
> À opípara mesa, já enjoam.

Filinto Elisio, *Obras*, V, Paris, 1817-1819.

CALDEIRÃO DO INFERNO!

Caldeira de Pero Botelho, praticamente desaparecida quanto ao denominador, caldeira do Diabo, panelão de Satanás, onde fervem, em azeite, água, pês, os condenados *nas Profundas*. Visão temerosa do castigo eterno aos criminosos impenitentes. Penalidade legal na França e Grã-Bretanha ainda no séc. XVI, *la chaudière bouillante*, para moedeiros falsos e envenenadores. Na África ocidental ainda nas últimas décadas do séc. XIX utilizava-se em castigo aos traidores: (Louis Jacolliot, *Voyage aux pays mysterieux*, Paris, 1887).

Dante Alighieri narra esse suplício no *Inferno* do séc. XIV, sem alusão às caldeiras, sim tanques e lagos ardentes.

Seria sugestão plástica decorrente da figura do *Leviatã*, (Job, 40, 20-28, 41, 1-25), dragão de fauces flamejantes. A cavidade bucal do monstro provocara o modelo caldeirário, desenhado desde o séc. XII na Inglaterra. As catedrais francesas de Notre Dame de Paris, Reims, Amiens, Bourges, Dax, Rouen, a espanhola de Leon, todas do séc. XIII, ostentam caldeirões de pedras em suas fachadas principais, atestando a vulgarização da imagem na Idade Média, nas iluminuras, jornadas fantásticas e esculturas.

Não as conheço figurando nas igrejas de Portugal, de onde tivemos a locução. Estudaram-na J. Leite de Vasconcelos, José Maria Adrião, e, excelentemente, Flávio Gonçalves: (*A caldeira de Pero Botelho na arte e na tradição*, sep. do "Douro-Litoral", III-IV, VI série, Porto, 1954).

Pero Botelho seria fidalgo da Madeira que em 1566 tentara entregar a ilha aos corsários franceses, sendo lançado numa caldeira borbulhante do seu engenho-de-açúcar. Entre os réus desse crime não se inclui Pero Botelho e sim um Francisco *Caldeira*, enforcado em Lisboa dois anos depois. É registro de Tomé Pinheiro da Veiga, (1605), dizendo-o origem da frase, *caldeira de Pero Botelho*. A caldeira infernal já motivara um *Inferno*, pintura da primeira metade do séc. XVI, guardada no Museu de Arte Antiga em Lisboa. E os versos seiscentistas do frade Simão Machado, ainda vivo em 1631:

> – Te canta Pero Botelho
> Na sua infernal caldeira.

J. Leite de Vasconcelos crê na fonte espanhola, *Pero Botero*, registado em Covarrubias, (1611). Vacilam na localização inicial da lenda, regular por Espanha e Portugal, parecendo surgir no séc. XVI, divulgando-se na centúria imediata. No XVIII era vulgar. Diz o servo Simicupio no *Guerras do alecrim e manjerona*, de Antonio José da Silva, o Judeu, representada no teatro do Bairro Alto em Lisboa, Carnaval de 1737: – "Deixai, filhas, deixai que ainda no Céu há raios, e no Inferno a *caldeira de Pero Botelho* para castigo de velhacos".

No Brasil, Pero Botelho dissolve-se no esquecimento verbal, resistindo a caldeira, secularmente anterior. D. João de Sto. Joseph, 4º Bispo do Pará, (1760-1763) fala na *caldeira do grão Pero Botelho*.

ARCO DA VELHA

Complicação, reunião de coisas disparatadas, acontecimentos imprevistos, surpreendentes. *Coisas do arco da velha!* Inimagináveis.

Em Portugal, Arco da Velha é o Arco-Íris, fonte das nossas superstições relativas ao meteoro. As indígenas não mereceram repercussão penetrante na memória brasileira. O Arco, é denominação comum, que dizem beber as águas correntes e mesmo dissolver a chuva ameaçada pelas nuvens escuras. *Cras pluit, arcus bibit*, de Plauto. Quem passa por debaixo do Arco-Íris muda de sexo. Arco Celeste, Arco da Aliança, (*Gênesis*, 9, 13), Arco do Céu, Arco da Chuva, *arc-enciel, rainbow, regenbogen, arco balento*.

Velha é personalização das forças adversárias da normalidade vital, Morte, Destino, Estiagem, Inverno, o Mal, a Bruxa, malefícios à fecundidade vegetal e animal.

TRABALHAR PARA O BISPO

Esforço sem conseqüência útil, tarefa gratuita; encargo sem retribuição.
— "Os Bispos medievais eram, em regra, mais que príncipes da Igreja, eram verdadeiros régulos, porque à autoridade própria (supremacia eclesiástica, poder de excomunhão e de interdito), e aos seus direitos de classe privilegiada, reuniam senhorio temporal, maior ou menor, tendo a prerrogativa de pôr justiça nos respectivos coutos. Daí veio para a língua comum a expressão *trabalhar para o Bispo*, que significa que do trabalho não se tira lucro, e que corresponde morfologicamente à francesa: *travailler pour le Roí de Prusse*.

Também, sob o influxo da mesma ordem de idéias, se costuma dizer na Beira que para acudir a certa despesa grande *é preciso ter a renda do Bispo*": (J. Leite de Vasconcelos, *Etnografia portuguesa*, II, Lisboa, 1936).

NO RUMO DA VENTA

É a velhíssima, rude e folgazã resposta a quem indaga caminho certo. Significa *ir em frente*, seguindo a direção do nariz.

Gil Vicente, no *Auto dos reis magos*, representado em 6 de janeiro de 1503 ante a rainha Dona Maria de Castella, segunda esposa del-Rei D. Manoel, faz desta maneira o rústico Valério indicar estrada ao Cavaleiro:

> — *Em frente de las narices*
> *a perdices*
> *Andarás...*

COM UNHAS E DENTES

Apesar de tantos meios de apreensão, a imagem não saiu da contemporaneidade. É a mais expressiva porque independe do aparato artificial, recorrendo unicamente ao auxílio de órgãos humanos e pessoais. *Com unhas e dentes!* tenazmente, com todas as forças, utilizando a plenitude da energia individual, decidido a não ceder o posto, não renunciar à pretensão.

É a batalha entre populares desarmados e no corpo-a-corpo feroz. Unhadas e dentadas, clássica briga feminina. Reflete a obstinação agressiva.

No *Auto da barca do purgatório*, 1518, diz o Lavrador:

– Nós somos vida das gentes
E morte de nossas vidas;
A tyrannos – pacientes,
Que a *unhas e a dentes*
Nos tem as almas roídas!

Foram as primeiras armas do Homem.

É o registro de Lucrécio, 57 anos antes de Cristo, no *De natura rerum*, V, 1282.

– *Arma antiqua, manus, ungues, dentesque fuerunt.*

Continua sendo as primeiras, instintivamente mobilizadas.

QUEM A BOA ÁRVORE SE CHEGA...

Em 1905 o Prof. J. Leite de Vasconcelos encontrou na Biblioteca Nacional de Roma uma coleção de adágios portugueses, com versões latinas: (*Opúsculos*, VII, Lisboa, 1938). Entre muitos, leu o seguinte: – "Quem a boa árvore se acolhe, boa sombra o cobre. Em vez de *acolhe* estava *chega*, que foi riscado".

No Brasil o rifão conserva a redação anterior à corrigenda: – "Quem a boa árvore se chega, boa sombra o cobre".

Acredita J. Leite de Vasconcelos que a coleção, outrora pertencente à Biblioteca Jesuítica de Roma, date do pontificado de Clemente XIV, de 1769 a 1774.

Seria essa a época de sua divulgação no Brasil.

RIR A BANDEIRAS DESPREGADAS

Rir imoderadamente, à vontade, às escâncaras, sonoramente. Castro Lopes corrige para *braguilhas despregadas*.

Despregar, além de tirar do prego, é exibir, mostrar, patentear alguma cousa, *fazendo uso dela*, regista D. Domingos Vieira. Santa Teresa de Jesus, em dezembro de 1576, escrevia de Toledo ao Padre Jerônimo Gracian: – *En fin, mi Padre, le ayuda Dios y enseña Banderas desplegadas, como dicen*. Vale, abundantemente, ostensivamente.

É uma reminiscência das praxes militares de outrora, a partir de finais do séc. XV. A guarnição que defendera com heroísmo uma fortaleza, castelo, cidade fortificada, ao render-se tinha as *honras de guerra*, nas prévias capitulações. Deixava a praça em formatura regular, tambores rufando, cartucho na boca, murrão aceso, bandeiras tendidas, isto é, soltas, despregadas, drapejando ao vento, mostrando suas cores. Não amarrada, enrolada à haste. Os oficiais conservavam as espadas; e o regimento, a bandeira. Não era a rendição incondicional, humilhante. Por associação lógica, *rir a bandeiras despregadas* será o riso liberto de qualquer coação, limitado pela própria deliberação, na plenitude da reação hilariante, assim como a bandeira, erguida pela valentia de sua guarda, estava no ar a integridade de suas dimensões.

FAZER CHORAR AS PEDRAS

É o cúmulo da emoção, comover pedras até as lágrimas. Essa inversão da pessoa ao objeto continua muito vulgar na fraseologia popular.

Lacrimejam as rochas e os *corações de pedra-dura*, impassíveis. No sertão do Nordeste ainda dizem: – *Faz um candieiro velho chorar!*

Óbvio que o processo semântico origina-se do animismo incorrigível em que o Povo empresta percepção e reação às coisas vivas e mortas. As almas podem sofrer penitências, transmudadas em seixos e calháus, tropeçados por todos os viandantes.

Na entrada triunfal de Jesus Cristo em Jerusalém, os fariseus aconselhavam ao Messias conter o entusiasmo dos discípulos. "Se eles silenciarem, as pedras clamarão!" *Dico vobis, quia si hi tacuerint, Lapides Clamabunt* (Lucas, 19, 40).

As pedras que clamam podem chorar...

AOS TRANCOS E BARRANCOS

Marcha violenta através de obstáculos.

Alfonso Martinez de Toledo, arcipreste de Talavera, no *Corbacho*, (2, 1, 1438), escreveu: – *aunque no tenga para comer, a trancas o barrancas también ella se los hace o revienta.*

A imagem veio de Portugal, onde *barranco* é cava, rasgão, vala aberta pelas enxurradas, quando no Brasil é ribanceira fluvial, monte de barro, piçarra, elevação calcárea. O mesmo que *barranca*. "Tranco" é o inopinado salto do cavalo; esbarro, empurrão, choque com o ombro.

DESCOBRIR MEL-DE-PAU ENGARRAFADO

Não é possível encontro mais afortunado, acaso mais dadivoso, verdadeira oferta da Sorte generosa, no conceito de roceiros e lavradores, passando à linguagem urbana do Brasil.

A locução complementou-se nas primeiras décadas do século. Até então enunciava-se doutra forma.

Beaurepaire-Rohan, (*Dicionário de vocábulos brasileiros*, Rio de Janeiro, 1889), registou: – "*Mel de pau*; nome vulgar do mel de abelhas, por isso que a generalidade das abelhas do Brasil faz seus cortiços nas cavidades de árvores. *Descobridor de mel de pau* diz-se do indivíduo que depara facilmente com aquilo que deseja: Tu que és *descobridor de mel de pau*, me poderás indicar um protetor para com o Presidente do Conselho".

O Tempo evidenciou que deparar os favos talqualmente as abelhas fizeram, não constituiria motivo de excepcional louvor. Veio a idéia de alguém descobrir o mel-de-pau já engarrafado, pronto para o transporte e venda imediata. Produto colhido e aproveitado sem esforço, sem gastos, sem aparelhagem de apresentação.

Positivamente feliz é quem encontra *mel-de-pau* engarrafado.

Já tem acontecido...

CASACA DE COURO!

Alcunha de vaqueiros quando nas vilas, ostentando o gibão do ofício.

— Casaca de couro,
Dá um estouro!

Denominação de aves falconidas e mimídeas. Aplica-se zombeteiramente aos sertanejos em geral.

MORREU O NEVES

Resposta aos alvissareiros retardatários, ao noticiarista atrasado. *Aí morreu o Neves!* Já sabíamos a novidade velha.

João Ribeiro atinou relação do Neves com Inês de Castro, por ignorar quem fora o *ilustre desconhecido* padrinho da frase. Conheço *é tarde, Inês é morta*, bem distante do *morreu o Neves*. Refere-se ao inapelavelmente consumado e não ao aviso inútil de fato acontecido.

João Pereira de Araújo Neves, (1814-1850), carioca, bacharel em Olinda, governou o Rio Grande do Norte de dezembro de 1849 a março de 1850 quando faleceu, inopinadamente, em Natal. Correu boato de envenenamento, depois desmentido. Homem jovem, já prestigioso no Partido Conservador do Império, sua morte súbita numa cidade de província, motivou noticiário derramado e contínuo na imprensa do Rio de Janeiro. Debates na Câmara dos Deputados. Dez anos antes de João Ribeiro nascer.

POETA D'ÁGUA DOCE

Insulso, descolorido, banal. Sem o sabor, movimentação, sonoridade, do Mar.

Foi amplamente empregado nos sécs. XVI-XVIII e não se aposentou. Com as variantes de *pintor d'água doce, profeta d'água doce*, de D. Francisco Manoel de Melo, e *meus críticos d'água doce*, de Filinto Elisio.

Já no séc. XIV em França, na farsa do *Maistre Pierre Pathelin*, diz o *drappier* Guillaume Joceaune:

– Je retourneray, qui qu'en grousse
Cheuz cest *advocat d'eaue douce*.

Os gêneros não desapareceram.

DE MEÍA CARA

Circulando sem pagar imposto, sem autorização legal, contrabando. Referência a uma face da moeda, cara ou cunho. Por analogia, o burlador, penetra, emboca, pé-de-lã, frequentador de divertimentos sem convites e gastos.

Escravos vindos da África clandestinamente, sem papéis, desembarcados às escondidas nas praias e vendidos com cautela. As despesas eram, além do preço módico no continente negro, gratificações aos intermediários, peitas e gorgetas aos fiscais, interessados na continuidade do delito. Eram os *meia-caras* mais baratos antes de vigilância repressora do tráfego. Tornaram-se mais caros pela raridade da oferta e abundância da procura. *Meia cara* porque gastavam menos da metade dos emolumentos exigidos na exportação de cativos para o Brasil.

VÁ CANTAR NA PRAIA!

Dito aos reclamistas insistentes, pedinchões importunos, cantares desafinados, conversa-mole, dispensável.

Será uma inutilidade o canto às ondas, indiferentes e anuladoras do esforço vocal.

Na *Farsa de quem tem farelos*, (Gil Vicente, 1505), grita a Velha, irritada com a tediosa serenata do pobre escudeiro Aires Rosado:

– *I eramá cantar à praia!*

Suficiente para evidenciar antiguidade e uso, maior de quatro séculos e meio, e ainda atual.

CORRER COXIA

É andar à toa, vagando de um para outro recanto, apressado, com ar de quem está preocupado. Diz-se *correndo coxia* quando atravessam momentos difíceis, de apertura e trabalho. "Está correndo uma coxia danada!" Jogo infantil:

– Corre-corre la coxia,
Quer de noite, quer de dia!

Provinda de um corredor de pranchas, com pequenas guardas de elevação lateral ou corrimões. Nas antigas galés constava de tábua fixa através dos bancos dos remadores, da popa à proa. Nos navios, era passagem ao lado de cada bordo, ao longo da nau.

Até o séc. XVIII *correr a coxia* valia sofrer o castigo de açoites, varas, calabrotes, manejados por duas filas de marinheiros, em cujo centro passava o condenado.

Outrora havia a coxia nos hospitais, sala estreita com leitos em ambas as bandas. Nessa acepção, *correr a coxia* era assistir freqüentemente nos hospitais. Viver enfermo.

COMO UM FUSO

Estar direito, reto, sem mudar posição e ação. Decisão. Persistência. Firmeza. Direito como um fuso. Foi como um fuso. Determinado. *Fuso-doido*, estróina, doidivanas, desastrado.

Torcendo o fio do algodão vindo da roca, o fuso enrola-o, rodando, sempre na perpendicular.

Gil Vicente no *Auto da barca do purgatório*, (1518), diz o Pastor:

– Ir direito como um fuso
Pera além.

CADA UM SABE ONDE O SAPATO LHE APERTA

O adágio vive em todas as línguas cultas, presentes e mortas.

Eu conheço meu sapato, confessava Satanás no *Auto da Cananéa*, 1534, que Gil Vicente fez representar no "muito louvado e sancto Convento do Mosteiro de Oudivelas" em Lisboa, posteriormente consagrado por D. João V, o "Fidelíssimo" inicial.

A frase veio de Portugal para o Brasil.

A mais antiga menção encontro em Plutarco, *Paulo Emilio*, V, (*As vidas dos homens ilustres*). Casado com a nobre Papiria, pai de dois filhos, que seriam Cipião Africano e Fabio Máximo, Paulo Emílio repudiou a esposa e, ante o protesto dos amigos, *le Romain étendant le pied et leur montrant son soulier, leur demande à son tour; – "Ce soulier n'est-il pas tout neuf? n'est-il pas b'en fait? Aucun de vous cependant ne sait où il me blesse.* Assim está no francês de Ricard a narrativa grega do primeiro século depois de Cristo.

Seria Plutarco um núcleo irradiante para letrados mas S. Jerônimo reforçou a divulgação com o seu latim ágil do séc. IV, repetindo o episódio: — *Et hic soccus, quem cernitis, videtur vobis novus et elegans, sed nemo scit praeter me, ubi me premat*: (*Patrologiae*, Migne, XXIII).

Não mais saiu da memória européia.

No séc. XIV, Geoffrey Chaucer incluiu-o no *Canterbury tales*, dizendo no *The Marchantes Tale*: — *But I wot best wher wringeth me my sho*.

No séc. XV, o autor anônimo do *Maistre Pierre Pathelin*, a farsa popularíssima em França, dirá Guillau-me Joceaume, *le Drappier*: — *Je sçay mieux où le bas m'en blesse*.

Na Espanha do séc. XVII, Quevedo: — "que sé *dónde me aprieta el zapato*" (*Cuento de cuentos*, Madri, 1626).

A tradição responsabiliza Paulo Emílio pela observação. O anotador de Plutarco na ed. Firmin Didot, (Paris, 1843), informa: — *Il y en a qui croient que ce mot est de Paul Emile lui-même; et en effet, il paraît assez être dans son caractère*.

A MÃE DO BISPO

Vá pedir à Mãe do Bispo! Queixar-se à Mãe do Bispo! não desapareceram na fraseologia popular em tom facto. Seriam as progenitoras de influência decisiva no espírito dos filhos prelados. Ao Bispo eram dirigidas súplicas, denúncias, lamentações, dado o poder administrativo que dispunham, e voto atendível aos ouvidos d'El-Rei.

A *Mãe do Bispo* surgiu no Rio de Janeiro, na pessoa de dona Ana Teodora Ramos de Mascarenhas Castelo-Branco, esposa do tenente-coronel João de Mascarenhas Castelo-Branco, governador da fortaleza de S. José na ilha das Cobras. Foram os pais de dom José Joaquim Justiniano Mascarenhas Castelo-Branco, (1731-1805), sexto Bispo do Rio de Janeiro, (1775-1805), de quem canta louvores Monsenhor Pizarro e Araújo.

Dona Ana Teodora mantinha residência de espavento, acolhimento gentil e relações poderosas. Morava no Largo da Ajuda, cognominado *Largo da Mãe do Bispo*, com larga referência em quantos estudaram a segunda capital do Brasil.

E a praça Floriano Peixoto, diante do teatro municipal.

D. José Joaquim Justiniano dirigiu o rebanho mais de trinta anos. Enquanto viveu, Dona Ana Teodora gozou das atribuições de conselheira-privada e suprema nos assuntos alheios a Diocese. Queixar-se ou pedir à *Mãe do Bispo* seria solução natural aos incontáveis candidatos de batina e casaco.

A imagem subiu para o norte e desceu para o sul brasileiros, tornando-se usual, mesmo que fosse inaplicável.

E ainda a ouvimos, contemporânea e secular.

DE ALTO COTURNO

Pessoa poderosa, rica, prestigiosa, influente, indispensável.

Coturno era o calçado dos atores representando personagens principais na tragédia grega. O *sóco* pertencia ao cômico. Tanto mais decisivo o papel quanto mais elevado o coturno, atingindo dezoito centímetros de altura. Desse cimo, dominavam assistência e cena. Nem todos os artistas enfrentavam o uso dos coturnos, podendo desequilibrar-se e cair no palco, provocando gargalhadas em vez de aplausos. Os *de alto coturno* denunciavam inteligência pessoal na intervenção teatral, já no tempo de Ésquilo, cinco séculos antes de Cristo.

Há 1.600 anos os *coturnos* desapareceram das *scenici artifices*, refugiando-se na memória verbal do Povo.

Versão democrática: – *do alto das tamancas!*

LETREIRO NA TESTA

– "Como podia adivinhar? *Não tinha letreiro na testa!*" Desculpa do tardio conhecimento nas relações imprudentes. Revelação do caráter de amigos fortuitos e dissimulados.

Reminiscência do cartaz à testa ou ao peito dos condenados, denunciando-lhes a espécie criminosa.

Sá de Miranda, (1481-1558), alude, numa redondilha, a frase corrente no Portugal do séc. XVI:

— Porque um *escrito na testa*
Não traz cada um de quem é.

O Esfuziote, do *Labirinto de Creta*, (I, 2, Lisboa, 1736), explicava-se à dama Sanguessuga, na prosa ágil de Antonio José da Silva, o Judeu:
— "Não vos culpo o não conhecer-me, que nós os Príncipes não temos subscrito...".

UMA VIA E DOIS MANDADOS

Aproveitar o esforço, duplicando o resultado. "Com uma cajadada matar dois coelhos!". "Dois recados no mesmo caminho".

Já houve explicação de ser expedição de dois *mandatos*, (delegações), numa única *via*, forense.

Refere-se, realmente, à prática utilizada do Tempo, possibilitando a realização de dois encargos na mesma oportunidade.

A origem portuguesa esclarece a intenção, comum no séc. XIV.

— "Diego Gomez Sarmento que estava em Santarem, soube parte como lhe minguarom os mantiimentos, e hordenou de fazer pera alla hua cavallgada, que fosse *huũa via e deus mamdados*, comvem a saber: levarle algũuas viamdas se as podesse poer demtro pella porta da treiçom, ou decercar o logar a todo seu poder": Fernão Lopes, *Crónica de D. João I*, CLXX.

NÃO SOU CAJU

Não sou tolo, palerma, abestado. Caju nasceu com a cabeça para baixo. Era a frase usual do saudoso poeta José Heroncio de Melo. No Rio de Janeiro Imperial fora também alcunha de D. Pedro II, sugerida pela dupla projeção da fronte e do mento, dando à face uma sensível figura côncava, lembrando a castanha do caju. Como em Paris, o Rei Luís Felipe era, em caricaturas, associado à pêra.

Lendo Ernesto Senna, (*História e histórias*, 1913), sobre a opereta *A princesa dos cafueiros*, de Artur Azevedo, música do Sá Noronha, representada no Rio de Janeiro em março de 1880, vim a saber que o personagem principal, então *El-Rei Tatu*, fora originalmente *El-Rei Caju*, mudança solicitada pelo empresário Jacinto Heller, dizendo irreverência ao Imperador a denominação inicial.

Não deduzo que a significação do Caju tenha referência ao "Magnânimo".

É UM MATA-BORRÃO!

O papel Mata-Borrão chegou ao Brasil um pouco antes de 1860. Vinha da França, onde era o *papier buvard, papier gris, papier brouillard*, esponjoso, conhecido desde meados do governo do Rei Luís Filipe.

Em 1870 estava divulgado nas repartições públicas brasileiras, sem que exilasse o areeiro, de louça ou metal, contendo areia fina para enxugar a tinta fresca da escrita. Ainda em 1880 funcionava normalmente.

No seu *Diário de 1862*, (Petrópolis, 1956, anotado pelo Prof. Helio Vianna), escreveu o Imperador: – "Depois do despacho estive com o Nicolau, que chegou de Portugal. Muito me entristeceu contar-me ele que meu cunhado Fernando diante de diversas pessoas mostrara enfado ao receber uma carta minha, dizendo que eu o incomodava querendo sempre resposta e longa, o que não é exato; porque só me queixo de ter carta dele de meses em meses, e abrindo a carta ainda mais enfadado ficara com a areia dizendo que não parecia a minha carta de pessoa civilizada devendo eu usar de mata-borrão, ao que replicara o Itamaracá que não se julgava da civilização de qualquer por tão pouco e que eu tinha muito que fazer para estar cuidando nessas coisas pequenas, com o que meu cunhado procurou desculpar-se do que dissera". *Nicolau* é Nicolau Antonio Nogueira Vale da Gama, gentil-homem da Imperial Câmara, Camarista. *Fernando* é o viúvo da rainha D. Maria II, irmã do Imperador. *Itamaracá*, Antonio Peregrino Maciel Monteiro, 2º Barão de *Itamaracá*, Ministro do Brasil em Portugal. Informa Helio Vianna. O mata-borrão constituía credencial civilizadora já em 1862.

Como o mata-borrão anulasse os excessos da tinta, reapareceu o nome alcunhando o funcionário entusiasta e zeloso, dedicado a explicar os despachos e determinações do ídolo hierárquico, atenuando quanto houvesse de antipático e rebarbativo.

É o antecessor do *Vaselina*, jeitoso, amável, acomodador, tentando evitar má-fama ao amado Chefe.

ESTRANHAR A CAPADURA

Não habituar-se à nova situação. Desajustado. Inconformado na função subalterna.

Castro Lopes inventou uma explicação deliciosa. Os noviços nos conventos antigos eram obrigados a usar um hábito de estamenha áspera, de estôpa grossa. Aqueles que não suportassem o inconfortável burel, teriam *estranhado a capa dura!*

É imagem imediata e real da castração de animais. O *benificio*, no ciclo pastoril do Nordeste. Ainda dizem nos sertões aos novilhos cuja ablação dos testículos determinou inflamação purulenta, sujeitando-os a tratamento demorado. "O caracu estranhou a capadura. Deu muito trabalho!". Alguns sucumbem, notadamente ovelhas e cabritos.

Castro Lopes não viveu, como eu, em fazendas-de-gado no fundo do Sertão-de-Pedra antes do automóvel e da luz elétrica.

"Estranhar", nesse caso, é emagrecer, decair, adoecer: (Jaime Lopes Dias, *A linguagem da beira baixa*, Lisboa, 1962).

SAÇANGAR

Leonardo Mota, no *Sertão alegre*, (1928), regista:
– "*Sassangar* – sondar o rio ou o mar (?). Ouvi este verbo na Paraíba, em a quadra:

> *Na praia de Cabedelo*
> *Sassanguei, não pude entrar,*
> *Avoei os ferros n'água,*
> *Vi o farol saluçar.*

Rodolfo Garcia regista *saçanga* (assuada, briga, motim)".

Leóta ia no rumo.

No meu *Vocabulário da jangada* incluí:

– "*Saçanga*: – fio resistente e que está preso a uma chumbada de quatro a cinco quilos, valendo fio-de-prumo, sonda para verificar a profundeza d'água. O processo comum para identificar um pesqueiro é ir *saçangando*".

PERDER AS ESTRIBEIRAS

Perder o controle, direção, desnortear-se em palavras e atos. Exceder-se na resposta, incortês e violenta. Momentaneamente desatinado.

É, simplesmente, perder contato com os dois estribos, não mais dominando a montada. Desequilibrar-se, tonteando na sela. Nas antigas corridas de Argolinhas e nas de Manilhas, nos séculos XV-XVII, desclassificava o cavaleiro do páreo. Nas velhas corridas-de-cavalos sertanejas quem *perdesse as estribeiras*, perder os estribos, ficar bambeando, atrapalhado, temendo queda, pagava multa de bebidas aos companheiros, em pleno alarido zombeteiro.

AINDA CANDEIAS ÀS AVESSAS

Pesquisando *Candeias às avessas*, (*Coisas que o povos diz*, Rio de Janeiro, 1968), atinei tratar-se de um vestígio impressionante na *Excomunhão maior*, quando o sacerdote oficiante, que leu o decreto e os fundamentos do direito canônico com a vela, candeia, acesa e invertida, a chama para baixo, atira-a ao solo, significando a exclusão do culpado do corpo social da Igreja Católica.

Em março de 1581, Montaigne estava em Roma e testemunhou o exorcismo de um *spiritato*, possesso. O sacerdote tinha na mão um ostensório, *en l'autre main tenant une bougie allumée, la tête renversée contrebas*. Assistiu também ao pontifical do Papa Gregório XIII na basílica de São Pedro. É lida a relação dos luteranos excomungados. O Pontífice tinha uma vela acesa na mão, voltada para o solo. Terminada a leitura, atirou-a ao pavimento.

Em ambos os noticiais, *candeias às avessas*.

SÓ COM ESSE DEDO

Basófia popular, desplante gabarola, pouco-caso, ridicularização. "O que vossê caçar eu asso nesse dedo!".

— Dou queda em novilho brabo
Chega passa o mocotó.
Pego leão pelo rabo
E onça pelo gogó.
O que fizer duas mãos,
Eu faço com um dedo só!

No *Auto da barca do purgatório*, 1518, o companheiro do Arráis do Inferno diz ao Diabo:

— Eu só butára uma náo,
Com esse dedo, sem ti!

A imagem deveria ser antiga naquele início do séc. XVI.

AINDA A PEDRA DE ESCÂNDALO

Alguém ser *pedra de escândalo* é provocar animosidade, irritação, crítica, pela simples enunciação do nome. Exemplo proibido, indesejável, criminoso.

A frase completa e vulgar refere-se invariavelmente à *pedra*; Pedra de Escândalo. Inseparáveis.

No Areópago em Atenas estavam duas pedras brutas, *Arghói lithos*, servindo de tribuna aos julgamentos públicos. De uma dessas pedras, a

Lithos anaideias, "pedra da implacabilidade", discursava o acusador. O réu, desolado e submisso, pousava o pé na outra, *Lithos hydreos*, "pedra da injúria", da humilhação. Era conhecida vulgarmente por *Skándalon*, a "pedra de choque", de dificuldade, do obstáculo. Do *skándalon* grego, veio o *Scandalu* latino divulgador, origem do *escândalo* português.

A imagem derramou-se pelo Mundo. O profeta Isaias, sete séculos antes de Cristo, citava a "pedra de tropeço e a rocha d'escândalo", (8,13): *lapidem autem offensionis, et in petram scandali*.

Estudei o motivo no *Coisas que o povo diz*, (Rio de Janeiro, 1968), completando agora a informação.

TEM TOPETE!

Era um tufo de cabelos no alto da testa, natural ou artificialmente riçado, crespo, erguido como um troféu. Valia pregão de audácia, destemor, arrogância. Era a *trunfa* dos valentões que Gustavo Barroso aproximou do uso egípcio e judaico. (*O sertão e o mundo*, Rio de Janeiro, 1923).

Vencê-los, humilhá-los, era *baixar o topete*. Equivalia ao *abaja la melena* castelhano, que Gil Vicente empregou no "Auto dos reis magos" e "Dom Duardos".

Ter topete anunciava afoiteza e coragem exibicionistas. Semelhantemente na França – *avoir du toupet!* Foi característica dos cangaceiros velhos nos sertões e dos capadócios fanfarrões das cidades. Infalível nos *capoeiras*, desafiantes no Rio de Janeiro, Salvador e Recife. Os negros conquistavam o topete, hirto e duro, fazendo cortar o cabelo ao derredor.

– Sou cabra de topete.
Comigo ninguém se mete!

Antigamente, em Portugal, davam nome aos turbantes, faixas ou cintas enrolando as têmporas, deixando o alto da cabeça livre. Ainda em uso no Brasil feminino.

Frei Gaspar de S. Bernardino, *Itinerário da Índia*, (1611, Lisboa), evocava Afonso de Albuquerque "com uma barba que lhe dá pela cinta, como ele a trazia bem diferente das de agora, em que os homens as mudarão para o *topete da cabeça*, e com razão, porque é tão leve, bem é que lhe ponhão algum peso".

Pertencia ao aparato fidalgo, depois vulgarizado na *rafaméa*. Nas *Ordenações Afonsinas*, (2, 4), estranha-se que "mete Elrey em Ofícios pruvicos os Judeus, e leixa-lhes *trazer topetes, como a Chrisptaãos*".

Suar o topete, seria o cúmulo do esforço físico. Diz a Morte, no *Auto da barca da Glória*, Gil Vicente, 1519: – "Primeiro os *sudará el topete!*".

Topetudo! era o famanás!

MAR COALHADO E AREIAS GORDAS

Mar coalhado, topônimo em Portugal, denomina lugares no Brasil, inclusive no Rio Grande do Norte, desde o séc. XVIII. É de abundante menção nas orações e ensalmos vulgares, como uma região misteriosa e remota.

– Eu te degrado
para a ilha do Enxofre
e para o *Mar Coalhado*.

É registo de Teofilo Braga, (*O povo português*). O Prof. Joaquim Roque, (*Rezas e benzeduras populares*, Beja, 1946), cita igualmente:

– "Eu vos ligo e torno a ligar, prendo e amarro às ondas do *Mar coalhado*, onde não canta galinha nem galo".

Referia-se ao mar da Groenlândia. Na *Monarchia lusitana*, (II, 140), explica-se:

– "A cerca do *Mar coalhado*, chamado assim porque com o grande rigor dos frios está sempre encaramelado".

Não alude aos domínios satânicos porque não chegou ao Povo imagem de um Inferno glacial, como ocorreu a Dante Alighieri no Nono Círculo.

O Povo, notadamente as mulheres, evita pronunciar o nome do *Inferno*, temendo-lhe a atração mágica. Dá-lhe, por eufemismo, outras alcunhas, as *Profundas*, *Terra do cão*, *Casa do maldito*, *Fogo eterno*, *Reino do fúte*. Um outro sinônimo, em Portugal e Brasil, é *as Areias gordas*.

– Vai-te p'rás *Areias gordas!*

Mestre João Ribeiro escreve, (*Frases feitas*, II): – "O mar está semeiado de nomes que não figuram nas cartas e são só familiares aos marinheiros. Ocorre-me aqui mencionar a região das *Areias gordas* que parece ser perto da Espanha de Cádiz para fora até as ilhas africanas". Cita o

Notícias da grande tormenta que houve nos mares de Cadix, etc. (Lisboa, 1758): – "Um navio espanhol que tinha partido carregado para a América não podendo passar as ilhas, voltou e veio a perecer no *sítio bem conhecido dos navegantes pelo nome de Areias Gordas*".

Pela dificuldade da travessia, incluiu-se nos portulanos do Inferno.

ENFIADO

É, comumente, o acanhado, tímido, decepcionado, temendo zombarias, tolhido, desajeitado, matuto em casa rica, diante de autoridades sisudas, ante glórias humanas. Heine olhando Goethe em Weimar.

Inconveniência, despropósito, gafe, por ignorância, imprudência, estouvamento momentâneo, desastre no discurso, falha de memória no exame ou declamação, configuram o velho *Enfiaretur*, popular no séc. XIX, motivo de vaias ou fama ridícula.

Em Portugal do séc. XVI valia enfadado, zangado, surpreendido desagradavelmente. Uma autoridade daquela centúria, o desembargador Antonio Ferreira, (1528-1569), expõe esse diálogo na *Comédia de Bristo*, IV, III.

> Pilarte: – Não póde ser mór desastre no Mundo.
> Alexandre: – São cousas que ás vêzes acontecem.
> Pilarte: – Teu Pai *teria enfiado*?

No V, IV: – "Tu vês aquele doudo como *vem enfiado*?"

No Brasil, *Enfiado* é sinônimo de constrangido, desajustado, contrafeito. Existem também: – "Fiquei *trespassado*! Fiquei *varado*!" valendo situação angustiosa e súbita.

A imagem decorreria de *atravessado*, *enfiado*, por uma lâmina, dor inopinada e opressiva, modificando a normalidade.

BESTA COMO URUÁ

Uruá é um molusco gasterópode, do gênero Ampularia.
De *iuru-á*, boca aberta.

Boca de uruá é o boquiaberto, aparvalhado, palerma. Espantado de tudo, pacóvio e crédulo.

Decorrentemente, *besta como uruá...*

A TERRA LHE SEJA LEVE

Empregam ironicamente ao final de empresa falhada, campanha perdida, planejamento desmoronado. "Desistiu? *A terra lhe seja leve, com o Pão de Açúcar em cima!*"

Sobrevivência do dístico latino, habitual em Roma, nos votos e inscrições fúnebres: – *Sit tibi terra levis.*

DE PÉS E MÃOS

Entregue à mercê, inerme e inerte, sem defesa e sem reação. "Entregou-se *de pés e mãos* ao Governo!"

Desde Roma, os escravos eram expostos à venda com cartazes anunciando seus defeitos e aptidões. O vendedor obrigava-se a evicção. Os escravos estrangeiros, cujas habilidades e vícios eram ignorados, ofereciam-nos *amarrados de pés e mãos*, aviso de que o mercador não se responsabilizava por sua conduta.

O cativo conduzia sua própria sorte, na posse total adquirida pelo comprador.

PANO AMARRADO

Amarrar um pano na cabeça ainda é, para o Povo, demonstração positiva de enfermidade. *Está de pano amarrado!* informação relativa ao doente, recolhido, fora do ritmo normal do trabalho. A cobertura localiza a moléstia. Quando na cabeça, denuncia maior gravidade mórbida. Também facilita a simulação útil.

Em 1386, alguns soldados do Rei D. João I de Portugal assim se libertavam dos encargos e *sofremças* da guerra.

– "Outros femgião que o herão, *atando panos nas cabeças*, porque ell Rey mandava os doentes ha huú lugar de seu Reino que chamão Penamacor": Fernão Lopes, *Crônica de D. João I*, 2º, LXXVII. Esse processo indignava o Condestável D. Nuno Alvares Pereira contra a cobardia assoldadada: – "quoamdo elles não semdo doemtes femgê sinãis de gramde doença!"

Tito Petrônio, (*Satyricon*, CI), documenta o costume em Roma, sob o imperador Nero. A cabeça desnuda ou resguardada era índice de saúde ou moléstia *opertis capitubus, an nudis*. Com a cabeça coberta, todos auxiliavam o enfermo; *opertis, et quis non dare manum languentibus volet?*

É o comentário de M. Héguin de Guerle: – *Les anciens avaient coutume de se couvir la tête, lorsqu'ils étaient malades, non-seulement pour se défendre des injuries de l'air, mais pour indiquer aux autres l'état de leur santé.*

Suetonio, (*Calígula*, LI), evoca o Imperador, que zombava dos Deuses, envolvendo a cabeça, *caput obvolvere*, ouvindo o menor trovão.

Amarrar a cabeça com um pano é anúncio de enfermidade.

Assim o Povo entende, aconselha e pratica.

SUA ALMA E SUA PALMA

Mestre João Ribeiro explicou-a em 1908. Seria do salmo CXVIII, V: – *Anima mea in manibus meis semper*. João Ferreira de Almeida, (1740), traduziu: – "Minha alma está de contínuo nas minhas mãos": (CXIX, 109).

A *palma* veio da *mão*, no entendimento popular. Ocorreu a sedução da rima, irresistível para o Povo. *Alma-Palma*. Rima de Camões, Lusíadas, 8, 17.

É uma excusa de responsabilidade, evasão de solidariedade. "Corre por sua conta. Faça o que entender. A vida é sua. Não me culpe pelas conseqüências. *Sua alma e sua palma!*" Inclui alma e corpo.

SUJEITO-PANCADA

Neurótico, arrebatado, impulsivo, não-sabe-ter-mão-em-si. "Rapaz bom, mas *pancada*". Temperamento desigual, imprevisível, irregular. "Quando dá-se fé, vem com *uma pancada*".

Sá de Miranda, (1481-1558), na *Ecloga encantamento*, faz dizer a Inês:

> – Mas tudo isto, sobrinho, é pouco ou nada,
> Salvo que ás vêzes estes nada são
> Muito ao miolo que já traz *pancada*.

É *pancada* no juízo, bola, coco, quengo, miolo, como afirmava a pastoril Inês quinhentista.

CARA DE HEREGE

Ainda dizem essa alcunha aos rostos severos, desconversados, hostis.

O herege, apartado de toda convivência, excluído de intimidades, desajustado em ambiente de Fé, conservaria as permanentes características fisionômicas da obstinação e orgulho. Era o *incréu*, o teimoso incrédulo, incapaz de perceber a devoção estranha, sentindo-a subalterna e risível.

Com o Latitudinarismo, acabou-se a personalidade milenar do Herege, julgado inferior e desprezível, considerando, por sua vez, aos demais no mesmo critério.

As feições daria a impressão inacessível e triste do condenado, excomungado, infame, pelo Código Canônico.

Era a *cara de herege...*

CASA DE ORATES

Isto é uma casa de orates! Orate, de *oura*, vulgar no Brasil, tonteira, vertigem, é doido. "Sugeto de poco juicio; el quele ha perdido del todo", ensina a Academia Española. Casa dos Orates, regista Moraes.

Uma das mais antigas na Europa *Casas de orates* é a de Toledo, em Espanha, fundada em 1583 pelo Núncio do Papa Gregório XIII, D. Francisco Ortiz, alcunhada *Casa del Nuncio*. Os espanhóis dizem: – *Todos los locos no están en la casa del Nuncio!*

No Brasil, é menos sinônimo de Asilo de Alienados que de ambiente de tumulto, desordem, balbúrdia.

– "A sessão terminou casa de orates!".

– "É mais que ser orate, é ser jumento!" (Filinto Elisio, Carta, XVIII). – "Frei José da Piedade, orate sem vergonha" (Padre José Agostinho de Macedo, carta ao Fr. Domingos de Carvalho, em 7 de agosto de 1829).

METER A CATANA

É falar contra alguém; comentários desairosos, insistentes, implacáveis. Retalhar a reputação alheia. "Durante todo o tempo só se ocupou em *meter a catana* no Presidente".

Katana é uma espada afiada e longa, arma dos fidalgos daimios no Japão. O vocábulo chegou a Portugal pelo séc. XVI, quando das mais intensas relações comerciais e missionárias com a "Terra do Sol Nascente".

"Oh! como eu empunhara a *catana* da crítica!" versejava Filinto Elisio, exilado em Paris.

CALOTE

Desde a primeira metade da séc. XIX são correntes no Brasil, fala e jornais, *Calo* e o diminutivo *Calote*, vindos de Portugal, logro, engano, trapaça; ludibriar os crédulos. Não atravessou o Atlântico o nacional *Seixo*, dando o múltipleo *Seixeiro*, nem recebemos o português *Cão*, valendo semelhantemente *Calo* e *Calote*, ou *dar o bolo*.

Calo é o mesmo que *Cala*, (Moraes, *Dicionário, Cala e Calla*), fatia de queijo ou de melão que se prova para experimentar o sabor. *Calar* é penetrar, aprofundar, abrir: calheta, calado dos navios. Partir o melão ou o queijo, dando o calo, era confiar na venda imediata. Saborear gratuitamente, seria manha zombeteira, sem a recíproca útil ao confiado vendedor. Este, *pagara o pato* sem comê-lo. O pseudo comprador é que recebera o *calo* mas a imagem popu!ar fora invertida, no plano da logração astuta, fazendo-o agente do embuste. Passar ou pregar o *calo* era possuí-lo sem retribuição, lográ-lo sem esforço. O vendedor perdera o *calo*, em troca do ardil. *Calado* fora ele mesmo, experimentado e vencido pelo espertalhão, penetrando-lhe a mercadoria sem compensação. *Pregara-lhe o calo*, por sua vez, e sem prejuízo pessoal.

DAR O NÓ

Deu o nó! Casou-se. Amarrado para sempre. Veio de Portugal a imagem. Na cerimônia do casamento católico nada sugere a figura do nó. É associação ao vínculo matrimonial, o simbólico liame permanente entre homem e mulher, unidos por um sacramento duplamente religioso. O *divini et humani juris comunicatio*, de Modestino.

Francisco de Andrade, no *Primeiro cerco de Diu*, I, 11, (Coimbra, 1589), atestava:

— Com firme e *conjugal nó* lhe juntárão
que com seu proprio sangue desatárão.

Na Índia, outrora, havia materialmente o nó, dado nas caudas dos vestidos do noivo e da noiva: Edward B. Tylor, *Anthropology*, XVI. O mesmo rito reapareceu entre os astecas no México: — *A priest, after the inevitable moral homily, united them in marriage by tying together the corners of their mantles*: George Peter Murdock, *Our primitive contemporaries, The Aztecs of Mexico*. Confirmam, George C. Vailant, *La civilización azteca, El hombre y la tribo*, e Victor W. von Hagen, *The aztec: Man and Tribe, Marriage*. "*The tying of the Tilmantli*", constando do Codice Mendocino, antes de Cristovão Colombo.

Difusão oral pelos navegadores?

Presentemente, o *tremendíssimo nó*, como dizia Santo Agostinho, é simples laçada, facilmente desfeita sob certos dedos.

Inês Pereira, de Gil Vicente, (1523), ao saber que o detestado marido fora morto em Arzila por um mouro, desabafou:

> – Oh! que nova tão suave!
> *Desatado he o nó!*

Um tanto diverso do que cantaria Caranguejo, *As variedades de Proteu*, I, 3, de Antonio José da Silva, o Judeu, (Lisboa, 1737):

> – E dize a Diana que vá bugiar,
> E antes te aperte o *nó do Himeneu,*
> Do que na garganta te aperte outro nó.

COBRAS E LAGARTOS

É maldizer alguém com violência insultuosa. Lembra o disse-lhe as *últimas*.

O Prof. Eugenio Pacheco estudou a frase, ("Revista Lusitana", VII, 1902), dando *cobras* provindas de *coplas, echar coplas,* dizer versos de apôdo e sátira. As *coplas,* penso eu, também poderiam ser de louvor, como as *saetas* andaluzas, também ditas *echar coplas,* e dirigidas à Nossa Senhora. Maldizer seria *echar pullas*.

Os complementares *lagartos* surgiram para obter *a frase redonda*. Seria possível com outro qualquer animalejo. Carolina Michaelis de Vasconcelos fixou a locução à volta de 1500.

Mestre João Ribeiro, aceitando a interpretação, sugere que *a frase redonda* já estivesse determinada pelo salmo XC, 13, cujo texto é o seguinte: – *Super áspidem et basiliscum ambulabis. Et conculcabis leonem et draconem*. Ignoro o processo da preferência, abandonando Leão e Dragão, de efeito maior.

O mais vulgar e lido tradutor português foi João Ferreira de Almeida, divulgando os *Salmos* em 1740. A versão é esta: – "Pisarás o leão e o áspide; calcarás aos pés o filho do leão e a serpente". É a conhecida em Portugal.

Nem *cobra* e nem *lagarto*, aliás, ausentes em todas as traduções bíblicas que conheço, inclusive a recente do Padre Matos Soares, conservando o basilisco. O Povo não lê latim, e essa versão de 1740 derramou-se em Portugal e Brasil, onde continua a mais comum e de fácil consulta.

Por causa das *cobras e lagartos* os professores Silvio de Almeida e João Ribeiro permutaram os ditos.

Creio que a convergência é uma sugestão natural e milenar na literatura oral do Mundo. Em todos os Continentes as cobras e os lagartos são inimigos tenazes, combatendo sem tréguas. No Brasil temos o exemplo antigo da Cobra e do Tijuaçu, este sempre vencedor por ter um antídoto vegetal contra o veneno ofídico. Já Leonardo da Vinci anotara essa terapêutica de animais em combate, lagartos contra serpentes, que Gustavo Barroso pesquisou na *Ao som da viola*, (1921).

As raízes da frase não estariam nas *coplas* nem no salmo XC, mas na imaginação popular, habituada à velha e feroz animosidade dos dois animais. Reuni-los na imagem de agressividade verbal, associados como Gregos e Troianos em batalha permanente, seria conservar, continente e conteúdo, os elementos antagônicos, irreconciliáveis, fogo-e-sangue, paus-e-pedras, gato-e-cachorro, como expressão viva de debate e guerra, e trazendo os atributos do malefício e do ataque rastejante, de inferioridade cruel.

Levantar e arriar o paneiro

Paneiro é uma grande e larga cesta rasa, de conduzir-se pães. Do latino *Panarium*, com a mesma serventia. Teciam outra, sempre de juncos flexíveis, bem maior, mais alta e fechada, levando roupa para o lavadouro e estendal de ensombrar, fora do Sol, as peças mais delicadas. Em casa, guardavam no paneiro os trajes antes de engomar, (com salpicos de goma), ou simplesmente "passar a ferro".

Nos grandes paneiros velhos acumulavam a catervagem doméstica, miúda e confusa, um tanto inútil mas não desprezível. Nas mudanças, os paneiros encarregavam-se de reunir e transportar os objetos que não mereciam baú e mala, ou não se ajustavam às trouxas suplementares.

Assim nasceram duas frases, que somente o Povo conhece:

Arriar o paneiro! ficar, demorar, residir.
Levantar o paneiro! mudar-se, viajar.

BADULAQUE

Badulaque, em Portugal, era um guisado de várias espécies de carnes e condimentos, servido aos monges conventuais, desde o séc. XIII. Também, cosmético de uso feminino no séc. XVIII. Outrossim, moxinifada, coisas miúdas e de pouco valor; "homem gordo, cachacipansudo, pipote, foca", diz Domingos Vieira.

Curiosamente, o *Badulaque* que conheço, desde criança, é uma bolsa de couro rijo, guardando pequenos objetos e mesmo livros e cadernos escolares. O fôrro recobria uma armação de madeira leve, com duas argolas para condução a tiracolo.

Um episódio revela a identidade. Na vila do Triunfo, em 1871, meu Pai e seu primo Olinto Lopes Galvão estudavam com o Prof. Joel Eloi Pessoa de Brito, que era Sulista, Partido Liberal, quando meu Pai pertencia à família *dos Cascudos*, gente *Nortista*, do Partido Conservador. O mestre tinha, e odiava, a alcunha de *Badulaque*. Saudou, pela manhã, os dois alunos, com palavras irônicas e joviais: – "Então? Não trazem algum *cascudo* na maleta?" "– Não senhor! – respondeu Olinto – no meu *badulaque* não há novidades!"

Essa anedota pertence ao patrimônio oral da família *dos Cascudos*.

Nenhum dicionário registou o *Badulaque-bolsa*.

Araripe Júnior, (*Gregório de Matos*, Rio de Janeiro, 1894), empregou-o nessa acepção: – *pôs-se a revolver os badulaques...*

BEBER DA MERDA

Há oitocentos anos em Portugal os cinco delitos considerados atrozes e punidos com severidade eram: – homicídio, (homem-morto), furto, violência à mulher honesta, (rouso), assalto à mão armada a uma residência, (casa derupta), e *stercus* ou *bloidam in ore, merda in bucca*: (Viterbo, *Elucidário*; Alexandre Herculano, *História de Portugal*).

No foral de Thomar, (1174), instituía-se: – "Por merda na boca metida, em qualquer lugar que o faça, peyte sessenta soldos". O Rei D. Diniz cominou pena de morte a *este afrontosíssimo delito*. *Ordenações Afonsinas*, V, 32, § 1.

Não o ato da *imundicia*, mas era ação criminosa a simples ameaça do "esterco humano metido realmente na boca de alguém, ou ameaçando-o feamente de palavras, que lhe farão esta injúria!".

Historiadores e juristas portugueses estudaram a figura delituosa, desaparecida na prática e permanente no vocabulário normal. A presença prestigiosa no Brasil não é menos realística na memória coletiva. Reaparece, imperiosa, com a naturalidade de uma passagem dos bastidores do subconsciente para o palco da atualização imediata, positivando a integração nos processos instintivos das descargas mentais, espontâneas e aliviadoras.

A imagem verbal, repugnante e bárbara, resistiu a oito séculos de ensino e repressão moral, continuando viva, ágil, prestante, estalando em sonoridade bestial na legitimidade da ira desafogada. Parece a muitos, insubstituível, expressiva, incomparável na sublimação da cólera represada.

— *Vá à merda! Vá beber da merda!* o *coma bosta de besouro, coma bosta de barata*, do jogo infantil da *Cabra-Cega*, a penalidade nas brincadeiras de Sisudo:

Eu não falei,
Sou o Rei!
Você falou,
Comeu cocô!

denunciam a permanência nos escaninhos da lembrança. Ninguém ensinou. Todos sabem.

O recurso à velha transgressão do séc. XII, restituindo-lhe mentalmente contemporaneidade aos níveis mais altos da Cultura humana, evidencia a espantosa vitalidade do insulto, a resistência miraculosa do vitupério.

BATER BARBA

Conversar animadamente, *bater-língua*, o *bater-papo* contemporâneo.

A característica fixa o exercício palreiro quando as barbas eram ornamento indispensável aos rostos masculinos.

Um homem que não tem barba,
Que vergonha pode ter?

Dizia-se gíria naval, focando os velhos capitães, barbudos e loquazes, em palestra interminável, fumando cachimbo no convés dos saudosos *Mar-à-vela*.

Era entretenimento entre iguais, *se por barba a barba*, como dizia D. Francisco Manoel de Melo, no *Hospital das letras*, (1657).

A BOI VELHO NÃO BUSQUES ABRIGO

Era um dos ditados favoritos de meu Pai, (1863-1935), louvando a experiência dos anos que dispensa orientação estranha. Boi velho sabe, sozinho, procurar alimento e dormida sossegada.

Deparei-o no *Dialogo de la lengua*, de Juan de Valdés: — *Al buey viejo no le cates abrigo*.

No Dicionário da Academia Española: — *A buey viejo no le cates majada, que el se la cata*.

No *Refranes que dicen las viejas tras el fuego*, (1508), do marquês de Santillana, (1398-1458). — *A buey viejo non cates abrigo*.

No Cancioneiro da Vaticana, a fonte mais recuada no tempo, (séc. XIII):

— E, poren diz o vervo antigo
a boi velho non busques abrigo.

Exatamente como dizia meu Pai, que sempre ignorou os antecedentes eruditos do seu rifão.

CARA-DURA

Cara-dura é o cínico majestoso, impassível às críticas e sátiras, surdo às pilhérias, *superior* aos reproches. Máscara impermeável. É um homem invencível. A imperturbabilidade fisionômica provocou o símile.

O *Iron Duke*, Lord Wellington, recordava que em todas as manifestações públicas, contra ou à favor de sua pessoa em Londres, fatalmente deparava o mesmo velhote, agitando o mesmo lenço azul. O *Cara-dura* atravessava todos os problemas com a solução do rosto imutável.

O epíteto, ainda vulgar, apareceu no Rio de Janeiro, depois de 1880, denominando comédias e periódicos humorísticos de pouca duração.

Em Natal de 1886 houve um *Cara-dura* bimestral, dirigido pelo jornalista Manuel José Nunes Cavalcanti, divulgando a *Canção de um cara-dura*, com solfa adaptada, popularíssima.

> Passarei vida alegre e feliz,
> Navegando n'um mar de ventura.
> Fui *Nortista* e também *Liberal*,
> E me ufano de ser *Cara-dura*.

Nortista foi um dos nomes iniciais do Partido Conservador.

O Dr. Castro Lopes identificou o *Cara-dura* brasileiro com a frase latina *Os durum!* proferida na oitava cena do quarto ato da comédia *O eunuco*, de Terêncio, vivendo em Roma entre os anos de 194 e 159 antes de Cristo.

Cara-dura é também um fogo-de-salão, dando luz colorida queimado nas noites de S. João.

Cara-dura, pelo exposto, é alcunha nascida depois de 1880.

A função é que é, milênios, anterior.

ARRAIA MIÚDA

Os jornais, prudentemente, já não empregam a designação, relativa ao populacho vulgar, no sentido de grupos inferiores da ralé, magotes de gente irresponsável, sem eira e nem beira, fazendo atoarda, perturbação, barulheira.

Não se vê a frase impressa mas ouve-se ainda *arraia miúda*, referente ao povo não-correligionário, discordante das opiniões políticas do alcunhador.

Já era popular na primeira metade do séc. XIV em Portugal.

– "O quall ajumtamento dos pequenos poboos, que sse estomçe assi jumtava, chamavom naquell tempo *arraya meuda*": Fernão Lopes, *Crônica de D. João I*, XLIII.

João Ribeiro diz provir do árabe *arraáya*, rebanho.

SANTINHA DE PAU OCO

Hipocrisia, simulação, fingimento de honra, pudor, austeridade. Artificialismo. Técnica da Mentira.

Durante os séculos XVIII e XIX o contrabando de ouro em pó, pedras preciosas e moedas falsas, utilizou no Brasil, (Rio de Janeiro, Salvador, Recife, São Paulo, Minas Gerais, Rio Grande do Sul), o interior das imagens de madeira, de grande vulto, levadas e trazidas de Portugal com valioso recheio. Muitas fortunas tiveram esses fundamentos.

Estudaram, exaustivamente, o assunto, o Prof. Menezes de Oliva, (*A santa de pau oco e outras histórias*, Rio de Janeiro, 1957), e o Prof. Carlos Galvão Krebs realizou excelente pesquisa, (*Santos de pau oco*, Revista do Globo, 685, Porto Alegre, 1957).

ENTRAR NUMA RODA DE PAU

Não sei se o suplício está realmente esquecido pelos confins do Brasil. A locução é contemporânea. "Ele merecia *entrar n'uma roda de pau!*" Roda de paus, deveria dizer-se.

Punham o condenado, despido até a cintura, no meio de um círculo constituído por meia dúzia ou mais de indivíduos armados de rijas, flexíveis e resistentes varas. Sofria o castigo aplicado em sucessivos golpes, ininterruptos, obrigando-o a correr no centro da roda durante o tempo previsto, no mínimo uma hora interminável.

Franklin Távora descreveu minuciosamente a *Roda de pau* em finais do séc. XVIII, *então muito praticada naqueles tempos, por naturais de Pernambuco: Lourenço*, "Revista Brasileira", VIII, Rio de Janeiro, 1881.

O Governador do Ceará, Luís da Mota Feo e Torres, num *Bando* de fevereiro de 1793, mandando prender e punir os ladrões de gado, vadios e facinorosos da Ribeira do Jaguaribe, especificava as penas cominadas: – "Cem açoites para os escravos, cabras e mestiços: *Rodas de pau* aos que forem ou parecerem brancos: palmatoadas para as mulheres, na proporção da culpa e robustez de cada um, e em dias interpolados". Penalidade legal.

A *Roda de pau* era sobrevivência do castigo das vergas, pena de varadas, para os soldados das legiões de Roma. Nos navios, a punição correspondente era o *Correr a coxia*, passando entre filas de marinheiros, armados de calabrotes.

AS PAREDES

Todos os pescadores nordestinos falam n'*as Paredes*.
É um pesqueiro, zona marítima onde a determinadas distâncias do litoral e profundeza há sempre pescado.
Na relação crescente das distâncias e funduras, são sete os pesqueiros: — *Tací, Curubas, Carreira das pedras, Razinho, Razo, Risca e as Paredes*.
As paredes, sétimo e útimo pesqueiro em lonjura e fundo, fica a 45 ou mais milhas da costa, tendo 120 metros normais de profundo.
É pescaria *do alto, no fundo de fora* e, em certas épocas de verão, *de dormida*, voltando no dia seguinte.
Depois d'*as Paredes*, não há mais pescarias. Não há *fundo* para o tauaçu ou fateixa, nem as chumbadas encontram apoio.
— "Quem pesca n'*as Paredes* faz careta ao Diabo!" é opinião jangadeira.
Estudei esses motivos em *Jangada*, (Rio de Janeiro, 1957, com duas edições).
Pescador n'*as Paredes* tinha diploma de Mestre verdadeiro, *piloto na linha de fora, terra assentada*, desaparecida no horizonte. Nem todos os pescadores enfrentavam uma noite n'*as Paredes*, cercados pelo mar, mistério das trevas povoadas de assombros, a ronda sinistra das alucinações.
De onde teria vindo a denominação para o derradeiro pesqueiro no Atlântico nordestino? Não há, materialmente, parede alguma naquela solidão oceânica. *Paredes* é terra e vila de Portugal, Entre-Douro-e-Minho, fundada povoação pelo Rei D. Diniz, em 1286. Em 1331, a Rainha Isabel de Aragão mandara passar uma carta em favor de seus habitantes, *homens que eram de sobre o mar*, pescadores profissionais. Recomendava-os a Rainha-Santa às autoridades de Leiria. Nas vésperas de morrer, 1366, o Rei D. Pedro fez doação aos Coutos dos monges de Alcobaça, (Fernão Lopes, *Crônica de D. Pedro I*, XLIV). Despovoaram-se sob o Rei D. Manoel, pela invasão das areias que os ventos açoitavam. A Rainha e Fernão Lopes mencionam *as Paredes*, tal e qual dizem os pescadores do Rio Grande do Norte, seis séculos depois.

A maioria das informações encontrei em J. Leite de Vasconcelos, *Etnografia portuguesa*, II, Lisboa, 1936.

Até prova expressa em contrário, não há outra origem para o topônimo, provindo de frase usual nas pescarias.

PARA OS ALFINETES

Não desapareceu em Portugal e Brasil a frase *Dar os alfinetes* ou *Para os alfinetes*, ofertas de dinheiro por pessoas estranhas às senhoras casadas, para despesas particulares ou adorno de traje. Constituía prêmio às intervenções favoráveis aos requerimentos do doador, dependentes do marido ou entidade sob influência da presenteada. Gentil e antiga fórmula de suborno, tornada habitual e comum pela frouxidão dos costumes administrativos e sociais.

Os candidatos não esqueciam esse inteligente recurso de reforço ao próprio direito pleiteado. As esposas, filhas, noras, amantes, dos *Chefes*, beneficiavam-se *ganhando para os alfinetes*.

Às vezes, porém, significavam presentes, dinheiro sobretudo, para as noivas, ajudando ou enriquecendo o reduzido enxoval. Lembro-me, à volta de 1910, meu Pai ter dado a incrível quantia de um conto de réis para a filha de um amigo pobre, em vésperas do casamento; *para os alfinetes da menina*, dizia o cartão.

O episódio histórico mais típico ocorreu no Ceará, com o Escrivão da Provedoria da Real Fazenda, Francisco Bento Maria Targini, (1756-1827), futuro visconde de S. Lourenço, Tesoureiro-Mor do Real Erário de D. João VI. Consta de carta dirigida ao Padre Elias Pinto de Azevedo, morador em Almofala, Acaraú, divulgada pelo barão de Studart.

– "O documento que Vm. me remeteu para cobrar a sua congrua do tempo que diz serviu de vigário dessa povoação d'Almofala, não é bastante para o dito efeito, visto que Vm. serviu sem as competentes provisões. A respeito de Vm. me oferecer 50$000, *para os alfinetes de minha mulher*, sua criada, se me oferece dizer-lhe, que ela quando veio de Lisboa trouxe já os alfinetes que lhe eram precisos para se pregar no Ceará, e que eu desculpo esta sua ousadia atendendo a sua idade, demência e ao costume com que até a minha chegada se estava de se decidirem semelhantes questões por dinheiro, por ter sido aqui a venalidade companheira inseparável dos Magistrados e Fiscais da Real Fazenda; o que Vm. sabe ser um crime horroroso e imperdoável em semelhante homens. Deus guarde a Vm. Vila da Fortaleza, 14 de dezembro de 1801 (a) Francisco Bento Maria Targini".

Antenor Nascentes, (*Tesouro da fraseologia brasileira*, Rio de Janeiro, 1966) recorda a origem jurídica da locução: – "*Para os seus alfinetes*. Para as suas despesas miúdas. Em tempos muito antigos, os alfinetes custavam muito cara e havia o costume de adquiri-los apenas nos primeiros dias do ano. Quando este costume desapareceu, devido ao barateamento do artigo, a verba destinada a eles passou a ser utilizada em outras despesas, mas o Código Civil Português, art. 1.104, manteve até hoje a designação. A mulher não pode privar o marido, por convenção antenupcial, da administração dos bens do casal; mas pode reservar para si o direito de receber, a título de *alfinetes*, uma parte do rendimento dos seus bens, e dispor dela livremente, contanto que não exceda a terça dos ditos rendimentos líquidos. V. Aulete, *Dic. cont.* Gomes Monteiro e Costa Leão, *A Vida misteriosa das palavras*, 25".

ABRIR O CHAMBRE

O *chambre* é um traje talar, folgado, com punhos e gola de outra cor, cingido com um cadarço ou faixa estreita de pano. Vestem em casa, sobre peças sumárias de roupa. Não se usa para dormir. É o *robe de chambre* que se divulgou em Portugal do séc. XVIII, entre fidalgos e peraltas de luxo.

No Brasil, foi quase privativo da gente rica, aristocracia rural, senhores de engenho, fazendeiras, comerciantes opulentos. Marcava uma classe social.

Em novembro de 1810, Henry Koster hospedou-se na casa-grande de um Capitão-Mor na Paraíba, e anotou:

– "O dono da casa vestia uma camisa, ceroulas e um longo roupão, chamado "chambre", e um par de chinelas. É a indumentária típica de pessoas que nada têm a fazer. Quando um brasileiro começa a usar um desses "chambres", têm-no logo na conta de importante e lhe dedicam, subsequentemente, muito respeito": (*Viagens ao Nordeste do Brasil*, V).

Os *chambres* de seda, espessa ou leve, gorgurão, foram indispensáveis aos elegantes nas Cidades-Grandes, até primeiras décadas do séc. XX. Ainda não desapareceu esse traje de interior, imponente e discreto, para receber amigos íntimos, e visitas, quando enfermos.

O chambre não tem botões. Aperta-se pelo cinto de torçal ou fitão grosso e macio. Conservam-no invariavelmente fechado, por etiqueta e tradição formais. O Povo teimou em criar a figura: – *abrir o chambre*, por fugir precipitadamente. Com o *chambre* fechado, ninguém poderia correr...

Em São Paulo dizem: – *abrir o pala*. Semelhantemente, no Rio Grande do Sul.

FAZER PINTO

É o pequeno furto à gaveta do patrão, bolso conjugal ou paterno, subtraindo algumas moedas, ou cédulas miúdas. Não muito que se notasse nem pouco que não servisse. Os criados de compras eram naturais e comuns. *Pinteiros*. Julgavam a quota-parte retribuidora do serviço. Quando mais avultadas, as retiradas não seriam *pintos*, indicando limite modesto na apropriação.

Foi locução popularíssima no séc. XIX por todo o Brasil, e não abandonou a circulação, funcional e nominativa.

Em 1688, o Rei D. Pedro II de Portugal mandara cunhar "Cruzados Novos" no valor de 480 réis, e foram apelidados *pintos* pelas dimensões inferiores aos demais. Correram no Brasil, evidentemente, desde finais do séc. XVII, com essa alcunha, vulgarizada nas transações. O prestígio denominador impôs a mesma designação a todos os metais de 480 réis. O formato desapareceu da cunhagem portuguesa em 1837, sob D. Maria II, mas o nome persistiu nas moedas divisionárias de Portugal.

No séc. XVI o *fazer pinto* era *sisar*, ironia ao *siseiro*, cobrador do imposto de compra e venda de vitualhas, animais, bens-de-raiz ou propriedades, acusados de desonestidade irreprimível.

Confessa o criado Ordonho na *Farça de "quem tem farelos"* (Gil Vicente, 1505):

– *No ha hi de que sisar.*

No Brasil nenhuma moeda foi chamada *pinto* pelo Povo.

Reaparece unicamente na clandestinidade da aquisição: *Fazer pinto*...

PATACÃO DE SOLA

Patacão de sola é o homem casado, o solteirão maduro, o velho gamenho, dado a conquistas teóricas; o desprezível, inaproveitável, inferior, sempre aplicado ao elemento masculino. "Moças e rapazes não devem deixar os *patacões de sola* passarem-lhe a perna": (*A república*, Natal, 6-X-1900).

De onde se originaria a frase? Houve moeda de sola em Portugal? Viterbo nega formalmente. Lopes Fernandes admite, sem provas. Não há documento algum positivo. Camões, no Auto *El-Rei Seleuco*, representado entre 1542 e 1549, impresso em 1645, informa: – "Aque tempo em que corriam as *moedas dos sambarcos*". Sambarco é sapato velho, regista o dicionário de Moraes. Evidencia a imagem conhecida em Portugal dessa época. José Soares da Silva (1832) diz haver D. João Mestre d'Aviz, *batido* moeda de couro durante o cerco dos castelhanos a Lisboa em 1384. Fernão Lopes, minucioso, não alude ao fato.

Seriam conhecidas as francesas, que Comines relata mandadas fazer pelo rei Jean *le Bon*, (1319-1364),? A existência é negada. O rei Martin I, de Yvetot, te-las-ia feito: (Larousse). Não há exemplar algum nas coleções públicas e particulares da França e Portugal.

Ver *Patacão de sola* no *Dicionário do folclore brasileiro*, onde concluo:

"Mas, incontestavelmente, existe uma tradição oral, que se passou ao Brasil, conservando a impressão de inferioridade, usada ainda na linguagem popular".

DAR BANANAS

A frase e o gesto são vulgares no Brasil.

É uma mímica obscena, plebéia e vetusta, tradicional em Portugal, Espanha, Itália, França, com significação idêntica na intenção fálica.

Bate-se com a mão no sangradouro do outro braço, curvando e elevando este, com a mão fechada. O antebraço, oscilando, figura o membro viril. Noutra técnica, põem o antebraço na curva interna do outro.

O gesto veio de Portugal, onde o dizem *manguito, dar manguito, apresentar as armas de S. Francisco*. Na Itália é *far manichetto*. Na Espanha, *hacer un corte de mangas*: Hermann Urtel, *Beitrage Zur portugiesischen*, Hamburgo, 1928.

A. Mitton, *Le langage par gestes*, ("Nouvelle revue des traditions populaires", nº 2, Paris, mars-avril, 1949), inclui no quadro onde recenseou 79 gestos franceses: – *Une main à plat posée sur la saignée du bas: releve l'avantbras, poing serrá. Signification ithyphallique. Trés vulga'ire et obscene*.

Motivou um quadro de Joseph-Marie Vien, *La marchand d'amours*, (1754), encomenda de Mme. Pompadour, gravado por Guay, para o *château* de Fointaine-bleau. Um dos amores, galantemente, *dá bananas*.

A inclusão da banana é que é *made in Brazil*.

MOLHADO COMO UMA SOPA

Curiosa imagem comum e pleonástica de quem se molhou. "Apanhou toda a chuva, voltando *molhado como uma sopa!*" Ensopado. Não se estranhará o "chegou que era *um molho*", bem possível deverbal de molhar.

Mas a sopa não pode ser molhada. É um líquido. Molha sem molhar-se.

Entender-se-á a comparação popular, atinando-se que as primeiras e verdadeiras sopas constavam unicamente do pão umedecido com um caldo de carne. Molhado como a fatia embebida de caldo. Associa-se, logicamente, ao *mollire*, amolecer uma substância rija.

Sopa, pão empapado de caldo, constituía alimentação suficiente nos refeitórios religiosos de antigamente. Era essa *a sopa* distribuída aos pobres na portaria dos velhos conventos. "Viver às sopas de alguém".

D. João, rei de Castela, depois da batalha de Aljubarrota, agosto de 1385, vencido e desesperado, lastimava-se em Santarem.

– "E em dizemdo esto tornouse a semtar e pedio que lhe *torrase huúa sopa* pera comer": Fernão Lopes, *Crônica de D. João I*, 2, XLII. Mandava que torrassem pão e lho dessem, úmido do caldo, numa sopa. De outra forma o registro do historiador seria incompreensível.

Nesse sentido, fiel à origem, é que o Povo diz: – *Molhado como uma sopa!*

SAL NA MOLEIRA

Vulgar a frase, *botou-me sal na moleira!* valendo experiência, aviso, exemplo sempre lembrado.

Na *Comédia Eufrosina*, escrita à volta de 1547 por Jorge Ferreira de Vasconcelos, I, 3, diz a alcoviteira Filtria, na versão espanhola de Ballestero y Saabedra, Madri, 1631: – *Este desengano me pondrá la sal en la mollera, pues pensé en esta ocasion ensalmarme, y me quebré el pié.*

Moleira, de *mole*, é a sotura coronal, a frontanela anterior, na parte mais alta do crânio, espaço membranoso nas crianças menores de cinco anos, com formação de tecido cartilaginoso que se ossifica, entre 16 e 18 anos.

Daí o cuidado maternal, evitando choques nos filhos pequeninos, ainda de *moleira aberta*.

O sal, elemento antimágico, defensivo, afastador de malefícios intencionais, conserva e mantém os tecidos, na ciência médica do séc. XV-XVII.

Muitos séculos antes do batismo católico, esfregava-se o recém-nascido com sal, exigência ritualística dos israelitas. O profeta Ezequiel, seis séculos antes de Cristo, refere-se ao pormenor indispensável:

– "Quando, do teu nascimento, no dia em que nasceste, não te foi cortado o umbigo, nem foste lavada com água, vendo-te eu, nem tampouco foste *esfregada com Sal*." (XVI, 4). Não se trata da breve ingestão do *sal sapientiae*.

Moleira significava entendimento, lembrança, compreensão. Cair na moleira, era ficar na memória.

Em 1533, na *Romagem de agravados*, Gil Vicente faz dizer o vilão João Morteira, referindo-se ao filho Bastião:

> – He mais agudo cá espada,
> Não ha hi cabra na manada
> *Que não tenha na moleira*.

O sal fortalecia, estimulava, as recordações da experiência vivida.

> – Eu não quero mais amar
> Nem achando quem me queira;
> O primeiro amor que tive
> Botou-me sal da moleira!

Assim diz uma quadrinha pernambucana.

Fidalgo de meia-tigela

Fidalgo de meia-tigela! Ricaço de meia-tigela! Gente de meia-tigela! figuram nos desabafos anônimos e populares. Partiram do primeiro epíteto, velho de séculos, cruel e ácido para o fidalgote alvejado.

Os nobres não-titulados, principiando a vida palaciana, e que tinham alcançado moradia no Paço, oficiais, moços da câmara, pajens, criados, o povo doméstico da corte, estavam devidamente arrolados nas competentes relações, cabendo-lhe direito às rações, indicadas no *Livro da cozinha del-rei*, sob a disciplina do Veador superintendente e supervisor do Mordomo-Mor, todo-poderoso. Competia a cada um obrigações mínimas ou maiores, conforme o fôro aristocrático. Quem tinha nome nos *Livros d'El-Rei*, tufava-se ante os que não o tinham, comiam, dormiam no Paço, numa vigilância contínua e ciumenta dos concorrentes, ávidos pela menor ascensão no serviço de Sua Majestade.

Erauma guerra miúda e feroz, de alcunhas, dichotes, malícias, zombarias, empurrando-se nos estreitos degraus da escala funcional.

Como tinham sua porção alimentar proporcional ao valimento dos cargos, os recém-vindos, iniciando a batalha, eram mimosiados pelo humorismo satírico dos companheiros mais aquinhoados. Por isso, no *Relógios falantes*, D. Francisco Manoel de Mello dizia: – *Nunca vereis menos cortezia, que na Côrte!*

O *Fidalgo de meia-tigela* era o título de quem percebia ração apoucada.

Criou-se a série...

Assim, na *Amusement périodique*, à volta de 1751, tratava-os o Cavaleiro le Oliveira que, falando com pouco ensino, era um deles...

As botas de Judas

É lógico que Judas de Kerioth nunca usou de botas em sua vida. Nem eram essas comuns na Judéia do seu tempo. Não fora cavaleiro nem guiara carros dos três soberanos do país.

As botas aparecem na Idade Média porque eram símbolos dos viajantes e romeiros, gente afoita e andeja. Seria pelo séc. XI, que foi a grande centúria de bordão e conchas, ganhando o Céu com os pés.

Suicidando-se, Judas teria, para o Povo, a condenação do exílio peregrinador, acompanhado pelo moscardo do Remorso. Confundiam-no com o Judeu Errante, também embotado.

As imagens de S. José do Egipto, S. José Caminheiro, têm botas, e assim aparecem em várias igrejas do Brasil. Possuo um desses vultos. A bota era o movimento, a jornada, a inquietação ambulatória.

Decorrentemente, citam, onde perdeu as botas, como os confins do Mundo vivo; onde perdeu as esporas, onde passou sebo nas botas. Constantemente o Diabo substitui Judas, ostentando idênticos atributos.

Quevedo, em abril de 1608, conversou com Judas:

— *"Pero una cosa querría saber de ti: por qué te pintan con botas, y dicen por refrán las botas de Judas?"*

— *"No porque yo las truje —* respondió *— Mas quisieron significar peniéndome botas, que anduve siempre de camino para el Infierno, y por ser dispensero. Y assí se han de pintar todos los que lo son. Esta fué la causa, y no la que algunos han colegido de verme con botas, diciendo que era portugués, que es mentira!"* (Los sueños).

Antes do infatigável Ahasverus, Caim cumpriu o castigo da indeterminação geográfica. Judas estaria entre os dois. Verdade é que o primogênito de Adão e Eva não sofreu pena alguma, que me conste.

O nomadismo de Judas expressa-se pelas botas, alcançando ou não as clássicas sete léguas.

Ele está vivo e vagante.

Que seja verdade, não ponho dúvida.

QUEBRAR A TIGELA

Quebrar a tigela é usar fato novo pela primeira vez. Provoca elogios e gabos lisonjeiros. Ou galhofas.

Romper-se cristal e louça em júbilo festivo não é raro. Nos matrimônios dos aldeiões alemães. A taça do rei de Thule. Onde se bebeu saudação emocional. *Jarras quebradas, mas bonança*, dizem em Portugal. Mas esses elementos não se articulam com a veste recente e a tigela quebrada.

Quebrar, significava outrora, cobrar, reivindicar, solicitar, alcançar, adquirir. Desapareceram do uso essas acepções.

Tigela, ou *tigelada*, era alimento sumário e substancial, diverso em sua simplicidade daquele que, presentemente, conserva seu nome português, agora, na pátria de origem. Era leite, vinho, ovos, açúcar, pão, em grande tigela redonda e bojuda, tomando sabor e consistência. Por *serem feitas em tigelas grandes, se originou o nome de Tigelada, que umas vezes se dava ao Senhorio de entrada no prazo, ou arrendamento; outras eram do Mordomo por pedido*", informa Viterbo, *Elucidário*. Há documento de 1349.

Tigeladas de Abrantes, em Portugal.

Quebrar a tigela era pedir a *Tigelada!*

O Senhorio e o Mordomo, visitando os arrendamentos enfitêuticos, estariam de traje novo, assim como as famílias lavradoras, para melhor apresentação da *Festada*. Era a hora, na forma tradicional, de cobrar, isto é, *quebrar a tigela!*

Recebiam-na para início da comezaina grupal.

O hábito foi-se diluindo com os novos costumes, mas a imagem que associava o objeto ofertado à roupa nova resistiu, tornando-se independente da cerimônia antiga que terminou desaparecendo, como creio.

Parecerá uma explicação artificial, prolongando demasiadamente um episódio dos velhos ritos rurais portugueses aos nossos dias.

Há frases, de milênios, contemporâneas...

PEGAR A OCASIÃO PELO CABELO

A *Ocasião*, para o Povo, significa a *Oportunidade*, um ensejo rápido de possibilidade feliz. Diziam os antigos ser calva, *Occasio depicta*, de Fedro, (V-viii), irrecuperável quando perdida.

Figuravam-na, na Grécia, um efebo desnudo, de asas nos jarretes ou espáduas, com a nuca pelada e um tufo de cabelos na testa, *calvus, comosa fronte*, por onde deveria ser apanhado e preso, na passagem veloz e única. Representavam-no também marchando sobre o fio de uma navalha.

Trazia nas mãos uma lâmina aguçada e uma balança. Quem deixasse escapar a Oportunidade, jamais a reencontraria. Nem mesmo Júpiter.

Havia na Elide, entre os deuses propícios aos Jogos Olímpicos, a imagem da *Oportunidade*, o momento incomparável do êxito, que os gregos denominavam, *Kairôs*, conformada segundo a evocação de Fedro, que não lhe guardou o nome.

Anrique Lopes, na comédia *Ceia policiana*, cena I, (Lisboa, 1587), desenha o quadro, tal e qual aparece num relevo romano da ilha de Torcello, (Veneza):

>Se a occasião bem pormette,
>Tornai-a pelo topete
>Que é calva do toituço
>Mas quem a deixa virar
>Não tendo de que pegar
>Chora com dor de perdido,
>Magoado e rependido,
>Tempo que deixou passar.

F. Durbach estudou *Kairós*, no dicionário de Daremberg e Saglio.

DONZELA DE CANDEEIRO

É a falsa-virgem, *demi-vierge, menina de programa*, emancipada, *topando parada, senhora de suas ventas*, aquela que não dá satisfação de seus atos, solta, livre, adorando a Vida pirotécnica. Conserva, até prova expressa em contrário, o título donzelil, podendo ser, liturgicamente, sepultada *de palma e capela*.

Filha-família desenvolta, debochada e de gandaia.

Pelo séc. XVIII, dizia-se *Doncellas fiambres*, "pois que passaram pelo fogo e ficaram um pouco (se já não fora demais) tostadas ou resequidas", anotava João Ribeiro no *Fabordão*, (1910).

No séc. XIX, um dos sinônimos populares foi a *Donzela de candeeiro*, que ainda se aplica por não faltar o motivo provocador.

Quando existiam as lâmpadas de óleo, e mesmo de querosene, depois de 1860, havia nas salas uma coluna de madeira, torneada, com uma placa na extremidade superior onde colocavam *as luzes*. Era a *Donzela de candeeiro*. Sustinha a iluminação para as visitas, clareando as horas do ameno serão familiar. Conservava o fogo alheio.

Desse nome de Donzela, passou às Donzelas-de-nome...

BANCANDO...

Bancar, na linguagem popular, é um modismo brasileiro, não vindo de *Banco* mas de *Banca*, a *banca do Jogo do bicho*.

É o simulador, fingindo o que não é, impressionando pela autoconvicção, pelos ademanes de falso poderio, enfim, *bancando*...

O *Jogo do bicho* é de 1896. A frase teria nascido nos primeiros anos do séc. XX.

Os primeiros *banqueiros* tinham o capital do atrevimento e não das finanças. A base econômica era constituída pelas apostas, na eterna esperança do lucro. Para que essa instituição invencível conquistasse a confiança inabalável dos devotos jogadores, eram indispensáveis astúcia, sangue-frio, impassibilidade. A Fortuna ajudou a muitos e derrotou outro tanto. Não existia, como hoje, organizações sólidas, *financiando o Bicho*, com aparelhagem de felizes artimanhas e sabedorias burladoras da repressão ou fiscalização tolerante e, quando possível, do pagamento dos prêmios avultados.

A figura gravou-se, expressivamente.

Bancar é não ser o que representa, nos vários planos, importância, erudição, prestígio, técnica, domínio.

E assim segue, na circulação social.

É UMA ABADESSA

Voz irônica designando as matronas volumosas, mandonas, despóticas. Também é nome popular das proprietárias de prostíbulos, pensões-de-mulheres, ditos conventilhos. Reminiscências de certos conventos femininos, povoados de fidalgas portuguesas no séc. XVIII, luxo e ausência moral cuja licenciosidade estarrecia os devotos ortodoxos. As, abadessas, soberbas e ricas, eram pequeninas soberanas naqueles reinos minúsculos de território e extensos de vaidade mundana. Até o séc. XV gente de prol improvisava mosteiros e instalava abadessas sem provisão dos prelados e anuência papal. Um documento português de 1458, divulgado por Viterbo,

(*Elucidário*), indica uma das origens vulgares das falsas e devassas abadessas, cuja aplicação sarcástica ainda perdura:

– "... quando o Senhor Bispo de Viseu veio ao dito Bispado de Lamego, achou em o dito Mosteiro de Reciam três mulheres, non em habito, trajo, estado, nem vida de Freiras, nem de Religiosas, mas de Seculares, sem Regra, e Ceremonias della, a saber: Huma Clara Fernandes, que nunca soube lêr, nem rezar, nem trouve habito, cogulla, nem véo preto, nem fizera em algum tempo Profissom; a qual pelo Senhor da Terra (o Conde de Marialva, que era seu pai, e residia em Lamego) e contra sua vontade, foi posta em o dito Mosteiro *em nome de Abadessa*, antes que ella fosse Monja, nem tornasse habito, nem fizesse Profiçom; mas assim como entrou, assim viveo, sempre em habito, e actos de vida Secular; dormindo carnalmente com que lhe aprazia...".

Abadessas seculares...

INCHAR

É de uso vulgar nos sertões do nordeste brasileiro. *Inchar*, de raiva, orgulho, presunção. *Inchando*, zangando-se, represando rancores. *Inchado*, cheio de ira concentrada. O latim *inflare* sugere o aumento do volume normal, pelos sopros interiores da emoção determinante. *Menos que cosa que sea como alma, no hinche su deseo*, escreveu santa Teresa de Jesus em 1574: (*Epistolário*, Carta-LXV).

O sertanejo diz: – *inchar nas alpercatas*. "Si eu *inchar nas apragatas*, o Diabo se solta!". Enfurecer-se, resolver-se à violência ou ato desesperado e decisivo. *Inchar as cordoveias*, tendões e veias jugulares. Encolerizar-se. No *Auto pastoril português*, de Gil Vicente, (1523), o pastor Joanne, zangado, diz à pastora Caterina:

> – Catalina, *si eu me incho*,
> paresta que me vá de ida.
> A India não está hi?
> que quero eu de mi aqui?
> melhor será que me vá.

CAGA NA VELA

Esse estranho título alcunha o mau jangadeiro, pescador desastrado, canhestro, ignorante nas manobras elementares quando longe das praias, rumo aos pesqueiros. Não sabendo defender-se ou aproveitar o sopro do terral ou do vento do Mar. *É um caga na vela!*
Está dito tudo.
No *Auto da barca do inferno*, (1517), não se esqueceu Gil Vicente de fazê-lo apostrofar pelo Parvo ao Diabo:

> – Hio, hio, lanço-te una pulha
> de pica naquela,
> Hio, hio, *caga na vela,*
> cabeça de grulha.

Devia ser do calão marinheiro do séc. XV, popular no XVI.

QUILOTADO

Também *aquilotado*, significa habituado, useiro, acostumado; hábil, amestrado, conhecedor, afeito.
De *aquilatar*, *quilatado*, fixar o quilate dos metais ricos, proclamando-lhes autenticidade, valor examinado, indiscutido, comprovado. É ouro *quilotado*! Cachimbo *quilotado*, enegrecido pelo uso, com excelência provada "Já estou quilotado com essas cousas!". "Rondon era quilotado nos sertões".
Ampla documentação em Gil Vicente, incomparável documentário da linguagem portuguesa do séc. XVI.
No *Auto dos quatro tempos*, (1506 ou 1516), canta o Verão:

> – Quantas mas veces me miro
> y me remiro.
> Veome tan *quilotrado*,
> tan lucio y bien asombrado,
> que nunca lacero me tiro.

No *Auto da fé*, (1510), o pastor Benito:

> – tan alegre y tan contente,
> *quellotrada* de alvorozo.

> – Esta que viene repicada,
> *quellotrada* á la morisca.

> Llugo, llugo *te quellotras*!
> ben se puede corregir.

Esclarece o Prof. Marques Braga, (*Obras completas de Gil Vicente*, VI, Lisboa, 1955):– "*Quelotrar*, vocábulo rústico com que se procurava dar a entender o que não se sabia ou não se acertava a exprimir:– Em Gil Vicente, os rústicos empregam a palavra na acepção de lamentar: vestir; enamorar. Veja Juan de Valdés, *Diálogo de la lengua*, p. 116".

No Brasil, o *quelotrar* desapareceu no vocabulário letrado e vulgar. Resta o *quilotar*, valendo o que acima se registrou.

CONHECER PELA PINTA

Conhecer pela pinta é identificar alguém por uma característica permanente, nos modos ou fisionomia. No Rio de Janeiro dizem *manjar a pinta*, por observar, olhar detidamente. A *pinta dos olhos* é a pupila.

João Ribeiro, (*Frases feitas*, I), deduzira:– "O sentido originário – *Conhecer pela pinta* – isto é, ao primeiro aspecto, é termo de jogadores. Os naipes têm nos extremos várias raias, chamadas pintas, por onde se conhece a natureza das cartas, antes de as ver: as de ouro tem uma raia; as de copas, duas, etc. Daí os dizeres *tirar pela pinta*, e o espanhol *sacar a uno por la pinta*. Também *pintado* tomou o sentido de perfeito, parecido, como na frase *é pintado o pai*. Esse sentido de perfeição nota-se em: – *o mais pintado, nem o mais pintado*, etc.".

Quer parecer-me maior influência de frutos que de baralho.

Na *Romagem de agravados*, (1533), Gil Vicente, na cantiga final:

> – *Cuando los árboles verdes*
> *Sus fructos quieren pintar.*

Reconhecer a maturação pelos pontos, manchas, pintas, de outra coloração, anunciando o amadurecer.

Depois passou a uma aplicação geral.

É bem anterior ao jogo de baralho, divulgado na Europa nos finais do séc. XIV.

SEM OFÍCIO NEM BENEFÍCIO

É o desocupado, vadio, irresponsável, indolente profissional. Viver materialmente sem função econômica. Os rapazes solteiros, "sem ofício nem benefício", eram apanhados no recrutamente compulsório e transformados em praças de pré, soldados obrigatórios. Na comédia *O juiz de paz da roça*, de Martins Pena, 1837, queixa-se o jovem José da Fonseca: – "Quem quizesse que não havia ser, pois eu sou solteiro, e não tenho ofício nem benefício".

Pinerfo, na *Comédia de bristo*, de Antonio Ferreira, (1528-1569), pergunta: – "E tu não tens outro oficio, ou benefício?".

Na Espanha, em Medina, Valladolid, afirma: – *Ni al Rey oficio, ni al Papa benefício*, porque os-da-terra tinham o privilégio de eleger as autoridades locais.

Está provado que se vive, perfeitamente, sem ofício nem benefício...

PORTADOR NÃO MERECE PANCADA

Quem dá recado não é responsável pelas conseqüências da missão. Mero invólucro inocente do conteúdo.

No *Labirinto de Creta*, (Lisboa, 1736), de Antonio José da Silva, o Judeu, declara o Rei: – "Os Embaixadores pelo direito das gentes gozam de imunidade inviolável!".

Qualquer compêndio de Direito Internacional Público confirmará o Rei de Creta. Doutrina regular três séculos antes de Cristo nascer.

SEM EIRA NEM BEIRA

Uma minha afilhada do Ceará-mirim veio *pedir parecer* porque o marido queria desfazer-se de um terreno, dando razões, exceto a verdadeira que era preguiça de *fundar roçado*. "Já disse p'rá ele que não assinava os papéis. Vendendo o que possuo, vou acabar *sem eira, sem beira e nem ramo de figueira*."

O *ramo de figueira* é atração da rima, *beira, figueira*. Um velho provérbio em Portugal diz — "Seja tua a *figueira*, e este-lhe eu à *beira*". Na *Farsa de Inés Pereira*, 1523, fixou Gil Vicente:

— Ir-m'hei espojar ás *eiras*?
Vae-te per essas *figueiras*.

Processo de convergência sônica, sedução das consoantes, sempre da simpatia popular.

No *Auto pastoril português*, 1523, lá está o lavrador Vasco Afonso declarando:

— "Não herdo *eira nem beira*". Também no *Clerigo da beira*, 1526, diz o Pação Almeida: — "Nem tenho *eira nem beira*". Gil Vicente conhecia bem o mundo em que vivia.

A eira é local ao ar livre onde estendem as colheitas de trigo, milho, centeio, para arejar, secar, debulhar, malhar, limpar. É um centro de interesse econômico e social nas propriedades e aldeias portuguesas. Ali vão ter os mendigos profissionais e, outrora, os pedintes autorizados das Irmandades. De 1522, é o *Pranto de Maria Parda*:

— que me dêem uma canada,
sobre o meu rosto fiada,
a pagar la *polas eiras*.

Liberal como nas eiras, dizia Rodrigues Lobo em 1619.

Não ter eira é não ter posse em parte alguma, no plano rural. Quanto mais não possuir a extremidade, os limites da área, as beiras. *Sem eira nem beira* é o pobre-miserável.

Eira não emigrou para o Brasil.

A frase, sim.

DAR LUVAS

— "Gastei mais dinheiro com *as luvas* do que com o aluguel do apartamento", dizia-me, no Rio de Janeiro, pessoa de família. Agora, como nunca, *as luvas* iniciam e terminam o protocolo comercial, mesmo relativamente modesto.

Eram os *agrados* outrora; *dar para os alfinetes*, depois. No Portugal-Velho do séc. XIII já se regulamentava o *Ofreçom*, forma primária dessas gratificações. Na primeira metade do séc. XVI diziam *luvas* os presentes de noivado, permutados inicialmente. Em 1533, Gil Vicente, *Romagem de agravados*, faz dizer a Branca do Rego, regateira do pescado, aludindo a um frustrado casamento:

— Jesu! como o contarei.
Luva vai e luva vem.

Antonio Prestes, *Auto da Ave-Maria*, 1530, regista:

— Senhora, esperae assi,
polas vêr *peitar-me-heis luvas.*

Recompensa, dádiva, *molhadura*, prêmio ao intermediário, corretor, às vezes ao proprietário do imóvel, faminto pelos acréscimos.

Na Espanha, certa classe de *Alvíssaras* pelas boas notícias e anúncios de êxitos, eram ditos, eufemisticamente, *para los guantes*, disfarce amável da gorgeta, destinando-se às luvas hipotéticas. Em 1615, a infanta Ana-Maria d'Áustria, filha de Felipe III de Espanha, casou-se com o rei Luís XIII de França. O *para los guantes* castelhano aclimatou-se em Paris, competindo com o velho efetivo local, *Pot-de-Vin*, instalando-se o irresistível *donner pour les gants*.

O *pourboire* é muito posterior.

Portugal tê-las-ia dos espanhóis e nós recebemos dos portugueses o presente imperativo das *luvas* invejáveis.

Sem luvas, não haverá boa convivência econômica.

BEBER OU VERTER

Puseram na cabeça de um antigo aluno meu, agora advogado notável, que deveria candidatar-se à deputação federal. Apareceu-me, meses depois, quando a campanha eleitoral flamejava. Queixou-se dos problemas inopinados e da inesgotável fecundidade da Perfídia. Concluiu, obstinado: – "Agora, mestre-velho, é *bebê-la ou vertê-la!* Não há outra solução!". Elegeu-se e reelegeu-se.

Seria a hora decisiva de tomar ou largar. Fazendo todo o ciclo digestivo dos líquidos, da ingestão a eliminação.

Gil Vicente, na voz de Jorge, folião do Sardoal, na *Tragicomédia da Serra da estrela*, (1527), declama: – *E ou bebê-la ou vertê-la!*

Antonio Prestes, *Auto dos cantarinhos*, (1530), fala: – *Força é bebel-a ou vertel-a*.

A locução, evidentemente, é bem portuguesa e antiga.

Nesse tempo o Brasil estava, praticamente, como antes de Pedro Álvares Cabral.

O Fito

Objeto almejado, motivo oculto e persistente, razão do esforço tenaz.

– "Para desenganar-vos, desde que professei tristeza, nunca mais soube *jogar outro fito*": – Luís de Camões, Carta-2.

> – Inda ela *não deu no fito*
> Cartinha tem sobrescrito
> que parece ser damores.

Camões, *Filodemo*, 981-983, 1555. (Edição Marques Braga, Lisboa, 1928).

Fito é jogo popular em Portugal já no séc. XV, denominando o pau fincado no terreiro, Fito, Fixo, servindo de mira ao lançamento das bolas, valendo pontos. *Deu no fito* é acertar o golpe.

É Frecheiro

Sedutor irresistível, com monomania erótica e alardeada potência inesgotável. "Frecheiro, como um galo!" Sinônimo de Cupido: Camões, *Lusíadas*, IX, 25, 36, por usar de frechas para ferir os enamorados. Tipo já, fixado nas esculturas gregas desde o séc. IV a. C., nos modelos de

Scopas, Praxiteles, Ménodoros, Lísipo. Eros sagitário. *Frechado* é o contrariado nos desejos, recusado nas súplicas, invariavelmente preterido. Azarento. Penema. Caipora. Infeliz.

O coração atravessado por uma frecha é a mais popular representação dos símbolos amorosos. Francisco de Moraes, falecido em 1572, *Diálogos*, (ed. Lisboa, 1852), escrevendo como uma regateira da Ribeira de Lisboa ao noivo, recém-chegado de Flandres, confessa a normalidade da figura no espírito do Povo: – "Ainda está por nascer a quem eu desse lenço de bretanha de setenta reaes a vara, lavrado pelos cantos com molhos de setas de verde e encarnado, como dei a vós; no meio o meu coração atravessado por muitas (que assi trazia eu o meu)...".

MUNDOS E FUNDOS

Sempre que ouço uma velha locução, procuro conhecer sua interpretação popular, guardada pela memória coletiva. Interessa-me saber como é *entendida* por aqueles que a empregam.

Mundos e fundos, cuja vulgaridade dispensa comprovação impressa, vale, para o Povo, o Céu, a Terra e o Mar. *Mundo* é a superfície sólida e o Firmamento que o abriga em abóbada. Notadamente a Terra povoada com interesses humanos. *Boca do mundo* é uma expressão típica da multidão anônima, opinando. *Fundo* é o Mar, fundura, o abismo oceânico. É a imagem denominadora de Honduras, provocada pela impressão abissal do mar das Caraíbas aos olhos dos navegadores espanhóis. E a quadrinha é documental:

– O Céu pediu estrelas,
O peixe pediu *fundura*,
O homem pediu amores
E a mulher formosura.

Daí a importância de "prometer mundos e fundos", sobretudo para quem acredita na promessa.

UM PROFUSO COPO D'ÁGUA

É uma merenda, frios, vinhos, doces, outrora; presentemente, uísque, coquetel, salgadinhos. Não há copo d'água algum, exceto se um penitente assustar, com o pedido, o *garçon*. Dura pouco tempo e é *podre de chique*.

Já em 1864 os jornais anunciavam esses simbólicos *Copo d'água* no Rio de Janeiro e São Paulo. Dona Carolina Michaelis de Vasconcelos, com a claridade habitual, informa, referindo-se a Portugal:

— "Uma refeição ligeira (*eine Erfrischung*), oferecida por uma dona de casa a visitas inesperadas, ou servida a convidados depois de cerimônias religiosas (casamento e batizado) em casa particular, um comer portanto que não é jantar nem ceia, tinha em tempos passados o nome significativo de *púcaro de água*, mudado em *copo d'água*, desde a dia em que púcaro começou a ser inexato e demasiadamente vulgar. A modéstia aparentada não é portanto exagero moderno": (*Algumas palavras a respeito de Púcaros de Portugal*, Lisboa, 1957).

Cita D. Francisco Manoel de Melo no *Carta de guia de casados*, (Lisboa, 1651):

— "Uma cousa que antigamente entre as amigas se chamava *púcaro de água* passou a ser merenda e de merenda a banquete".

É merenda de meia-cerimônia. "Depois da posse, o Prefeito ofereceu um profuso Copo d'água".

GATO POR LEBRE

É o engano na substituição dolosa. É frase vulgar no Brasil, trazida de Portugal, mas sem aplicação direta como na Europa dos cardápios de caça.

— Em caminho francês,
Dão gato por lebre ao freguês.

— Em caminho francês,
Vende-se o gato pela rês.

"Caminho Francês" é a estrada de peregrinações à Santiago de Compostela, vindo da França através dos Pirineus.

A lebre é pouco apreciada pelo paladar brasileiro. O gato é, quantitativamente, muito mais saboreado, na veracidade da espécie, sabendo-se o que se come. Em Coimbra, no séc. XIX, foi famosa a caçada aos gatos, para fins culinários, pelos estudantes: (Antão de Vasconcelos. *Memórias do mata-carocha*, 2ª ed., Porto, 1956). No Brasil não há grande clima para *vendre chat pour lièvre*, senão simbolicamente. Ou lebre por gato.

Comi ambos, podendo referir-me aos originais, aos quais me reporto e dou fé. A carne do gato é mais tenra e delicada que a da lebre, absorvendo melhor os condimentos. Por isso o *enganado* jamais reclama durante a prova sápida. Outrora, durante os cercos militares às grandes cidades, o de Paris em 1871, o gato constituiu pitéu refinado.

Ninguém recordava a lebre...

Luís de Camões no *Auto chamado dos Enfatriões*, escrito possivelmente em Coimbra com pena de rapaz, versejou:

> – Fantasias de donzela
> não há quem como eu as quebre
> porque certo cuidam elas
> que com palavrinhas belas
> nos *vendem gato por lebre*.

NÃO ME CHEIRA BEM

Comentando uma exposição econômica de distribuição "técnica", um industrial dizia-me, franzindo o nariz como sentindo fedentina: – "Esse plano *não me cheira bem*. Partindo de tal fonte, é ladroeira infalível". Joaquim Inácio de Carvalho Filho, (1888-1948), Senador em 1935, não freqüentou as sessões. Explicava-nos: – *Não me cheira bem*... Previa o golpe de Estado de 10 de novembro de 1937, dissolvendo o Legislativo.

O aroma é uma constante da matéria viva, permitindo fragrância característica. Também os elementos abstratos provocam, idealmente, impressões olorentas e perceptíveis ao espírito. Viver ou morrer *em cheiro de santidade* são denúncias do estado de graça comunicante, numa irradiação sensível da elevação moral possuída pela criatura privilegiada. O cadáver dos Santos exala perfume. Frei Luís de Souza, (*História de S. Domingos*, II, 1662), lembra cemitérios onde foram sepultados mártires: – "e em se abrindo aquela terra acontecia o mesmo, que se começarão a ferver muitas cassoulas das melhores pastilhas, e águas cheirosas da terra". Gregório de Matos, Decimas, XXVI):

> – E não acho as companheiras,
> Pois não me cheira isso bem!

Decorrentemente, há um mau odor nas pessoas malévolas e nas ações desonestas, emanações desagradáveis das almas pecadoras e atos inferiores. Por isso o Intendente Pina Manique, olhando em Lisboa o famoso impostor José Balsamo, dizia ao marquês de Lavradio: – *Não me cheira bem aquela cara*: (Camilo Castelo Branco, *José Balsamo*, prólogo, ed. Porto, s. d.).

É de uso vulgar no Brasil.

CARONA

De carona, gratuita ou clandestinamente. *Tomar* ou *levar carona*, preterição nas promoções militares ou acessos administrativos.

É vocábulo castelhano, *parte interior de la albarda*, no Dicionário da Academia Española. "Suadoiro" nos arreios portugueses: (Romaguera, Coruja, Valdez). Pelo Nordeste é manta de couro fino, com bolsos interiores como alforges, e se dispõe em cima da sela. O cavaleiro monta sobre a carona. Aproxima desse tipo a definição de Olinto José Meira a Beaurepaire Rohan. Destina-se a roupa e objetos de viagem, o que não seria possível noutros modelos.

Ao contrário dos demais processos de condução, a carona leva seu recheio oculto e dissimulado. A identificação depende do momento da exibição porque é impossível verificação anterior. O animal carregando carona não sabe o que transporta. Assim os prejudicados conduzem, eles próprios e sem prever, a própria decepção.

A TOQUE DE CAIXA

Precipitada, imperiosa, imediatamente. O tambor, trazido à Europa pelos muçulmanos, quase substituiu as trombetas que vinham das legiões de Roma. Todas as proclamações foram antecedidas pelo sonoro rufar dos tambores. *Tambours, ouvrez le ban!* E terminavam da mesma maneira: – *Tambours, fermez le ban!* em pleno exercício durante o séc. XIX.

Foi tradição regulamentar nos Conselhos portugueses escorraçar os indesejáveis locais, ébrios, indolentes, bulhentos, larápios, *a toque de caixa*, até fora da Vila e Termo. Era o *corrido*, ou *tocado p'ra fora*, publicamente expulso da comunidade. Depois se disse *corrido de vergonha*, às pedradas, vaias, gritalhada, e hoje vale o *revistado* pelas patrulhas noturnas. Corresponde ao *tambour battant* em França, também significando *sans répit, rudement, vivement*.

A locução, naturalmente, nos veio de Portugal.

TRATADO À VELA DE LIBRA

Hospedado com excepcional conforto, recepcionado com distinções, cuidados, requintes, "Concorreram alguns federalistas, tendo sido eleito e empossado o Eng. Jorge Pinto, fazendeiro em Alegrete, pessoa de grande qualificação social e moral. *Trataram-no à vela de libra* os governistas. Andava em charola como símbolo do liberalismo oficial": (João Neves da Fontoura, *Memórias*, Porto Alegre, 1958).

Reminiscência do uso das velas na iluminação doméstica, fidalga e de plebeus abastados. Media-se o luxo, além da baixela e variedade epulária, pela profusão das velas, ardendo nos candelabros, arandelas e castiçais, notadamente no salão das refeições e aposentos privados. A qualidade, preço, dimensões das velas, apregoavam o esplendor do ambiente. As *velas de libra*, pesando dezesseis onças, eram as mais procuradas pela irradiação, durabilidade e permanência luminosa.

CHIMANGOS E MARAGATOS

Popularíssimos no Rio Grande do Sul os nomes de *Chimangos*, dados aos partidários do Governo, e *Maragatos*, aos devotos da Oposição.

Os Chimangos governaram a Província durante o período Regencial, 1831-1840, e sempre se opuseram às insurreições armadas: – a campanha "Farroupilha", 1835-1845, e no regime republicano ao movimento "Federalista", 1893-1895, e durante 1923, com as guerrilhas contra o presidente Borges de Medeiros.

Chimango é uma ave falconida, *Milvago chimango*, Vieill, também chamada Caracaí ou Caracará-branco. O apelido, dado pelos adversários, exprime voracidade torpe, temperamento famélico, avidez insaciável. Parece provir, nessa acepção partidária, do limítrofe Uruguai.

O general Gumercindo Saraiva, (1852-1894), brasileiro e mentor militar dos "Federalistas", arregimentou no Uruguai numerosos nativos do Departamento de S. José, onde eram conhecidos por *Maragatos*. Terminando o período belicoso, a alcunha transmitiu-se ao Partido Oposicionista, não mais no sentido de mercenários e valentões profissionais, mas título de agremiação pregoando regeneração política.

Os primeiros maragatos chegados ao Uruguai, de Espanha, embarcados em La Coruña, eram habitantes da *Maragateria*, na região de Astorga e León, com alta percentagem bérbere. Os fundamentos étnicos e culturais dos maragatos constituem incógnita, *la enigmatica Maragateria*, conclui Júlio Carro.

Estudado no Rio Grande do Sul por Manoelito de Ornellas e Propicio S. Machado, como influência na etnografia gaúcha. No "Dicionário do folclore brasileiro", *Maragato*, alguma informação foi compendiada.

CANTAR "SERENA ESTRELA"

– "Perder uma partida, ficar no *ora veja*, contrariado, humilhado, enforquilhado". "A comissão murchou as orelhas e desceu as escadas de Palácio *cantando serena estrela*": (*A Lanceta*, nº 50, de 1890). "Uzineiro e comissários *cantando serena estrela*": (*Jornal Pequeno*, nº 50, de 1916). Este dito vem de 1877, da derrota de um certo político nas eleições procedidas naquele ano para Deputado à Assembléia Legislativa, sobre o que estampou o periódico humorístico *America illustrada*, na sua edição de 10 de março, uma caricatura do aludido político, cantando e tocando violão, tendo em baixo esta quadrinha parodiada de uma cançoneta então muito em voga, cuja letra começava pelos dois primeiros versos: "*Serena estrella*, Que no céu na brilha, Gastei meu cobre, E levei forquilha". A troça caiu no gosto popular e daí o ditado: – *Ficar cantando serena estrella*": (Pereira da Costa, *Vocabulário pernambucano*, 1937, redigido no Recife antes de 1915).

A cançoneta era uma modinha sentimental, de autor anônimo, e ainda cantada nas serenatas e salões na primeira década do séc. XX. Guardo uma quadra, solfejada por anciã de notável memória:

– Serena estrela que no Céu não viste,
Pálida e triste vai morrer além
Em mim findou-se o derradeiro gozo,
É já forçoso que me vá também...

Ver nota no fim do volume.

SALVOU-SE UM'ALMA!

Salvou-se um'alma! Qual foi a alma que se salvou? são frases tradicionais, expressando surpresa e agrado por acontecimento excepcional. Comumente têm intenção irônica quando, entre amigos, deparam encontro inesperado e fortuito. As almas deixando o Purgatório, redimidas pela penitência, motivavam júbilo popular, festejando o difícil acesso ao Paraíso. É, sabidamente, a devoção coletiva de maior divulgação e fé, notável na Itália e Península Ibérica. O culto das *Alminhas* em Portugal, com seus painéis públicos, registados por Saint-Hilaire em Minas Gerais, é um documentário comovedor pela continuidade oblacional. A "Missa das Almas", pela madrugada, possuiu fiéis e fanáticos por toda a América hispano-portuguesa. Dante Alighieri, (*Purgatório*, XX), recorda a emoção quando uma alma se salvava. Tremia a montanha e subiam os *Gloria in excesis Deo*, exaltadores do evento. As indulgências plenárias concedidas pelos Pontífices são do séc. XIV, assim como o "Privilégio Sabatino" do Papa João XXII, referente ao "escapulário de N. Sra. do Carmo", retirando *sofredores* do Purgatório cada sábado. Tanto a industrialização absolvitória como a crença no Escapulário do Carmo denunciavam o interesse do Povo pelas *Almas benditas* tornadas *intercessoras* ao correr do séc. XVI.

A locução conserva o espírito da Idade Média, quando a redenção era rara e merecedora do piedoso júbilo consagrador.

É PEIA!

Custoso, difícil, arriscado. "Trabalho naquele serço é *peia!*". "O capitão é *peia*", exigente, intolerante, áspero.

Refere-se à correia de couro que prende as patas trazeiras dos animais, peando-os, ou pé-e-mão. Azorrague de couro entrançado, valendo chicote para tanger rebanhos. Ver *Cabra de peia*.

Denominava no séc. XII em Portugal uma espécie de armadilha a laço, para caça do monte, veados, porcos, ursos. No foral da rainha Da. Teresa à vila de Ferreira d'Aves, em 1126, referindo-se ao fôro dos caçadores profissionais, dispõe: – "De venado qui mortuo fuerit *in peia*, aut in baraza, uno lombo". Baraza era armadilha de fios ou varetas flexíveis. *Peia* seria uma modalidade, utilizando o laço de couro. Imagem positiva de complicação e problema para livrar-se, ou resistência para sofrê-la.

CONDESSA

Ainda alcancei dizer-se *Condessa* às cestinhas de vime, redondas, chatas, com tampa, guardando objetos de costura. Minha avó materna, Maria Ursulina, (1835-1929), não empregava outro nome. "Lugar de carritel *é na Condessa*, e não em cima da mesa!".

O velho dicionário de Moraes registara *Condeça*, diferindo da *Condessa*, mulher do Conde. Frei Domingos Vieira unifica a grafia *Condessa*, e diz ser forma figurativa a denominação do costureiro. Santa Rosa de Viterbo esclarece, citando o verbo *Condessar*, guardar: – "D'aqui *Condessa* ou *Condessilho*, aquilo, em que alguma cousa se guarda". Nenhuma relação com o título nobiliárquico, mas o utensílio que reunia e guardava miudezas do vestuário.

GALINHA DOS PATOS

Puseram no ninho da galinha choca alguns ovos de pata. A ninhada, inquieta e viva, constou de pintos e patinhos, sem surpresa para a circunspecção materna. Uma manhã, ampliando-se a área do passeio, depararam um lago. Os patinhos lançaram-se n'água enquanto a galinha, alvoroçada, aflita, cacarejava pelas margens, julgando-os suicidas. Aplicam a imagem às pessoas desassossegadas, com visível perturbação angustiosa nos movimentos incessantes e agitados. Não é recomendável fixação de frases populares originadas de anedota incerta, no espaço e no tempo. Essa estória, porém, era vulgar no Nordeste, sertão e litoral, desde a segunda metade do séc. XIX, e seu emprego continua de uso normal pelo Povo dessa região.

CARCAMANO

Velha alcunha aos italianos merceeiros, notadamente vendedores de gêneros alimentícios. Acusavam-nos de ajudar o peso das compras pondo a mão na balança, empurrando-a para baixo. *Calca-a-mão, cárcamano*, por influência do idioma falado pelo vendedor. Tradicional a pilhéria de um freguês perspicaz ao *carcamano*: – "Agora embrulhe também sua mão que você pesou!".

Passou também a significar os vendedores ambulantes, sírios, em maioria.

A técnica é antiga. "E logo lhe perguntou mais o vendeiro *se calcara* com os dedos o fundo da medida de folha de Flandes em que media o azeite (Porque fazendo cova pela parte de fora no meio da medida, com o peso do licor se derrama e parece ao que compra que está cheia)": *Compêndio narrativo do peregrino da América*, (I, XVII, Rio de Janeiro, 1939. A primeira ed. é de 1728, Lisboa), de Nulo Marques Pereira.

POR UM TRIZ...

Por um fio, por um nada, na eminência de perda e desgraça. Quevedo, *Cuento de cuentos*, (Madri, 1626), zomba do vocábulo: – "No es el mundo tan grande como *tris*: todo está en un *tris*, ya no hay dos *trises*; estaban en un *tris*; estuvo toda la ciudad en un *tris*; todo el reino estuvo en un *tris*. Y espantaránse de que la fénix sea una, siendo el *tris* uno siempre?".

Propõe-se *triz*, do grego *thrichos*, trixos, cabelo. Seria aproveitamento, milenar, do episódio de Damocles, louvador de Dionísio da Siracusa, jantando com uma pesada lâmina sobre a cabeça, presa *por um fio* de crina de cavalo. Ensinava-o Dionísio a tranqüila felicidade dos "tiranos". A anedota foi divulgadíssima desde o séc. V. antes de Cristo. Dizem também: – *Por um fio*...

DOER O CABELO

Pressentimento, agouro, advertência premunitória de ato ou presença futura.

– *Logo me doeo o cabelo*, diz o velho Calidonio, na *Comédia de Bristo*, (VII, 3º, Lisboa, 1622), do Des. Antonio Ferreira, (1528-1569). O cabelo tem extensa documentação supersticiosa.

Doer o cabelo, era, na Roma antiga, aviso da vinda de Proserpina, para cortar uma madeixa ao moribundo, desligando-o dos liames do corpo. Constituía anúncio de desgraça ou sucesso desagradável a sensação misteriosa do puxão na cabeça, prenúncio do gesto da rainha do Hades, o Inferno pagão.

Os séculos desfizeram a crendice mas não a referência, ainda contemporânea.

BOA PESETA!

Boa Bisca, Boa Pedra, Boa Peça, Boa Chita! Finório, malandro, espertalhão.

Pereira da Costa registou como "indivíduo de mau caráter, velhaco, tratante", nos jornais do Recife de 1845 e 1847. Em Portugal é o malicioso, pérfido, velhaco (Domingos Vieira).

Porque a moeda espanhola permite esse troco sinonímico, é que não sei... Moeda falsa, valor fictício.

NÃO ENTENDO PATAVINA

Nada compreender, não perceber o significado ouvido ou lido. Linguagem ou texto inassimiláveis, inúteis para o conhecimento.

A explicação tradicional é que Tito Livio, nascido em Patavium, Padova, Pádua, usara latinidade incorreta, peculiar a sua terra, constituindo o *Patavinismo*, erros reprovados por Asinius Pollion e Quintiliano, presentemente sem identificação por ignorarmos os modismos da Gália Cisalpina. Adolfo Coelho em Portugal, Castro Lopes e Antenor Nascentes no Brasil aceitaram a interpretação. Não entender o *Patavino*, isto é, a Tito Livio.

Na Itália e França conservam *Patavinité* e *Patavinitá*, mas não *Patavina*, presente no vocabulário da Península Ibérica, no sentido de incompreensível.

Não seriam os reparos gramaticais a um historiador, do tempo dos imperadores Augusto e Tibério, fontes criadoras da frase resistente e popular em Portugal e Brasil, quase vinte séculos depois. Ficariam adstritos às áreas letradas.

Creio mais plausível que a imagem verbal formar-se-ia em Portugal ouvindo-se a linguagem portuguesa deturpada pela prosódia paduana, divulgada pelos mercadores, e, desde o séc. XIII, pelos frades franciscanos patavinos. A intercomunicação era normal. Santo Antonio de Lisboa é o mesmo Santo Antonio de Pádua.

Dicant Paduani...

A TERRA TE SOVERTA!

Praga popular e comum entre gente velha e humilde, fiel ao antigo vocabulário.

Soverter é afundar, sumir, soterrar-se. As imprecações posteriores excluem a Terra, incluindo o Diabo. "Satanás te soverta pras profundas!". O tipo primitivo não aludia ao Demônio, e sim a Terra como entidade viva.

É uma visível reminiscência da revolta de Coré, Datan e Abiram contra Moisés, castigados pela Terra que se fendeu e tragou-os, sovertendo-os, com as famílias e tendas: (*Levitico*, 16, 31-33).

Ficou um bolo!

É a imagem vulgar dos corpos contusos, amassados por golpes sucessivos e violentos. Desfigurados pelas concussões. "Que aborrecida de que a tocasse cada dia, quando passava, se deyxou cair sobre elle, & *o fez em hum bollo*": (D. Francisco Manoel de Mello, *Visita das fontes*, Lisboa, 1657). "O automóvel pegou-o, deixando-o feito um bolo!",

Era aplicação do esquecido verbo *abolar*, tomar a forma de bola, arredondar.

Camões, *Lusíadas*, 3, 51:

– mas o de luso arnês, couraça e malha,
rompe, corta, desfaz, *abola* e talha.

A sugestão popular julgava originar-se da redondez dos bolos festivos e saborosos, trazidos ao Brasil pela tradição doceira de Portugal.

Arrotando importância

O arroto é índice de repleção. Denúncias das laboriosas e lentas digestões. Também de falsa ostentação. *Comer cação, arrotar xaréu*. Tobias Barreto lembrava os que comem em francês e *arrotam alemão*. Comer sardinha, arrotar tainha, dizem em Portugal.

Mas não é, tal e qual o povo usa, *arrota*r mas *alrotar*, segundo a lição de Viterbo no *Elucidário*.

— "*Alrotar*. Desprezar com soberba, e arrogância, presumir de si com altivez, jactar-se, e engrandecer as suas cousas com orgulho, e sem verdade. Hoje (1798) se toma por insultar, ou encarnecer de alguém; por jactar-se, e presumir de si, assoalhando com vangloria as suas obras, virtudes e talentos".

Tal e qual.

RONCA

Maldizer, detratar, difamar, fazer má-ausência. "*Meteu a ronca no Ministro...*" *Tempo do ronca*, velho Tempo dos homens graves, falando grosso e pausado, como em junta do Conselho do Paço Real. "Ela só gosta daquelas besteiras do *tempo do ronca*": (César Coelho, *Strip-tease da cidade*, Fortaleza, 1968). *Ronca*, roncar, é o palavreado agressivo dos fanfarrões atrevidos, com ademanes de independência e altivez. Assume a voz o timbre cavernoso e soturno, fingindo circunspecção e gravidade na exposição mentirosa. Esse ronquido burlão sugere o som das nossas cuícas ou puítas, ditas *roncas* em Portugal. "Falemos, então, nos caboclos, *metamos a ronca* no capitão grande": Araripe Jr., (*Lucros e perdas*, Rio de Janeiro, junho de 1883).

CABRA DE PEIA

Cabra é o mestiço de negro e mulato, impulsivo, valentão, astuto, cachaceiro, devoto de balbúrdias e arruaças. "Não há cabra bom nem doce ruim".

Peia é o azorrague de couro, entrançado, findando em nós, o famoso *nó de peia*, que o famanaz obrigava a vítima a beijar, depois de surrada. Utensílio com que os tangerinos mantém a ordem os rebanhos conduzidos às feiras. Andam a pé, ladeando os animais, basofiando proezas imaginárias. Pabulagens.

O nome é dado também aos moleques vivendo ao redor dos engenhos de açúcar e fazendas de gado, meninotes e rapazes desocupados e atrevidos, corrigidos e afastados a *peia*. O Povo considera o *Cabra de peia* da mais baixa extração moral, vadios, turbulentos, cobardes, larápios.

> – No canto onde eu dormir,
> Em quarto parede-meia
> Não entra "bêbo" valente
> Nem pisa *Cabra de peia*.

DOIS BICUDOS NÃO SE BEIJAM

Imagem incompreensível quando não aplicada às aves de longos bicos e sim às criaturas humanas. Dois obesos é que não se abraçam.

Bicudo possuiu, pelo antigo Nordeste, várias significações. Era o escravo importado clandestinamente da África, também dito o *Meia Cara*. Designava os punhais e as facas-de-ponta, estas bicudas, feitas na povoação do Pasmado, perto de Igaraçu, em Pernambuco, já famosas em 1810, no tempo de Henry Koster.

Bicudo era o valentão inseparável da *bicuda*, afiada e longa, o *ferrofrio* dos duelos furiosos nas feiras e bodegas. Cabra *bicudo*, mal-encarado, pouca conversa, topando tudo.

Esses *bicudos* não se beijavam ...

UMA "SENHORA" FEIJOADA

É classificação popular das coisas avantajadas; volumosas, agradáveis. Nas petisqueiras, casas de pasto, restaurantes baratos no largo da Carioca e praça Tiradentes, no Rio de Janeiro, era a prazeirosa saudação com que os portugueses de outrora, de grandes bigodes e pulsos cabeludos, recebiam os acepipes encomendados. "Cá está o *senhor* Caldo Berde!". "Ora, enfim, cá temos a *senhora* Bacalhoada!", quadros evocados por Luís Edmundo: (*O Rio de Janeiro do meu tempo*, I, 1938). De sua contemporaneidade atesta o jornalista Octávio de Castro Filho nas reportagens aos ambientes militares: (*Correio da Manhã*, 18-8-1957): – "A seguir, com o convidativo cheiro da "bóia", chegamos até a cozinha, onde o mestre-cuca com uma *senhora* colher mexia o arroz da não menos *senhora* panela".

Antiguidade e uso portugueses afirmam-se no *Elucidário*, de frei Joaquim de Santa Rosa de Viterbo, escrevendo à volta de 1795: – "No de 1228 fez esta *senhora* doação, não só de Villa-Franca de Cira, mas ainda de todos os seus muitos bens". Referia-se a D. Sancho I, segundo Rei de Portugal.

TOPO!

De acordo, combinado, aceito. "Vamos, domingo, passar a manhã na praia? – Topo".

Termo de jogo de que não conheço menção anterior a 1920, no plano divulgativo. Apostar firme a parada, aceitando as condições da "banca". Antes, por influência do ciclo pastoril, a imagem referia-se a esbarrar a investida do touro com a vara de ferrão, ferindo-o na testa. Topar touro. Quando diziam – *aquele topa!* subentendia-se o destemor vaqueiro. Hoje, *topar qualquer parada* tem outras dimensões funcionais.

Nas últimas décadas do Império, *topar*, *topada*, era pecar contra o sexto mandamento. Na cidade do Caicó, Rio Grande do Norte, dizia-se:

> – Todos topamos
> No Caicó,
> Menos o padre
> Qu'é o peor!

QUEIROZ, PAGA PRA NÓS...

Queiroz é o *pagante*, coronel, padrinho, satisfazendo a despesa nos cafés e restaurantes baratos, entusiasmando o grupo folião. Recusa *fazer vaca*, ajudado por todos, ou a *inglesa*, cada qual paga a sua. Mereceu popularidade até a primeira década do séc. XX mas não abandonou a circulação vulgar, reaparecendo nas citações das rodas boêmias.

A origem é um personagem da revista teatral *Pontos nos II*, de Vicente Reis e Moreira Sampaio, levada à cena no Rio de Janeiro em maio de 1895, e divulgada noutras províncias pelas companhias ambulantes. A figura alacre do protagonista fora criada pelo ator João Augusto Soares Brandão, o "Popularíssimo". Desse artista, escreveu Lafayette Silva, (*História do teatro brasileiro*, Rio de Janeiro, 1938) : – "Foi o ator que maior influência exerceu sobre a platéia do Rio de Janeiro, não pela espontaneidade da sua graça, mas pela originalidade dos seus processos de agradar. Nenhum artista entusiasmou mais o público. Parava-se na rua para ver passar o Brandão!...".

O *Queiroz, que paga p'ra nós*, na sua jubilosa prodigalidade, derramou-se pelo Brasil inteiro.

E ainda não morreu...

PRETO NO BRANCO

Preto no branco é o documento escrito, promessa ou acordo, valioso pela escritura. *Tinta e papel*, como se dizia no séc. XVIII em Portugal.

Antigamente a frase era *cum cornu et cum alvende* (ano de 870).

Cornu era o tinteiro, comumente de chifre. *Alvende* o alvará, rescrito, decreto. *Cum cornu et alvende* significava diploma escrito e com assinatura ou chancela da autoridade legítima. Declaração de direito positivo.

Preto no branco, parece-me locução brasileira e do séc. XIX.

HOMEM DE BOA FÉ

Presidia as relações públicas dos Povos e as transações privadas dos indivíduos. Garantia das estipulações verbais. *Bona Fides*, tinha templo no Capitólio, com festa no primeiro dia de outubro em Roma. Fundamentava os compromissos, juramentos, promessas. Sem a *Fides Publica*, a *fé pública* simbolicamente existente, seria impossível a convivência social. *Prometer p'ra faltar* constituía sacrilégio. Figurava nos velhos contratos do séc. XIV, "Prometemos ha attender, e a guardar a boa fé". Viterbo informa: – "Antigamente se reputava pela maior pena, injúria, e afronta, o não ser tido por *homem de boa fé*". Caracterizava "o sujeito de pessoa de bem". Imperdoável, a Má Fé.

O *homem de boa fé* contemporâneo é o crédulo, simplório, ignorando astúcias e maranhas dos *sabidos*, espertos, cínicos, invariavelmente vitoriosos. É atenuante difícil na prova judiciária.

A imagem segue o destino milenar, intacta na essência, inoperante no entendimento julgador. É uma triste desculpa, a sentença de Cícero: – *Justitia in rebus creditis*.

Ora, Boa Fé!...

ANDA NUM CURRE-CURRE

Apressadamente, em movimentação viva, incessante. Julga o Povo significar *Corre-corre*.

É um velhíssimo jogo português em que um parceiro deverá adivinhar o número de pinhões, avelãs, etc., que o companheiro ocultou na mão fechada, dizendo: *Curre-curre!* Respondia-se: – *Eu entro*. Perdia a parada não acertando a quantidade escondida.

Foi uma paixão desde o séc. XVI. As *Ordenações Afonsinas*, (V, 41, § 11), proibiram: – "Mandou que nenhum nom jogasse dinheiros secos, nem molhados... nem a outro jogo, *que ora se chama Curre-curre*".

Veio para o Brasil o *Curre-curre* valendo urgência não jogo, cuja existência ignoro entre brasileiros.

É UM SENDEIRO!

É a criatura imprestável, lerda, preguiçosa, estúpida, incapaz de solidariedade emocional. A imagem é o quartau vagaroso, tungão, insensível às pancadas, arrastando os ossos nas velhas estradas de poeira e sol, na andadura impassível e maquinal. Animal de manejo cansativo, não o valorizava a tradição dos serviços no trânsito difícil quando os caminhos não existiam. Irritava aquela impressão imóvel de fadiga permanente.

Esse mesmo conceito viera de Portugal, onde o *Sendeiro* era execrado pelos tropeiros. Nas *Ordenações Afonsinas* (V, 119, § 21), dispunha-se: – "Não andem de muas, nem facanees, *nem em sendeiros*; senom quem quizer andar de bêstas de sella, ande de cavallo... ou em potro de dous armas acima, que seja de boa levada". Viterbo comenta, (1795): – "Esta lei do Senhor D. João I, tinha por fim multiplicar os cavallos de boa raça, que podessem servir na tropa. El-Rei D. Affonso V concedeo mulas a varias pessoas, a quem d'antes eram prohibidas. E finalmente a liberdade sem limites, que nas Côrtes de Thomar se concedeo, para que cada qual usasse das cavalgaduras, que quizesse, atirava sem duvida a destruir a cavallaria portugueza, *consumindo os sendeiros*, e bêstas de pouco prestimo o que deveria manter cavallos generosos para a guerra".

Esse processo eliminador do *Sendeiro*, inservível para a Cavalaria senhorial nos sécs. XIV e XV, explica-se pela finalidade militar e não econômica. Valia pela resistência, frugalidade, nenhuma exigência no trato. Animal de carga e não de cavaleiro de elmo e lança.

Os muares sofreram campanha idêntica e mais decisiva. A Carta Régia de 14 de junho de 1761 proibia o despacho de mulas ou machos, mandando que fossem mortos os que entrassem para o Estado depois da publicação da lei e que ninguém mais os pudesse possuir.

O *Sendeiro* era o cavalo que marchava nas sendas estreitas, comportando o único viajante, concedendo passagem apenas a uma alimária carregada pela picada, vereda, atalho escabroso. Tivera o *Sendeiro* nome dessas ásperas travessias, provando préstimo ignorado pelos homens de escudo e pendão.

É a mesma incompreensão desprezível do motorista de caminhão para o carreiro humilde e secular dos carros-de-bois. Quando falta a gasolina, voltam a servir na manutenção dos motejadores. É o cúmulo do ridículo – *cair de sendeiro magro...*

DAR A VIDA

Morrer por alguém, Família, Pátria, Ideal, é imagem da suprema dedicação voluntária. O Povo perdeu o conteúdo real da frase. Crê tratar-se de uma demonstração do amor absoluto. Prova indiscutível da unidade simbólica, expressa na renúncia vital. Nenhuma outra alcança a sublimidade integral. Valério Máximo reuniu exemplos clássicos. Essa é a face exterior e visível da oblação. Morrer por alguma coisa é dar a mais alta valorização ao objeto motivador do sacrifício.

O conceito religioso na Grécia e Roma possuía significação mais poderosa e valores com outras dimensões espirituais. Dar a Vida era prolongar a existência de quem merecera a imolação alheia. Os romanos diziam *Vicaria Mors*, quando procuravam a morte nas batalhas ou suicídios em benefício de uma outra existência condenada. O rei da Tessalia, Admeto, viveu porque a esposa Alceste dera sua vida para aumentar a dele. Na Rússia Imperial cantavam o *Bojé Tsaria khrani*, a vida pelo Tsar! Os Papas Pio XI e XII, *se fama est veritas*, tiveram maior duração física graças à veneração dadivosa de velhos devotos, renunciando em favor dos Pontífices quanto lhes restaria de permanência na Terra. A Vida doada, com a intenção mirífica da transmissão, operava o reforço mágico, afastando o prazo fatal do falecimento. Os heróis romanos sucumbiam espontaneamente vencendo os agouros que ameaçavam Roma. A Vida não se extingue, transfere-se.

Vicaria Mors...

DEIXE DE ALICANTINAS...

O vocábulo está em todos os dicionários brasileiros valendo fraude, astúcia, trêtas, manhas, marósca, trapaça. Em Portugal *alicantinador* e *alicantineiro* são os que empregam a técnica da pérfida retórica.

Pelo Nordeste do Brasil, *alicantina*, no singular e plural, tem sinonímia mais ampla, valendo insistência, inportunação, teimosia, sempre no plano da loquela capciosa. O homem do assunto-único na conversa é o melhor exemplo: – "Lá vem Vicente com a *alicantina* dos versos concretistas!".

Alicantinas, de Alicante, dizem semelhantemente na Espanha. Gabriel Maria Vergara Martin, (*Refranero geográfico español*, Madri, 1936), informa: – *No me vengas con alicantinas, o venirse con alicantinas*. Esta frase tiene su origen en los pretextos de que se valen siempre los naturales de aquel país para eludir el cumplimiento de sus contratos comerciales. "No me vengas (o venirse) con alicantinas" equivale a decir que no se admiten excusas para evadirse del cumplimiento de algo. Tal vez en la famosa *fé punica* esté el fundamento de la frase citada; porque los ascendientes de los alicantinos aprendieron de los cartagineses a no cumplir bien sus compromisos mercantiles".

Passou a fama a Portugal e veio a locução para a contemporaneidade brasileira. "Não venha com alicantinas... Deixe de alicantinas...". Afrânio Peixoto, (*Sinhazinha*, 1944), regista *Lacantina*, valendo na Bahia desordem, arrelia.

USA ESCRAVA DE OURO!

Sinal de luxo, ostentação de posse farta. Viterbo regista *Esclavagem*: – "Adorno, ou adereço mulheril, a modo de cadêa que as mulheres traziam ao pescoço, com duas, ou mais voltas de perolas ou diamantes, e também de outras missangas de menos preço, como granadas, avelórios, etc.".

Essa *Esclavagem* não se aclimatou no Brasil entre a multidão de jóias do séc. XVIII. Populares foram, e continuam sendo, as *Escravas*, de cobre, latão, prata ou ouro, pulseira e não colar, em forma de elo de algema. Daí o nome. Eram braceletes maciços e os de ouro relativamente caros para a modéstia de certas classes, mordidas de vaidade.

Reminiscências das manilhas orientais, *malengas* e *mulungas* africanas. Séc. XVI. Pela largura e brilho, a *Escrava* provocava atenção cobiçosa. Hoje existem de todos os tipos, banalizadas em matéria-plástica, leves e sem a expressão da velha beleza ornamental.

CHUCHA CALADA

À socapa, em silêncio, às caladas, mudamente. Corresponde ao *comer calado*. João Ribeiro, (*Frases feitas*, II), explicava: – "*xuxa calada* que deriva de *chuça calada*, isto é "baioneta calada", como hoje se diz, e era o chuço espetado no arcabuz ou espingarda. A *chuça calada* significava, pois, o ataque sem dar tiro, conseguintemente silencioso".

No comum diz-se *chuço*, do cast. *chuzo*, embora haja *chuça*. Não conheço *chuço calado* mas *chucha*, de chupeta, bico de mamadeira que a criança *chucha*, chupa, mama, para aquietar-se, vale dizer, calar-se. O Dicionário de Caldas Aulete, (1884, 2ª ed. brasileira, 5ª, Rio de Janeiro, 1964), registra "*chucha calada*, (loc. fem. adv.), dissimuladamente, a socapa, sem ninguém perceber, em silêncio". O *Pequeno dicionário brasileiro da língua portuguesa*", (9ª ed.), divulga essa acepção. A locução não alude às armas de ataque mas a um processo de sossegar rebeldia menina. Quem mama não grita.

Referindo-se aos holandeses entre os quais vivera, (1792-1797), Filinta Elisio desabafava: – "É o divertimento dos taes Piugas, nos domingos e festas de manhã, ir ás bodegas da estrada, que lhes servem de parreiral, tomar uma ou duas cachimbadas de tabaco, *á chucha calada*": (*Obras*, III).

COMIDO DA LUA

Distraído, alheiado, displiscente, desinteressado. *Comido da lua* é o coco, (*Cocos nucifera*) sem o miolo carnoso. Apresentando a amêndoa reduzida, seca ou mutilada. Miolo é sinônimo popular de cérebro, imagem do juízo.

RAIO DE CELEBRINA

Escreve-me Théo Brandão, de Maceió, (15-1-1969) : – "Há muito tenho vontade de saber a origem da expressão popular – *Raio de Celebrina*. "O menino é um raio de celebrina!". Você que anda pegado no assunto não poderá escrever sobre ele? Uma vez ouvi que havia umas lanternas a álcool muito luminosas, chamadas *Cilibim* (assim me pronunciou o informante). Também sei que Calaed Bean é marca de lanternas de automóvel que se vendem nas casas do gênero. Algumas relações entre elas e o nosso *Raio de cilibrina?* Aí fica o problema".

Celebrina, evidentemente, é cerebrina, cerebrino, no sentido de imaginação, extravagância (Antenor Nascentes), desassossego, inquietação.

Daí o celebrento, agitado, bala-doida, buliçoso, traquina, aplicado às crianças. Para o Povo a imagem mais expressiva de rapidez imprevista é o raio. *É um raio!* traduz a impressão, fulminante e brusca. O *Raio de Celebrina* explica o ato impetuoso dos meninos peraltas. Uma força interior impulsionante, projetada da *caixa do juízo*.

Celebrina é a matéria azotada do cérebro, a *matéria branca*, de Vauquelin. Cerebrosida, princípio graxa no tecido cerebral.

COMENDO COCO

Despercebido, indiferente, ignorando o ambiente, entretido noutra ocupação, às vezes de importância inferior. "O que admirava é como Levinda, 'vaca velha parideira', andasse no caso com os beiços com que mamou, comendo coco... Tinha graça!": (De Campos Ribeiro, *Gostosa Belém de outrora*, s. d.). Corresponde ao *chupando rapadura*, dos sertões nordestinos. "A filha grávida e ele *chupando rapadura*, nem como coisa!". Refere-se ao pedacinho de coco dado à criança para que se entreta e não perturbe o ritmo do trabalho doméstico.

TEMPO DOS AFONSINHOS

Locução popular em Portugal, referindo-se à época em que vigorou a *Lei das sete partidas*, de Afonso X, *el-Sabio*, de Castela e Leão, (1253-1284), mandada adotar pelo seu neto, El-Rei D. Diniz, (1281-1325), no território português. As primeiras coleções de leis foram as *Ordenações Afonsinas*, terminadas em 1446, e publicadas na menoridade do Rei Afonso V. Referência a uma época indeterminada, distante, longínqua. Seis soberanos tiveram nome de Afonso em Portugal, o último em 1656-1683.

CABEÇA DE TURCO

Teimoso, obstinado, resistente. "Já expliquei várias vezes mas ele é *cabeça de turco!*". Recordação dos janizaros indomáveis e fanáticos. "Turcos", hastes de ferro encurvadas, com roldanas, na amurada dos navios, para suspender o escaler.

PARA INGLÊS VER

Gestos, manobras, movimentos simulados, de fingimento, visando ao efeito momentâneo para determinada entidade. Burla intencional. A tradição é ter sido frase do Príncipe-Regente D. João, na noite de 22 de janeiro de 1808 na Bahia de Todos os Santos. A cidade do Salvador iluminara-se em homenagem ao soberano e este, indicando a nau do almirante Jervis, comboiando sua frota, rumo ao Rio de Janeiro, teria dito: – *Está bem bom para o inglês ver!* Demonstrava que o Brasil o aguardava festivamente. Eloy Pontes, (*A vida contraditória de Machado de Assis*, Rio de Janeiro, 1939), regista outra origem, bem posterior: – "Os navios ingleses, em cruzeiros permanentes nas costas brasileiras, combatiam o tráfico. Mas, os contrabandos eram pertinazes. Todos os dias transpunha a barra um navio nacional, à caça dos navios negreiros. Os contrabandistas, porém, tinham meios de escapar às vigilâncias. O povo irônico, cada vez que um navio passa o Pão de Açúcar, diz : – *É para inglês ver...* A frase ficou. Ainda hoje perdura".

O HOMEM DA CAPA PRETA

Procurar o homem da capa preta, branca, cinzenta, parda, é expressão não vulgar nem morta, indicando personagem de identificação difícil. Designar alguém pelo simples pormenor indumentário comum, é bem fraca característica. Pelo uso habitual de capas, até princípios do séc. XIX, não seria elemento capaz de distinguir o seu portador. No *Dicionário de Moraes* há o registo: – "*Buscar o homem da capa preta*, ou parda; isto é, o que se não pode achar, ou distinguir por um sinal tão equívoco". Será procurar no Rio de Janeiro o homem moreno ou a mulher loura.

PASSAR A PERNA

Vencer, ludibriar, ganhar promoção, obtendo posto com preterição de alguém. "O candidato natural era Zebedeu mas Vicente *passou-lhe a perna*". Termo de equitação: cavalgar, montar, dominar. *Passou-lhe a perneta*, no mesmo sentido. Perneta, perna reduzida, mutilada, capenga. Ver João Ribeiro, *Frases feitas*. (37-40, 2ª ed. 1960), *perneta* por *planeta*, bom ou mau signo.

DE CANTO CHORADO

Trazer alguém de *canto chorado* é amofiná-lo com insistentes lamúrias, incessante peditório em tom choroso, inacabável, confidenciando desgraças quase sempre imaginárias, destinadas a provocar a piedade rendosa. Referência aos salmos e responsos outrora entoados durante a marcha do cortejo no sepultamento cristão. *Canto chorado* das antigas Carpideiras, pranteando, mediante salário, o defunto alheio. O Canto-Chão dava ao Povo uma impressão soturna de majestade lúgubre. Guaiar. Cantar guaiado.

MACACA

Não parece *Morte macaca* originar-se de *Morte macabra*, mas simplesmente recordar os trejeitos, convulsões, estertores do animal em agonia. Moraes registara como *desgraçada*, e Domingos Vieira, *morte violen-*

ta, apressada. O vocábulo, que nos veio dos Galibis das Guianas, era *Macaca*, (Theodoro Sampaio). Pela terminação, o português julgou-o feminino, concordante com o gênero de *Morte*. É pouco usado no Brasil letrado e menos no popular. Em Portugal era mais corrente, séculos XVII e XVIII. *Macaco*, até o tempo do Rei D. José, dizia-se na voz portuguesa, *Bugio*. Deveria referi-se a *Morte macaca* à forma dos monos perecerem quando feridos, ao inverso do trespasse resignado e calmo, por todos desejado. Ao contrário da *morte de passarinho*, serena e rápida. Seria, inicialmente, *Morte de Macaca*, sucumbir como ela, caçada a tiro de pedra, flecha e bala. *Macaca* passou a ser Infelicidade, Desgraça, Infortúnio. *Sorte macaca! Trepou-se a macaca na vida! Está com a macaca nas costas!* Quando alguém resiste ao Insucesso, obstinando-se na reincidência, diz-se: – *Pegar no rabo da macaca!* Remar contra a maré.

No Brasil é vulgar a *macaca*, chicote de couro entrançado, com o cabo curto, destinado aos animais de tração e outrora aos escravos-de-eito, nos serviços rurais. Chiquerador. Bacalhau. Peia. O Calabrote não tinha cabo, no velho tipo das punições marinheiras, mas também foi sinônimo brasileiro do azorrague. Em Portugal não existiu *macaca*, arma de castigo.

A *macaca* é o instrumento dos carroceiros. Em junho de 1960 estive em Aracaju, participando das comemorações ao centenário de João Ribeiro. O senador Leandro Maciel foi um *ciceroni* incomparável. Conhecia toda a gente. Viu-o abraçar, dialogando afetuosamente, um carroceiro, a quem perguntou se ganhara bem o dia. O homem respondeu: – *Não tirei a macaca do ombro!* Não fizera carreto algum. O chicote, alertador do burro, estava rente ao pescoço do guia, o cabo pendente do peito e o relho descendo pelas costas. Não aparecera ocasião de funcionar a *macaca*, trepada no seu ombro.

Dessa imagem, certamente secular e comum, não partiria o *Folclore da macaca*, sua parança valendo miséria? Serão duas as locuções: *Morte macaca*, evocando a tragédia da símia, e *Macaca*, sorte, êxito, contrariados. Provirá, esse último, do chicote inútil por falta de ocupação, consequentemente, penúria na humildade da féria diária.

Tirar a macaca das costas é anúncio de trabalho remunerador. *Pegar a macaca pelo rabo* é repô-la ao ombro, continuando a profissão, teimando na esperança da subsistência. *Dar um tiro na macaca*, ficar sem casar. Perder as esperanças.

Não se conhece a etimologia de *Macaco*, mas sabe-se provir, *macabro* do árabe *maqbara*, túmulo, cemitério.

SANGRIA DESATADA

Popular na forma negativa – *Não é sangria desatada*, valendo, não há urgência, pode esperar. A sangria *desatada* é a fleborrexis, hemorragia espontânea ou provocada pela incisão demasiado profunda, determinando cuidados imediatos para detê-la. A Flebotomia, dogma de séculos, era remédio natural e comum no mundo inteiro, pois "ainda é maior a utilidade que se tira, do que a ofensa, que se teme", ensinava o doutor Braz Luís de Abreu, (*Portugal médico*, Coimbra, 1726), famigerada glória na época. Santa Teresa de Jesus, em novembro de 1576, escrevia a Priora de Valladolid, madre Maria Bautista: – *Es verdad que poco la rogué el otro dia en una carta que no se sangrase más! Yo no sé que desatino es el suyo, aunque lo diga el medico.*

TEMPO DO REI VELHO

Referência à época em que residiu no Brasil o Príncipe Regente, depois D. João VI, de janeiro de 1808 a abril de 1821. Antes governara D. Marcos de Noronha e Brito, conde dos Arcos, 15º e último Vice-Rei. Depois do Rei Velho, ficou seu filho primogênito, D. Pedro, Príncipe-Regente, em outubro de 1822, primeiro Imperador do Brasil.

TEMPO DO ONÇA

Ainda popular. *Tempo do onça*, e não *da Onça*.
Alfredo de Carvalho, (*Phrases e palavras*, Londres, 1906), sugere a locução relativa ao Sargento-Mor José Correia da Silva, chefe do policiamento militar no Recife, 1787-1811, apelidado o *Onça* pela coragem pessoal e violência do temperamento. Também o Rio de Janeiro possuiu o

Governador Luís Vahia Monteiro, 1725-1732, cognominado igualmente o *Onça*. João Ribeiro negava que a *fama insignificante* do primeiro alcançasse a expansão quase nacional do cognome, mas não recordou o segundo, possível responsável pela imagem. Gastão Gruis, (*Aparência do Rio de Janeiro*, I, 150, 1949), escreveu sobre o Capitão-Mor Vahia Monteiro: – "*Onça*, apelidaram-no os cariocas e eu, quando menino, ainda ouvi muitas vezes estas expressões, hoje quase em desuso: – 'Isto é do tempo do Onça', 'ele tem idéias do Onça', para tachar qualquer coisa ou qualquer propósito de carranca e fora da atualidade.". O velho *Onça* escreveu ao Rei D. João VI: – *Nesta terra todos roubam. Só eu não roubo*. Era mesmo do Tempo-Antigo. Está sepultado na igreja do convento de Santo Antônio. Do uso em Pernambuco atesta Alfredo de Carvalho, (*opus cit*): – "Ouvida atualmente com pouca freqüência, esta expressão foi vulgaríssima entre os nossos avós e era pronunciada a miúdo pelos nossos pais. Sempre que pretendiam assinar a um fato, insólito nos seus dias, à época em que poderia ter ocorrido sem suscitar grave escândalo, usavam dizer, com entonação de surpresa: – '*Isto só no tempo do Onça!*' e empregava também a mesma locução para atribuir a um sucesso data assaz remota, numa idade de escura barbária". Seria referência ao *Onça* pernambucano.

TEMPO DA AMOROSA

"Épocas passadas, remotas, longínquas; bons tempos, tempos saudosos, que já não voltam". "No meu *tempo* (da amorosa), Se cria mui piamente, Que era o Rei sempre inocente. Do desgoverno do Estado!". (*A carranca*, nº 6, de 1847. "Ah! *tempo da amorosa*! época do bacamarte! Tuas leis eram mais salutares": (*A derrota*, nº 5, de 1883).

"Bons *tempos da amorosa*, em que a moça que não usasse bandó e anquinhas não era elegante": (*Pernambuco*, nº 49, de 1914). *Amorosa* era uma ária que teve grande voga na metrópole em primórdios do século XVIII, e que Bluteau diz, contemporaneamente (1727), que é uma "Peça, que se toca na viola, ou outro instrumento de cordas; é muito suave e grave". Vem daí portanto a locução. Pereira da Costa, *Vocabulário pernambucano*, Recife, 1937.

BIRUTA

Doidivana, estouvado, inquieto, amalucado. Locução moderna, de aplicação recente, datando da vulgarização dos aeródromos no Brasil. O Ministério da Aeronáutica é de 1941. Sacola de tela, de forma cônica, alongada, utilizada para indicação das correntes aéreas. Colocada no alto de edifícios nos aeroportos e campos de pouso. O vento, enchendo o invólucro fá-la deslocar-se incessantemente, orientando a posição dos sopros. Como a *Biruta* jamais está imóvel, sugeriu a imagem para os desassossegados. De *by route*.

O comte. Graco Magalhães, (aviador desde 1939), responde a minha consulta em carta movimentada e sedutora (Natal, 9-IV-1969). "Em 1939 a palavra Biruta já corria na boca dos pilotos: – 'Campo ruim aquele, nem biruta tem...'. Mas não corria solto. Não se pronunciava 'biruta' na frente de moças pois na Sul era sinônimo de 'impotente': – *mole como biruta em dia sem vento*, dizia o gaúcho ao se referir à "frescura" de algum desmunhecado de então. Sou portanto levado a crer que o termo é anterior a Macaíba e conseqüentemente a Augusto Severo. E garanto que não existia o engenho lá em Bagatelle naquele 23 de outubro de 1906 quando a Europa se curvou ante o Brasil. Para mim o termo é oriundo da *campanha* do Rio Grande. O piloto militar o incorporou e o deixou adido a algum corpo de tropa como se efetivo fosse. E está hoje inteiramente assimilado por todos. Aviadores ou não.

Não creio que *by route* tenha algo a ver com isto. Em inglês a rota (*route*) antes de ser voada chama-se *true course*, (rumo verdadeiro) e já voada, ao passado, chama-se *track* (rota percorrida). Portanto não encaixa. Biruta em inglês é *wind sock* ou *wind cone*; em francês é *sac à vent*; em alemão é *Wind Sack*. Os alemães tinham nesta última guerra birutas indicativas de regiões perigosas ao vôo que chamavam de *Wind Sack für Gefahranzeige* (saco de vento para mostrar perigo). Em russo é *Portifel vietra*, literalmente 'saco de vento'. Acho que vou ficar por aqui. Posso não ficar biruta mas não quero, com perdão da má palavra, encher o saco de ninguém. Saravá!".

EMPRENHAR PELOS OUVIDOS

Em abril de 1966, no auditório do Colégio S. José, no Recife, dei um curso sobre Cultura Popular Brasileira, a convite da Universidade Federal. Na tarde do encerramento, dia 23, respondi às perguntas escritas. Duas referiam-se ao *Emprenhar pelos ouvidos*.

Quando preparava em 1959 o *Dante Alighieri e a tradição popular no Brasil*, (Pontifícia Universidade Católica do Rio Grande do Sul, Porto Alegre, 1963), andei às voltas com os vários tomos do *Dictionaire de theologie catholique*, de Vacant, Mangino, Amann, (Paris, 1935), emprestado pelo então Bispo Auxiliar de Natal, D. Eugênio Sales, hoje Cardeal Arcebispo-Primaz do Brasil. Lá encontrei, (Fasc. CXIV-CXV, col. 667), que Proclus, arcebispo de Constantinopla, em sermão pregado na presença do patriarca Nestorius, na noite de 23 de dezembro do ano de 428, afirmara ter Jesus Cristo entrado e saído do seio da Virgem Maria pela via auditiva. *Le Christ est sortie du sein de la Vierge comme il y est entré, par l'ouïe*. A tradição divulgou-se pela Europa e ainda Rabelais em 1534 utilizou-a, quando Gargantua *sortit par l'oreille senestre* da mamãe Gargamelle, nascendo *en façon bien étrange*. Fiel a essa concepção, de pleno séc. XVIII, na Igreja de Madre de Deus no bairro do Recife, há um painel no tímpano da primeira arcada à direita do altar-mor, representando a "Anunciação" conforme a doutrina velha de dezesseis séculos e meio passados: – o raio luminoso do Espírito Santo cai sobre a orelha esquerda da Virgem-Mãe, fecundando-a. Não recordo a decisão conciliar, mandando crer no nascimento do Salvador nos limites dos partos normais, negando ortodoxia ao que pregara o arcebispo Proclus na basílica de Santa Sofia. A superstição atravessou o milênio, e até recentemente, quase todas as religiosas, freiras, monjas, conservavam as orelhas ocultas pelas toucas, defendendo o estado donzelil, evitando a fecundação sobrenatural por meio de emanações, sonoridades, sopros, *sine concubitu*. Quem forma julgamento atendendo unicamente às informações orais, desacompanhadas de provas concludentes e positivas, *emprenha pelos ouvidos*.

A locução foi estudada, com documentária excelente, pelo Prof. Menezes de Oliva: (*Você sabe por quê?* Rio de Janeiro, 1962).

EM TEMPO DE MURICÍ

    ... *cada qual cuide de si*. Ainda vulgar. Tornou-se histórica por ter sido pronunciada pelo coronel Nunes Tamarindo, março de 1897, no final catastrófico da coluna Moreira César na campanha de Canudos: (Euclides da Cunha, *Os sertões*, 304, 25ª ed.).

    Estudou-a João Ribeiro, (A *língua nacional*, S. Paulo, 1921), dizendo *muricí* corrução de *morexi, morxi, murixi, mordexim*, a Cólera-morbo na Índia. Afrânio Peixoto, (*Miçangas*, Rio de Janeiro, 1947), concordou. A presença da epidemia anulava a solidariedade humana. Discordei, (*Folclore do Brasil*, cap. 8, Rio de Janeiro, 1967), evidenciando a inexistência do adágio em Goa e Portugal. Trata-se de anexim brasileiro, alusivo a uma fruta brasileira, Byrsonima crassifolia, H. B. K., uma malpiguiácea popularíssima, da Bahia ao Maranhão, constituindo o macerato, *cambica de murici*, um *alimento do pobre*: (Renato Braga, *Plantas do nordeste*, Fortaleza, 1960). Registei a longa documentária, desde o séc. XVI, com louvores em prosa e verso: Gabriel Soares de Souza, Willem Piso, Jorge Marcgrave, Frei Antônio do Rosário, Rocha Pita, Santa Rita Durão, e a página encomiástica do Prof. Renato Braga. Corresponde a locução ao rifão português – *Em tempo de figos não há amigos!* Murici e muruxi serão vocábulos homonofográficos, grafia e prosódia idêntica, significação diversa.

    Trate cada um do seu interesse e proveito durante a colheita dos muricis.

PRATOS LIMPOS

    Em prova notória, irrecusável. Mestre João Ribeiro sugeriu *em prata limpa*, do espanhol *en plata*, falando claro, sem equívoco, ambages. Creio originar-se do fato de haver o conviva consumido a ração que lhe fora destinada, deixando o prato sem vestígios de alimentos. "Ora não comi! *Deixei o prato limpo!*". A evidência afasta qualquer negativa. A questão *em pratos limpos* está resolvida, irretorquível, sem possível contrariedade. É uma das frases-feitas decorrentes da observação direta de atos comuns da vida quotidiana.

A INÁCIA

Praxe, rotina, ramerrão, registou o *Pequeno dicionário brasileiro de língua portuguesa*. Gíria marinheira, no tempo do Império. Por metonímia, a Disciplina, a repressão policial. *Está por conta da Inácia*, recolhida à prisão. Era referência à *Ordenança geral do serviço da Armada*, constantemente citada pelo almirante Joaquim José Inácio, (1808-1869), barão e visconde de Inhaúma, (1867 e 1868), Ministro da Marinha, (1861/62), primeiro Ministro da Agricultura, Comércio e Obras Públicas, (1861), exigente no rigorismo disciplinar, recorrendo infalivelmente e de memória à Ordenança. Os oficiais criaram a imagem humorística da Inácia, inseparável do almirante Inácio, apontada como sua legítima esposa. *Olhe a Inácia! Cuidado com a Inácia! Está na Inácia!* eram recomendações hilariantes na velha Marinha imperial: (Almirante Anfilóquio Reis, *Dicionário técnico da Marinha*, Rio de Janeiro, 1947). A *Ordenança geral* desapareceu mas a Inácia ficou.

BERNARDA

Revolta, intentona, motim, levantamento. João Ribeiro, (*Frases feitas*), julgava o vocábulo ter sido *tomado às bravatas do famoso Bernardo del Carpio, o invencível cavaleiro*. Pereira da Costa, (*Vocabulário pernambucano*), discorda. O espanhol usa *bernardinas* na acepção de mentiras, asneiras, parvoíces, e não bravatas ou insurreições. *Bernardinas* corresponde às portuguesas *Bernardices*, relativas à tradição, em parte falsa, da ignorância, simplicidade e toleima dos frades bernardos, beneditinos da reforma de S. Bernardo. Crê-se ainda que "Bernarda" ingressou nos dicionários portugueses indo do Brasil, onde já era corrente e vulgar em 1821, sempre ao redor dos movimentos populares da Independência. A origem, divulga Pereira da Costa, está numa frase de Tomás Antonio Vila-Nova Portugal, (1754-1839), Ministro de D. João VI, no Brasil, (1817-1821), denominando *Bernarda*, tolice, asneira, a revolução constitucionalista do Porto em agosto de 1820. Os jornais da época divulgaram o dito que se fixou no vocabulário popular. Essa explicação, comentando o apelido dado ao movimento do Porto pelo Ministro Vila-Nova Portugal, foi publicada no Rio de Janeiro em outubro de 1821. O verbete ingressou nos dicionários quase meio século depois.

MEIO LILI

Amalucado, pancada, azarento, caipora. Leon F. R. Clerot, (*Vocabulário de termos populares e gíria da Paraíba*, Rio de Janeiro, 1959), registou *Lilío*, feitiço, mau-olhado, *jettatura*, de uso geral. Já o ouvi no Recife, valendo maluco. No séc. XVI houve em Portugal *Lílo*, com aproximação sinonímica. Antonio Prestes, (*Auto dos dois irmãos*, Lisboa, 1587):

> – Vai, vai ler e dormirás
> que o teu miolo *anda lílo*.

É UM TRATANTE!

Desonesto, falso, não merecendo crédito. Até finais do séc. XVIII era o negociante, homem de *Tratos*, vendendo *em grosso* e não a varejo, contratador, caracterizado pelo interesse no tráfego das mercadorias, associação aos navegadores. *Il n'est peut-être qu'une seule catégorie d'hommes d'argent, qui, sous l'ancien régime, échappe à cette universelle médiocrité: ce sont les Traitants*: (Gabriel Hanotaux, *La France en 1614*). A incidência maliciosa, astúcia e tretas ardilosas nos *trautos* deram a transformação desmoralizante do vocábulo. *Tratante* é unicamente aplicado como injúria em Portugal e Brasil.

TRASTEJANDO

Hesitando, vacilante, indeciso, versátil, *negando-fogo*, retardando manhosamente o compromisso, *é-não-é*. Era o mercador de *Trastes*, mobílias velhas, utensílios domésticos. Em Portugal-Velho, *Trastejar* era negociar em coisas baixas, sem importância. Depois significou homem de má-conduta, de ação dolosa, infiel à palavra formal. "Agora Vicente Ramires, apagado e mortal, murmurou simplesmente: – *Que traste!*" (Eça de Queiroz, *Ilustre casa da Ramires*, 1897). No Brasil só o conhecemos nesse sentido. Jamais houve o *trastejar*-negociar. Na segunda metade do séc. XVII, Gregório de Matos versejava na Bahia:

> – Inda assim eu não soubera
> O como tens *trastejado*,
> Na banza dos meus sentidos.

Trasto é um pequeno travessão de madeira, dividindo o braço nos instrumentos de corda. Premer a corda sobre o trasto, muda o som. O sentido de Gregório de Matos era o mesmo: – a mutação da sonoridade na "banza", viola africana.

NOS AZEITES

Mau humor, excitação, neurastenia. Moraes anotara "estar bebado". "Toma-se à má parte", complementou Domingos Vieira. *Estar nos azeites* é rechinar na fritura, borbulhante no óleo fervente. *Estar fervendo* é locução idêntica. *Está nos azeites*. Sugere agitação, mobilidade, inquietação. *Fervet opus*, escreveu Virgílio, (*Georgicas*, IV, 169), do trabalho das abelhas. *Ferve a obra*, traduziu Manoel Odorico Mendes. O azeite é o veículo indispensável e popular na culinária portuguesa, transmitida ao Brasil do séc. XVI, *Estar nos azeites* subentende a situação movimentada e ardente. Antônima do *estar no gelo*. Ver p. 189.

CHEGAR AO REGO

Atender à razão, convencer-se, corrigir-se. Nas enxurradas, abrem fossos convergentes, encaminhando as águas ao rego-central da descarga, facilitando o escoamento da alagação. Aproveitamento das águas que escapam aos canais de irrigação, orientando-as pelas escavações provisórias ao rego-central condutor. Assim, as opiniões esparsas e divergentes reduzem-se à utilidade unitária pela persuasão ou energia do contraditor.

FACADA

É a dádiva de dinheiro obtida por insistente persuasão ou ademanes piedosos, confidência de penúria imaginária e ardilosa. O *Facadista* não usa de lâmina para esse cometimento e sim a linguagem irresistível e convencedora. Diz-se também *Mordedor*. É brasileirismo. Em Portugal, notadamente pelos finais do século XVIII e subseqüente centúria, a imagem era a *Sangria na veia d'arca*, a basílica, que passa pelo sangradouro do braço e é a fonte de onde retiram sangue para exames e local das famigeradas sangrias. Com esse nome é de fácil encontro na literatura picaresca portuguesa. Seria corrente no Brasil porque Moraes incluiu-a no seu Dicionário: – "Sangria – o que se tira a alguém com dolo, calote, ou astucioso constrangimento". Não registou a *Facada*, sinônimo brasileiro, e concomitante golpe, a *facadinha*, manhosa e fértil. E o agente, *Facadista*.

MORDEDOR

Parasito, vivendo de empréstimos jamais satisfeitos, contando falsa miséria e fazendo a diária *mordendo*, com o mesmo processo oral do *Facadista*, embora mais eloqüente. Inimigo irreconciliável do trabalho. As quantias conquistadas pela lábia têm denominações na gíria: – *mordida, dentadinha, dentada.* É mais vulgar no Sul que o *Facadista.* A técnica suasória do *Mordedor* é hábil e variada, inodora e rendosa como a dos morcegos. Os velhos dicionários portugueses não acolheram o vocábulo. Neni as primeiras edições do Moraes. Luís Edmundo, (*O Rio de Janeiro do meu tempo*, II, 1938), evocou Rocha Alazão, o mais famoso *Mordedor* da capital brasileira, funcionando na rua Gonçalves Dias, *mordendo* os freqüentadores da Confeitaria Colombo, que o imortalizaram.

REQUENTADO

"Amizade remendada, café requentado", recolheu Afrânio Peixoto. E o adágio português: – "Do amigo reconciliado e do caldo requentado, nunca bom bocado". A desconfiança nasce dos alimentos reaquecidos, julgados sem valor nutritivo.

> – *Coma frio*
> *Ou coma quente,*
> *Que o requentado*
> *Ofende a gente.*

Mesmo nos antigos cardápios médicos, como o *Arte com vida ou vida com arte*, (187, Lisboa, 1738) quer o doutor Manoel da Sylva Leitão livrar-se

> – *Do Médico novo, e desconhecido,*
> *E do comer duas vezes cozido,*
> *E da má-mulher,*
> *Libera nos, Domine!*

Insegurança nas reconciliações onde as mágoas e rancores não se evaporaram. *Lâmina sondada não dá som que preste,* dizia Ruy Barbosa. Nas famílias de outrora conservava-se o caldo, para crianças ou convalescentes, em banho-maria, evitando voltá-lo ao lume. O caldo requentado motivava um vago complexo de temerosa suspeita. É uma herança doméstica de Portugal. Vale regresso ineficaz à Notoriedade.

DESPACHO

Ultimamente divulga-se valendo feitiço, coisa-feita, ebó, canjerê, muamba, bruxedo, serviço, preparo, nos domínios dos Candomblés e Xangôs. Ainda é comum e corrente a velha significação de atividade, desembaraço, iniciativa, prontidão resolutiva, energia, saber quebrar-galho, achar-caminho, cortar-volta. Homem *despachado* é o "executivo em serviço", assim registrado no dicionário de Moraes, citação de João de Barros, *Décadas*, I e II, livs. 7 e 5. É o emprego mais popular. "É despachado!" expedito.

MANDADO

Determinado, resoluto, decidido, imperioso, executando sua vontade como um dever. Em 1819, nos arredores de Meia-Ponte, (Pirenópolis, Goiás), Saint-Hilaire, (*Viagem às nascentes do rio S. Francisco e pela província de Goyaz*, II, 49), narra episódio comprovador: — "A negra, a quem pedi que me deixasse dormir em sua casa, respondeu-me que seu senhor não a autorizara a conceder esta permissão. 'Pois bem, vou tomá-la', retorqui-lhe, e entrei sem cerimônia: — *É um homem mandado!* exclamou o negro; estas palavras, como acontecia sempre, produziram um efeito mágico; não me fizeram mais uma única objeção". No plano sobrenatural, os animais *mandados* são portadores de feitiços, encarregados de missão maléfica: (*Dicionário do folclore brasileiro*, verbete *Cobra mandada*). Karl von den Steinen regista o Sapo mandado em 1887.

PEITADO

Irrequieto, buliçoso, atrevido, teimoso. Aplicado comumente às crianças e aos menores. De uso corrente no Nordeste. Peitar, em Portugal, é mágoa, moralmente melindrosa. Ter *peita*, parte, aliança com o Demônio.

PEITICA

Pessoa impertinente, obstinada, importuna. Mofina, pilhéria repetida com intenção pejorativa. Teima. Azucrim.

> – Cantador que anda
> Tomando *peitica*,
> Apanha que fica
> Com a orelha bamba.

Ave Cuculidae, *Tapera naevia*, Linneu. Saci no sul do Brasil. Do poeta J. da Natividade Saldanha:

> – A agoureira *Peitica* solitária
> que do velho ingazeiro aflita geme.

A Peitica tem um canto insistente, monótono, inacabável. Os indígenas antigos tinham-na por feiticeira. Brandonio, (*Diálogos das grandezas do Brasil*, V, 1618), informava: – "Outra ave, por nome *Peitica*, a qual é tão molesta e agourenta para o gentio da terra, que os obriga a fazer grandes extremos, quando a topam ou ouvem cantar". Há o verbo *empeiticar*, aborrecer, enfadar.

GODERO

Gaudério, no sul do Brasil. Parasita, vadio, filante, vagabundo, papa-jantar. Gauderar, goderar. De *gaudere*, *gaudeo*, folgar, regozijar-se, satisfazer-se. O vocábulo tinha curso no séc. XVII. Gregório de Matos:

> – Só por levar *a gaudere*
> O que aos outros custa gimbo.

Versos populares nordestinos:

> – Godero me disse
> Que eu *goderasse*;

>   Comesse o dos outros
>   E o meu guardasse.

Beaurepaire Rohan, gaudério, amigo de viver à custa alheia. Fora o Gaudério a primitiva designação do *gaúcho-malo*, ladrão de fronteira, carneador do gado alheio, valentão e falastrão, que Bernardo Ibánez de Echávarri afirmava que *tienen la propriedad y costumbre de vender lo que no es suyo*, 1770. Em 1790 *Gaudério* estava substituído por *Gaúcho*, já registado no Rio Grande do Sul, por Augusto de Saint-Hilaire, (1820-1821). Há mais de século que o Gaudério desapareceu e vive o Gaúcho, homem do campo, vaqueiro. No Nordeste, resiste o *Godéro*, explorador de incautos. Nas vendas ao ar livre o menino pobre que espera a oportunidade de aproveitar uma fruta deteriorada ou um doce perdido, diz-se *Godéro*. O pássaro Godéro, *Melothrus bonariensis*, um Icteridae, vadio e gatuno, põe ovos no ninho do tico-tico, *Brachyspiza capensis*, um Fringilida, e este que se encarregue de manter os goderozinhos inúteis. Ver Augusto Meyer, *Prosa dos pagos*, (IV, S. Paulo, 1943), *Gaúcho*, (Porto Alegre, 1957): Buena-ventura Caviglia Hijo, (*Gaúcho, garrucho,* Montevidéu, 1933): Propicio da Silveira Machado, *O gaúcho na história e na lingüística*, (Porto Alegre, 1966).

PÁ VIRADA

Vadio, estroina, aventureiro. Pá é instrumento manual para remoção de terra. Desapareceu a expressão *"ficar à pá*, sem modo de vida; como se pudesse ganhá-la somente limpando o lixo, ofício que não custa a aprender", anotou Moraes no seu dicionário. É um trecho do Padre Antonio Vieira – "se vêm de fora oficiás insignes, os da terra *ficam à pá*". Seria usada no séc. XVI (*Ulissipo*). Pá ou apá é a omoplata dos eqüinos e bovinos. – "É como carne de pá, nem boa nem má". Refere-se a locução ao instrumento de trabalho. Pá virada, emborcada, voltada para o solo, inútil, abandonada, decorrentemente, o homem sem ocupação regular, entregue às irresponsabilidades da vagabundagem, vivendo de biscates, aproveitamentos, parasitagem. Não trabalha. De *pá virada*. Creio ser de formação brasileira, possivelmente no séc. XIX.

CHORAR PITANGA

Será repulsa à maior súplica. *Nem que chore pitanga!* A "Eugenia uniflora", Linneu, é uma mirtácea brasileira e dificilmente forneceria material para uma expressão popular portuguesa. Em Portugal existe, há séculos, o *lágrimas de sangue*, que Moraes registou. Pitanga, piranga, em tupi, vale "vermelho". O fruto globular é de linda carnação rubra. A imagem associada impôs-se: – "chorar pitanga" pelo lusitano "chorar lágrimas de sangue", na sugestão da cor.

O Prof. Menezes de Oliva expôs, excelentemente, a origem da locução: (*Você sabe por quê?* Rio de Janeiro, 1962).

OVEIRO VIRADO

Diz-se do indivíduo mal-humorado, impaciente, irritado. Oveiro é o ovário das aves e pássaros, sendo para o Povo o orifício anal dos galináceos. *Oveiro virado* é caso de prolapso. A galinha fica sem achar canto, andeja, inquieta.

QUEM ANDA AOS PORCOS

... tudo lhe ronca. Em Portugal há o provérbio: – "Quem aos porcos há medo, as moutas lhe roncam". Corresponde ao "Gato escaldado d'água fria tem medo". O verbo *andar* valerá *procurar*. O porqueiro conduzindo o ronco nos ouvidos, habituado com as vozes porcinas, encontra indícios do que procura mesmo onde não existem.

QUEBRAR LANÇAS

Pugnar, defender, combater em defesa de algo. A lança, arma da Nobreza, deixou longa contribuição paremiológica. Nas Justas e Torneios, *quebrar lanças* significava a dedicação fidalga pela causa ou motivo elegido para o prélio.

SEM TACHA

Quem é sem defeito, mácula moral ou física, prejuízo. Nódoa, mancha, do francês *tache*. Os portugueses velhos escreviam indiferentemente *tacha* e *taxa*. Preço. Limite. Imposto. Tributo. Prego de cabeça chata. Frigideira ou assadeira.

— Eu já cantei com o Maldito,
Achei ele um bom rapaz;
Só a *tacha* que ele tinha,
Vexava a gente demais,
Cantava de trás p'rá diente
E de diente p'rá trás!

Neste sentido é de fácil encontro no *Livro de buen amor*, do Arcepreste dr. Hita (séc. XIV).

CHAPA

Vulgar, invariável, repetido. Discurso-chapa. Saudação-chapa. Parecer-chapa. O mesmo que *da praxe*. Na primeira década do presente século aludia ao disco fonográfico, cuja face dizia-se "chapa". Mude a chapa! Bote a outra chapa! Depois de 1940 refere-se à frase norte-americana *chap, my old chap!* valendo amigo íntimo. Meu chapa!

Ficar no tinteiro

Omitido, olvidado, preterido. "Encomendas sem dinheiro, ficam no tinteiro". Gregório de Matos, (*Décimas*, XLVII):

— Ela deixou de escrever-me?
Pois *no tinteiro fiquei.*

"Deste capitão Sebastião Ferreira me ficaram muitas coisas no tinteiro, das quais não tenho feito memória." — Frei Manoel Calado, "O valeroso Lucideno", VII, Lisboa, 1648.

Mamado

Embriagado, tonto, indeciso, vacilante. Gregório de Matos, (*Décimas*, XLIX), na segunda metade do séc. XVIII:

— Lourenço *ficou mamado,*
E ainda não tem decidido,
Se está pior por ferido
Da porca, se por beijado.

Encolhas

Meter-se *nas encolhas*, retrair-se, silenciar, acautelar-se. O mesmo que *encóspias* ou "meter-se nas *encospas* que são fôrmas do sapato", ensina mestre João Ribeiro, citando Jorge Ferreira de Vasconcelos, *Ulissipo*: — "Bem dizeis vós se eu tivesse para lhe dar todo o necessário, eu *a meteria nas encospas*". Gregório de Matos empregava *cóspias*, (*Romances*, XI):

> – Que um grito na mesa alheia
> Põe todo o apetite *em cóspias*.

EM CIMA DA BUCHA

Resposta imediata, reação subseqüente à provocação, sem perder tempo. "E Sinval que não sabia engolir lorota em seco, tratava de rebatê-la *em cima da bucha*": (Nelson Barbalho, *Major Sinval*, Caruaru, 1968). As antigas espingardas de *carregar pela boca* recebiam a pólvora, a bucha, e depois o chumbo. A bucha era a camada pressora da pólvora. Empregavam a *Luffa cylindrica*, Roem, seca e sem sementes, e onde não havia essa cucurbitácea, papel, fios de estopa, raspa de certas árvores, esmagada na palma da mão, socada no interior do cano pela vareta metálica de extremidade chata. Da percussão do gatilho na espoleta saia a faísca, fazendo detonar a pólvora, impelindo o chumbo ou a bala. A bucha, às vezes, fumegante, era projetada e visível. *Bourre du fusil* em França. Responder *em cima da bucha* é retorquir antes de outro disparo. Represália *no sufragante* (flagrante).

NO RUMO DA FUMAÇA

Mesmo sentido do item anterior. É tradição caçadora que a onça atirada salta sobre o agressor, localizado pelo fumo da descarga.

> – Você me atira, eu me abaixo,
> A bala passa,
> E *no rumo da fumaça*
> Vou buscá-lo no punhal!

TRÊS DIAS DE CIGANO

Frase popular nas últimas décadas do séc. XIX no Rio de Janeiro. Cobrança insistente a devedores desmemoriados, por cobrador de tenacidade inesgotável, acompanhando-os ininterruptamente durante três dias, com a obstinação sorridente dos ciganos. "Há muita gente que ainda tem a felicidade de ignorar o que sejam *três dias de cigano*. Diz o Povo, ou, antes, dizem os taberneiros, – não há quem resista a *três dias de cigano*": Araripe Júnior, que descreve o processo, ("Gazeta de Notícias", 1º de julho de 1884, *Obra crítica de Araripe Júnior*, 1º vol. ed. Casa de Ruy Barbosa, Rio de Janeiro, 1958).

ROTA BATIDA

Sem solução de continuidade. Toma-se *rota* por itinerário, derrota, *route*. Rota *batida* ou *abatida*. "Viagem seguida sem arribar", notou Moraes. Altera-se para *roda batida*. Nas longas jornadas marítimas a roda do leme permanece sempre sob a mão do timoneiro, *batida* incessantemente na correção do rumo. Na *Comédia Ulissipo*, (1618): – "E estivemos mui perto de nos engrifar, porque nos íamos *já rota batida*, fora dos muros".

DEIXE DE PAGODE!

Zombar, motejar; mangação. "Deixe de pagode comigo!" Festa, folia, folgança. Pagodeira. Pagodear. Moraes informa: – "*Fazer pagodes*; funções, e divertimentos de comesaina, e dança, cantares e prazeres licenciosos, como os que na Ásia fazem as bailadeiras de certos Pagodes, ganhando para mantença deles, e de seus ministros o preço da prostituição". Jorge Ferreira de Vasconcelos, falecido em 1585, (*Ulissipo*, 1618) empregou: – "nessas meijoadas *sempre há pagodes* e vinho". Bambochata. Farra. A "paródia" portuguesa. D. Francisco Manoel de Melo, (*Visita das fontes*, 1657), no mesmo sentido: – "pelo amor, que tomarão à Estalagem nova do Recio na minha vizinhança, vão lá *fazer seus pagódes*". Em Portugal a *Pagodice* não inclui a mofa, ridículo, *debochar* de alguém. Tenho ouvido invariavelmente no singular, *pagode*. Ver Antenor Nascentes, *Dicionário etimológico da língua portuguesa*, (Rio de Janeiro, 1955).

FAVELA

Povoação improvisada sobre morros e recantos afastados do centro urbano. Casario rústico de barro, palha, madeira, folhas de Flandres, abrigando moradores de baixo nível econômico e também refúgio de malandragem astuta e cínica. Pelos hábitos despreocupados, alegria incontida, vocação boêmia, motiva inspiração literária e melódica, raramente local. Partiu do Rio de Janeiro, tornando-se genérica. Em fins de 1897 e anos seguintes, os soldados regressando da campanha de Canudos, obtendo baixa-do-serviço, foram residir ao redor da cidade do Rio de Janeiro, em zonas distantes e semidesertas. A denominação surgiu como uma reminiscência do *Auto da favela*, posição militar permanente diante do reduto de Antonio Conselheiro. Era o nome mais popular entre as praças e batizou os arraiais nascidos na Capital Federal, espalhando-se pelo Brasil, para esse tipo de vilarejo paupérrimo e pitoresco.

Favela é uma euforbiácea, *Cnidosculos phyllacanthus*, de von Martius, divisa vegetal entre a caatinga e o agreste, de Bahia ao Piauí.

ROER UM COURO

Ciúmes, despeito, amor recusado. Dizia-se "Roer courama, coirana, coerana", atualmente reduziu-se a *roer* e *roedeira*, como remorso vem de *re-morsu*, remorder. Coerana é uma solanácea, *Cestrum laeviatum*, Schl, com dezenas de espécies, vulgares do Amazonas ao Rio Grande do Sul, inclusive Minas Cerais. Vive pela América do Sul, insular e continental. Roer coerana, courana, courama, couro, seria a marcha semântica. "Rua do Rói-Couro" é zona de meretrício em Campina Grande (PB), Getúlio César (*Curiosidades de nossa flora*, Recife, 1956), informa: – "A coerana já esteve muito em voga, quando o seu nome significava o mesmo que atualmente quer dizer a palavra *roedeira*, isto é: ciúmes, ciumadas, amores contrariados, pretensões não cabíveis entre namorados, despeito. Era muito familiar se ouvir: – "F. está roendo coerana... A coerana está braba!"

> – Se a coerana se vendesse,
> Cada folha era um tostão;
> Eu bem sei quem está roendo
> Mas, não dá demonstração.

Tem um sabor amargo e ácido.

MADEIRA DE LEI

É voz popular referindo-se às madeiras resistentes e tradicionalmente indicadas para a construção, civil e naval. A riqueza florestal era patrimônio europeu de valor inapreciável do séc. XV em diante. Portugal, desprovido nessas espécies, defendeu as reservas infinitas do Brasil. Em setembro de 1652, D. João IV proibiu o corte indiscriminado, reservando as essências especiais ao Real Arsenal. Criava a imagem das Madeiras de Lei, inesquecida na memória coletiva de Portugal e Brasil. Quais seriam essas árvores? Antonil, sob D. João V, enumerou, (*Cultura e opulência do Brasil*, Lisboa, 1711): – "Chamão *páos de lei* aos mais solidos, de maior dura, e mais aptos para serem lavrados, e taes são os de sapucaia, e de sapupira, de sapupira-capi, de sapupira-merim, de sapupira-acis, de vinhatico, de arco, de jetay amarelo, de jetay preto, de messetaúba, de massaranduba, páo brazil, jacarandá, páo de oleo, e picahi, e outros semelhantes a este". El-Rei D. José I, em outubro de 1751, deu nova organização minuciosa ao serviço, criando a Inspeção do Corte de Madeiras, entidade de quem dependeria autorização para as derrubas. Em novembro de 1799, o Príncipe-Regente D. João fazia funcionar o Juiz Conservador das Matas em cada Comarca brasileira, favorecida pela abundância vegetal. Em março de 1810, reuniu o cargo de Juiz Conservador das Matas às funções do Ouvidor da Comarca, facilitando o emprego das leis e regulamentos repressores. Um dos artigos sensacionais do "Tratado de Amizade e Aliança" com a Grã-Bretanha, em 19 de fevereiro de 1810, fora o VI, autorizando aos ingleses cortar e comprar madeiras necessárias aos seus navios. Mesmo assim, o Tratado excluía as zonas privativas das Reais Armadas. A velha notação portuguesa resistiu ao Tempo e ainda hoje o brasileiro repete, aludindo às árvores de confiança e durabilidade: – *é madeira de lei!* Refere-se igualmente aos homens enérgicos, moralmente sadios e prestimosos.

ESTÁ NUM TORNIQUETE

    Locução bem viva e diária. Vale azafamado, inquieto, preocupado, incluindo desgaste, esgotamento moral pelo problema enfrentado. É uma sobrevivência das torturas para obtenção de provas legais. *Quaestio est veritatis indagatio per tormentum*, comum e normal, (Cesare Beccaria, *Dei delitti e delle pene*. A cura de Piero Calamandrei. Firenzi, 1945), sem que fosse privilégio da Santa Inquisição, única recordada no assunto trágico. Todos os suplícios narrados por Dante Alighieri no *Inferno* foram, penalidades regulares na Europa. Não sei como Mestre Ortolan crê que *sont des penalités poetiques, et par conséquent symboliques:* (*Les penalités de l'enfer de Dante*, Paris, 1873). O torniquete apertava os pulsos e jarretes do supliciado, cortando lentamente os músculos, pelo impulso em torção imprimido pelo carrasco. Mutilação vagarosa e sábia. O insigne Bartolo, luminar de Bologna, Pisa e Perugia, ordenava e assistia a esses recursos probatórios.
    Ninguém mais sofre, suponho, (Mellor, *La torture. Son historie, son abolition, sa réapparition au XX e Siècle*. Paris, 1949), as carnes esmagadas pelo torniquete no fundo de sala glacial e lúgubre, mas, numa distância secular, a imagem persiste, na idéia confusa de agitação dolorosa.

LOCUÇÕES REFERENTES AO BILHAR

    Dar ou *dar bola*, possibilidades, concordâncias, negativas, esquivanças. *Boa bola!* excelência em pessoa ou acontecimento. *Bola preta*, prognóstico de vantagens, sucessos, melhorias. *Perder bola*, falhar a oportunidade. *Dar na bola, insistir*, teimar na esperança. *Levar bola*, perder, subornar-se. *Ter bola*, avantajar-se, comandar a sorte. *É taco!* valorizado, superior, famanaz. *Carambola, carambolar*, no Brasil, é a sucessão de *tacadas* em que a bola vermelha consegue tocar as demais, contando sempre pontos. Habilidade, destreza, astúcia, intriga, *golpes* felizes. Sustentar, defender uma situação política ou econômica. *Saber levar a bola*. Teremos do Bilhar, introduzido no Brasil pelos portugueses na segunda metade do séc. XVIII, e um dos favoritos das classes médias e ricas ao correr da centúria imediata. Referem-se as frases, em maioria, à posição da bola no taboieiro verde, impelida pelo taco, repetindo-se em carambolas aplaudidas. A *bola preta* já pertence ao *snooker*, que deu sinuca, dificuldades, problemas, embaraços. O Bilhar, vindo da França, foi centro de interesse social. Inspirou a Nicolau Tolentino, (1740-1811), a evocação movimentada entre *casquilhos e tafuis, melhores pernas* na tavolagem de Lisboa setecentista.

> – Mora defronte roto guriteiro
> Com jogo de bilhar e carambola,
> Onde ao domingo o lépido caixeiro
> Co'a loja do patrão vai dando à sola.
> Gira no liso, verde taboleiro,
> De indiano marfim lascada bola,
> Erguendo aos ares perigosos saltos,
> Chamam-lhe os mestres da arte "truques altos".

É MOÇA

Mulher jovem e donzela. Anotando a *Carta de Pero Vaz de Caminha*, 1500, Jaime Cortesão, (nota 32, Rio de Janeiro, 1943), interpreta: – "*Moça*, no sentido de donzela ou mulher nova é hoje desusado em Portugal, ao contrário do que sucede na linguagem brasileira. Em português de Portugal, dir-se-ia hoje três ou quatro raparigas. A moça, as moças, corrente, em português do Brasil, para designar mulheres jovens, tem as suas origens na linguagem portuguesa quinhentista". Cita o Cancioneiro de Resende, 1481, e "Saudades", de Bernardino Ribeiro, 1557. Pêro Vaz de Caminha não empregou outra denominação para as *cunhãs* de Porto Seguro, tal e qual Gil Vicente às moças da aldeia. Moça-velha, solteirona. "Ela não é mais moça". Refere-se a não mais ser virgem, sem alusão à idade. Amásia e criada de servir é influência portuguesa. Manteve-se no Brasil o tratamento quinhentista, recusando o *Rapariga*, para o Povo prostituta, meretriz. "A irmã é *moça* e a outra *rapariga*". Helena Morley, (*Minha vida de menina*, Rio de Janeiro, 1942), narrando episódio de 1895, em Diamantina, Minas Gerais: – "Eu fui comprar um caderno na loja do Cadete e o Manuel me perguntou: 'Quem é aquela rapariga que vai ali?'. Olhei, era Helena. Então eu lhe disse: "aquela é minha irmã e não admito que você a chame de rapariga. Se repetir isso eu lhe quebro a cara". Ele ficou muito desapontado e veio com a desculpa de que falou assim porque em Portugal eles chamam as moças de família de raparigas, em vez de moças. Mas eu vi bem que era invenção dele para se desculpar". Continua uso inalterável.

PÉ-RAPADO

Descalço, de pés nus, pé no chão. Constitui a mais humilde categoria social. O sapato é uma promoção econômica. Era, no Brasil anterior a 1888, a primeira compra do escravo alforriado, índice da conquista autárquica. Nos sertões e praias, o único par de calçados era usado em festas religiosas e visitas de alta cerimônia. Viajavam descalços, com os sapatos na mão, poupança e evitação do incômodo. Nos seus versos a Anica, mulata baiana que lhe pedira um cruzado para conserto dos sapatos, Gregório de Matos, na segunda metade do séc. XVII, defendia-se:

> – Se tens o cruzado, Anica,
> Manda tirar os sapatos,
> E senão lembra-te o tempo
> Que andaste de *pé rapado*.

Na guerra dos Mascates do Recife contra o Partido da Nobreza de Olinda, 1710, davam os primeiros, portugueses, o apelido depreciativo de *Pés-rapados* às tropas adversárias da aristocracia rural, por combaterem sem sapatos, ao contrário da cavalaria, arma nobre de gente de botas. Moraes não regista no seu Dicionário.

É UM PUTICÍ

Hoje, 8 de abril de 1969, M. Rodrigues de Melo, presidente da Academia Norte Riograndense de Letras, anuncia-me a próxima instalação das novas estantes da biblioteca, podendo abrigar 20.000 volumes. "Vai ser um *puticí de livros!*", conclui, jubiloso. Prova-se a contemporaneidade do vocábulo. Imagem popular das coisas abundantes, úteis e valiosas. De aglomeração humana. "Não se pode dar vencimento do *puticí de povo*, que vem derramado por esse sertão afora": – Domingos Olímpio, (*Luzia-Homem*, Rio de Janeiro, 1903). Aplica-se à grandeza de qualquer produção. "Um puticí de algodão!". Puticí é *Potosi*, atualmente na Bolívia, outrora as mais ricas minas do Mundo, ainda produzindo prata. Desmoralizaram, pela abundância, a economia européia dos metais amoedados. Abro o meu velho Moraes de 1831: – *Potosí*. Nome de uma cidade das Indias ocidentáis no Peru, donde vierão aos Hespanhoes mui grandes riquezas: toma-se pelas mesmas riquezas: "Que o dinheiro, e cabedaes, não tendo minas, *nem potosis*, se havia de esgotar", Vieira, "História do futuro", c. 7, n. 107. "Estas são as minas do nosso Reino, estes os potosis de Portugal". Ibid, n. 110. Domingos Vieira cita um verso do canto V do *Hissope*, de Antonio Diniz da Cruz e Silva, 1802: – "Erão o *Potosi* da franciscana!". Não mais deparei nos textos conhecidos posteriormente. Não ouvi em Portugal e nem na Espanha.

No Brasil, continua circulando...

APITO

Apitar, apitando, vida de apito, estar no apito, sem dinheiro, sem subsistência, faminto; quebradeira, penúria, pindaíba, desprevenido, ao léu. Não era apenas o instrumento de comando dos mestres de bordo ou dos antigos comitres dos galerianos, mas o recurso normal de pedir socorro, chamar as patrulhas policiais em ocasião de perigo pessoal, assalto de ladrões em casa ou de rufiões noturnos nas ruas desertas. "De apito na boca" era dar o alarme defensivo. O som estridente congregava o auxílio popular, interessado e urgente. Rara seria a residência familiar sem um apito de reserva, para os momentos desesperados. Até 1910 a Polícia recomendava possuí-lo. Era contravenção utilizá-lo sem necessidade real. Sou filho de um antigo Delegado de Polícia. As locuções evocam a finalidade desaparecida, aplicando-as aos casos individuais de miséria, alheios à jurisdição solidarista do apito.

BÓIA

Valendo alimentação é brasileirismo. Também o saldo das vendas, mercadorias sobejadas, que não encontraram compradores, creio não ser português. "Na feira a carne-seca *boiou*". *Boiado*, sobrado do mercado diário. São outros sentidos da *bóia*, flutuante, e do verbo *boiar*. Em Portugal, *dar bóia* é auxiliar, ajudar em necessidades, aproximando meios de salvamento. Reforçaria, nessa acepção, a imagem brasileira de alimentação. "Não ver bóia", desesperançado, perdido, infeliz, em Portugal. Pereira da Costa deduzira ter sido originária da gíria militar, denominando *bóia* a refeição no quartel. O nome tradicional é *rancho*. "Está *tocando rancho!*" Quem come no quartel é *arranchado*. *Bóia* seria o feijão semi cozido, *boiando* no caldo incolor e ralo. *Bóia* de soldado.

VAI PARA O ACRE

Até os primeiros anos do séc. XX rara seria a família nordestina sem representantes no extremo-Norte, Pará, Amazonas, notadamente o Acre. Referiam-se à geografia do alto-Juruá ou alto-Purus como acidentes locais. Rio Branco, Sena Madureira, Xapurí, e os rios maiores e menores ladeando os seringais sem fim. Era uma atração nas épocas das secas, espécie de El-Dorado sedutor, farto e fácil. Mas a imigração não se limitava ao sonho econômico. O Acre era refúgio longínquo para as tragédias domésticas, decepções amorosas, desajustamentos íntimos. Iam aventurar esquecimento, sublimação, fortuna. Como a Índia para os portugueses nos séculos XVI e XVII. Quem brigava com a namorada ia para Goa. *Auto pastoril português*, Gil-Vicente, 1523, o pastor Joanne diz a pastora Caterina:

> – A Índia não está hi?
> Que quero eu de mi aqui?

Havia anedotário e a locução ainda circula. *Aquele vai para o Acre.* O marido surpreendendo a esposa em adultério, desabafou: – *Mais um para o Acre!*

O mestre do folclore da Bélgica, Albert Marinus, registou a quotidianidade da frase – *il revient de Buchenwald*, quando alguém está pálido, triste, angustiado, dizendo-o egresso do horrendo campo de concentração nazista. A solução, outrora, dos distúrbios psciológicos era – *ir para o Acre!* Distanciar-se do motivo traumático.

C'est ainsi que se créent les locutions, anota Albert Marinus.

MATEUS, PRIMEIRO AOS TEUS!

Nos Evangelhos de Mateus, (9, 9), Marcos, (2, 14), Lucas, (5, 27), está o episódio da conversão de Levi, filho de Alfeu. Estava sentado na alfândega de Cafarnaum, recebendo e cobrando os impostos. Era um Publicano, hostilizado por toda a gente. Essa antipatia é universal, fixada na literatura oral de quase todos os países. Gustavo Barroso, (*Ao som da viola*, Rio de Janeiro, 1921), reuniu as mais vibrantes sátiras sertanejas contra o "Procurador do Imposto":

> – *Viram a alma do Procurador*
> *Que a Deus se apresentava!*
> *Viram o anjo de sua guarda*
> *Que as costas lhe mostrava!*
> *Ouviram a voz do Eterno,*
> *Que a alma condenava!*

Levi abandonou o telônio, tornando-se o evangelista Mateus, *donato*, doado. Com tais antecedentes, não seria o autor do egoístico axioma oligárquico. Deram-lhe a paternidade por ser o mais conhecido de todos os Mateus. Nada justifica a sublimação do interesse doméstico como padrão de moral prática. Mestre João Ribeiro deu uma explicação sibilina, merecendo as zombarias de Carlos de Laet.

Mateus, na locução, é apenas a Rima, e essa tem sido elemento constante no plano da sugestão maliciosa. Todos os velhos mestres do Folclore são unânimes sobre a antiguidade e presença do processo modelador nesse gênero facecioso de moralidades anônimas. O conteúdo é idêntico aos adágios tradicionais, vivos na memória do Povo. "Não tem Arte quem parte, reparte, e não fica com a melhor parte! – Cama estreita, dormir no meio! – Farinha pouca, meu quinhão primeiro! – Dinheiro curto, me pague logo!".

A rima completa a imagem. – "Outra vez, Inês! Miguel, Miguel! não tens abelhas e vendes mel! – É como João, olho no livro e pé na mão! – Pois sim, seu Joaquim!". Inês, Miguel, João e Joaquim não motivaram a frase mas trouxeram o complemento sonoro para a memorialização. É o despotismo da Rima, a Rima de Campoamor:

> – *Ah! Rima, a quanto obrigas,*
> *A dizer que são brancas as formigas!*

ESPEVITADA

França Júnior, (1833-1890), foi um Mestre folhetinista no Brasil. A vida do Rio de Janeiro em sua normalidade vive nos seus registos ágeis e sedutores. É a capital do Império na legítima movimentação, familiar e rueira, pela segunda metade do séc. XIX. Costumes. Linguagem. Figuras. Evocando a iluminação pública e particular, mantida com azeite de peixe até 1854 quando os lampeões de gás foram instalados, Franca Júnior desenha um serão em casa pobre: – "Ao redor da luz baça e merencória, produzida por aquele maquinismo antediluviano, reunia-se a família na sala de jantar, e cada qual se entregava a trabalhos caseiros. Esta consertava a roupa das crianças. Aquela dava pontos nas mesas. Uma cosia coxins do Arsenal de Guerra. Outra cortava moldes de vestidos. De vez em quando ouvia-se a mãe dizer: – 'Menina, *espevita* essa luz'. A torcida era *espevitada* por uma tesoura velha, quase imprestável, e cuja aposentadoria representava bons serviços de costura durante longos anos". A chama oscilante e vermelha reanimava-se, sorvendo o óleo espesso e levemente fétido. O *espevitar* em Portugal já aludia aos temperamentos desembaraçados, espertos, comunicativos. Era o falar com fluência, clareza, afetação. Devia ser corrente no Brasil o *menina espevitada*, saliente, petulante, loquaz.

Há mais de cem anos que a espevitadeira é instrumento inútil. Ainda existem milhões de candeeiros e lamparinas de querosene, independendo os pavios e murrões de um limpador de excrescências, inimigas da humilde expansão luminosa. O *espevitado*, porém, vive, imperturbável e contemporâneo.

Já ninguém veste *beca* como traje usual e ainda dizemos *abecar*, agarrar alguém pela gola ou peitilho da camisa. Filinto Elisio, num soneto:

– Logo mui lampeiro
Subia a *espevitar-se* um rapazinho.

Cita ainda, uma "Bacharela *muita espevitada*": (*Obras*, XIII).

UM É XÉO, OUTRO É BAUÁ

Vale mencionar coisas idênticas, uma pela outra, semelhantes. O escritor Nelson Barbalho esclareceu-me, (Recife, 12-IV-1969): – "Ambos os termos são usados não apenas em Caruaru, mas em todo o Agreste e Sertão de Pernambuco, aplicam-nos os caçadores da região quando se referem ao pássaro *Xexéo*. *Xéo* é o xexéo *Boca de ninho*, o verdadeiro, que é preto e amarelo. E *Bauá* é o xexéo *Peba*, isto é, a espécie de penas pretas, bico amarelo e com os encontros amarelos".

A comparação entre os Icterídeos fê-la o poeta Silval de Carvalho Santos, (nascido em 1883) no livro *Major Silval*, (Caruaru, 1968), autoria do meu informante:

– Está certo e tudo justo
Quando um vai, o outro vem,
E como jogo de trem
"Vai-se Paulo, vem Augusto";
Eu dou ambos pelo custo,
Pois a troca não é má:
Um é Xéo, outro é Bauá,
Paulo vai pro Piauí,
Augusto vem para aqui,
"Um pra lá, outro pra cá".

Frevo

Movimentação desusada, reboliço, agitação popular. "O Mercado estava um *frevo* danado!". Dança carnavalesca, coletiva, ao som de instrumentos de sopro, tendo coreografia *ad libitum*. "O corso de automóveis e o desfile dos clubes estão matando o *frevo* da Pracinha". Regionalismo do Recife, possivelmente começando em 1909, (Pereira da Costa). Ver *Dicionário do folclore brasileiro*, (INL, 3ª ed.). De *ferver*. Filinto Elisio descrevendo as procissões em Lisboa no tempo d'El-Rei D. José:

> – *A rua entra a ferver* de ponta a ponta
> Com soldados, com frades, com lacaios.

Mandar à Tabúa

Dizem ainda "mandar à táboa", não dando sentido. Vá bugiar, vá comer capim, pentear macaco, encangar grilos. A frase é portuguesa. Moraes registou-a "ter alguém como a tolo e inépto, e bom para esteireiro de tábuas", matéria prima na espécie. Tabúa é uma Tifácea, *Typha latifolia*, L, sendo mais comum ao Brasil a *T. domingensis*, Kenth, abundante nos brejos, encharcados, matando a vegetação concorrente. Filinto Elisio empregou-a, combatendo a Rima:

> – Quantas penas forraras, quanto enojo
> Com *mandar à tabúa* a Rima arisca.

Maria Vai com as Outras

Semelhança na continuidade. Refere-se à seqüência das 150 ave-marias no rosário, cada qual separada por um dos quinze padre-nossos. A uma Maria, seguem-se as demais.

VENDER AZEITE ÀS CANADAS

Locução portuguesa, terra do azeite e da medida para líquidos. Decepcionado, furioso, desesperado. Decorre do *Está nos seus azeites*, (p. 177). Abundância de mau humor, irritação contagiante. A imagem sugere a fritura no azeite, ardente e borbulhante. A excitação, pelo volume irradiante, poderia ser vendida às canadas, sem prejuízo ao possuidor neurastênico.

TEMPO DO PADRE INÁCIO

Mentalidade, critério, opiniões, hábitos obsoletos, cediços, antiquados. "No tempo do Padre Inácio... pela cartilha do Padre Inácio", citavam, habitualmente, o Dr. Gervasio Fioravanti, meu professor de Direito Penal na Faculdade do Recife, e o Des. Luís Tavares de Lyra, em Natal, ambos ignorando quem tivesse sido o personagem evocado. Carlos Olavo, (*A vida amargurada de Filinto Elysio*, Lisboa, s. d. 1945?), informa: – "O Padre Inácio Martins, que foi professor do 4º curso de filosofia no Colégio das Artes, depois da sua direção ter sido entregue à Companhia de Jesus. Era o instrutor da infância pelas infiltrações da sua *Cartilha*, adaptada obrigatoriamente em todas as escolas, e propagador, de fato, das doutrinas da Companhia. Saía à rua de pendão alçado e campainha, ensinando às crianças da plebe o catecismo e pregando. Subia aos palcos, onde se representavam comédias e autos, expulsava os atores, benzia-se, perorava e proclamava a doutrina. O que perpetuou o seu nome não foram os seus atos de fanatismo audacioso, mas a tradição cômica da sua *Cartilha*. Ainda hoje se diz para caracterizar a ignorância de qualquer pessoa, *que aprendeu pela Cartilha do Padre Inácio*".

O padre Inácio fora o primeiro noviço português admitido, 1547, na Companhia de Jesus. Doutor em Teologia na Universidade de Évora. Faleceu em Coimbra, fevereiro de 1598. A famosa *Cartilha do Padre Inácio* constava de algumas adições à *Doutrina cristã*, (Lisboa, 1561), do Padre Marcos Jorge, também jesuíta: (Innocencio Francisco da Silva, *Diccionario bibliographico portuguez*, III, IV, Lisboa, 1857).

ARGEL

No Brasil conhecemos bem o adjetivo *argel*, indicando o cavalo com a pata branca: *argel travado*, tendo pata e mão brancas, uma direita e outra esquerda. É o mesmo *calçado de branco*, nas regiões nordestinas. Há outro sentido, no plano popular, valendo "difícil, trabalhoso, atrapalhado, lento". *Deixa de ser agé*, (argel) – dizia minha Mãe às criadas, vagarosas e desatentas.

Filinto Elysio, (*Obras*, IV), falando do poeta João Antonio Bezerra de Lima, (1737-1812), professor na Universidade de Coimbra, desenhou esse quadro: – "O tal Bezerra tem feito *um argel de odes compridas*, entre elas uma de trezentas estrofes, tão sobeja de palavras quão falida de entusiasmo".

Assim pensava minha Mãe, que Deus tenha em sua santa guarda.

NÃO VALE UM XENXEM!

Insignificância, desvalia, inferioridade. Locução brasileira, vulgarizada à volta de 1829 quando da falsificação das moedas de cobre, de 10, 20, 40 réis. André Rebouças, (*Diário e notas autobiográficas*, Rio de Janeiro, 1938), referindo-se a fevereiro de 1846, escreveu: – "Meu bom Pai combatia sozinho na Baía os traficantes de escravos, os *piratas* classificados pela Lei de 7 de novembro de 1831, e os fabricantes de moeda falsa, de cobre, vulgarmente denominada *chanchan*. Essa pitoresca denominação é onomatopaica; porque os moedeiros falsos fabricavam a moeda de cobre com taxos velhos, com forros de navios, em laminadores e máquinas de cunhar muito imperfeitas. Disto provinha que as moedas jamais eram planas mas sim, côncavas e convexas, produzindo o som chanchan quando eram manuseadas. O nome mais comum no Nordeste era *Xenxem*. A Lei 52, de 8 de outubro de 1833, do Ministro da Fazenda Candido José de Araujo Viana, futuro marquês de Sapucaí, mandou recolher as moedas de cobre em circulação, inutilizando-as, substituindo-as pelas legítimas em peso e cunhagem. As emissões de prata divisionária e o papel moeda, popularizando-se, foram anulando o preamar dos vinténs fraudulentos. Essa batalha durou muitos anos. O *Xenxem* continuou nas imagens: – homem-xenxém, mulher-xenxém, negócio-xenxém, não vale um xenxém. Cúmulo da desvalorização moral.

MATAR O BICHO

Ingerir álcool pela manhã, preferencialmente em jejum. Tradicional terapêutica preventiva. Em Portugal, de onde veio a locução, no mesmo sentido, existe também o verbo *Matabichar*, alusivo à primeira refeição matinal. Do francês *tuer le ver*, considerando-se este *cause intérieure et incessante de douleur, de chagrin* (Larousse). No *Journal d'un bourgeois de Paris sous le règne de françois Ier*, primeira metade do séc. XVI, conta-se que Madame La Vernade, filha do general Briçonnet, faleceu subitamente em julho de 1519 e, na autopsia, os cirurgiões encontraram um verme atravessando o coração da morta, vivo e resistindo a todos os tóxicos, sucumbindo na aplicação do vinho. *Par quoy il ensuyt qu'il est expédient de prendre du pain et du vin au matin, de peur de prendre de ver*. Nasceu o costume de *boire à jeun de l'eau-de-vie ou du vin blanc pour tuer le ver*. No Brasil, *mata-se o bicho* unicamente com líquidos.

CRÉ COM CRÉ E LÉ COM LÉ

Cada um com seu igual. Cada qual com cada qual. Frase vinda de Portugal. As conjeturas filológicas dos brasileiros Castro Lopes e João Ribeiro, e da portuguesa Elza Paxeco, interpretaram: – Créligo com Créligo e Leigo com Leigo: Querer com querer e Lei com Lei; Credo com credo, Lado com lado.

OS PONTOS NOS IIS

Ajustar, completar, autenticar, nas minúcias. O *i* acentuado apareceu no séc. XIV, normalizando-se o uso quando da escrita impressa, nos sécs. XV-XVI: Theobaldo, *Provérbios históricos e locuções populares*, 5-8 – Rio de Janeiro, 1879. Theobaldo era pseudônimo de Francisco Mendes de Paiva, redator d'*O Cruzeiro*. Devo cópia em xerox dessa raridade bibliográfica ao Diretor da Biblioteca Nacional, Adonias Filho, por solicitação do Prof. Dr. Helio Vianna.

É MUITO CUTIA!

Cutia, (*Dasiprocta aguti*, Linneu), significa o indivíduo que come de pé, alusão ao roedor tomar o alimento com as patas dianteiras (Theodoro Sampaio). Na linguagem popular vale o desconfiado, prudente, cauteloso, egoísta. No *Diário da viagem ao rio Negro*, 1861, Gonçalves Dias regista a imagem: – "Os moradores de São Gabriel gabando-se de serem mais tratáveis que os outros alegavam para isso, que bastavam ser Barés, enquanto por exemplo, os de São Felipe são Baniuas, *que é a gente mais cutia que existe*".

CACHIMBADO

Enganado, iludido, ludibriado. Regista o *Dicionário* de Moraes: – "*Cachimbar* – estar logrando alguém, dando ópio. – *Está-me cachimbando!*" Em abril de 1851, José Maria da Silva Paranhos, o futuro visconde de Rio Branco, escrevia: – "Seguiu-se a essa seráfica confissão uma bateria de risadas do Ministro e mais ouvintes, e o M... saiu alegre sim mas muito doído em seu amor-próprio por se ter *deixado cachimbar* tão atrozmente": (*Cartas ao amigo ausente*, 96, Rio de Janeiro, 1953).

BIGODEADO

Logrado, escarnecido, burlado. De origem portuguesa. Reminiscência da linguagem de caça. *Dar um bigode* é matar a perdiz, errada por outro. O mesmo que *cachimbado*. O imperador D. Pedro II, no seu *Diário de 1862*, anotava a 19 de julho: – "Disse-me (o marquês de Abrantes) que era preciso que o Ministério mostrasse que se não deixava *bigodear*".

DE CAIXA DESTEMPERADA

Andar, viver, estar, com *caixa destemperada*; em afronta, ignomínia, indignidade. Rebaixado a posto inferior, com humilhação notória. Reminiscência do cerimonial da degradação militar, cortejo do fuzilamento ou funeral. O condenado, ou defunto, era acompanhado pela banda de tambores desafinados, parafusos frouxos, produzindo sonoridade falsa, fanhosa, em vez da "batida" regular, seca e vibrante, das caixas-de-guerra.

CACHIMBO APAGADO

Imprestável, esgotado, macróbio. Em fins de dezembro de 1923, depois de almoço jubiloso, enviamos ao dr. Antonio José de Melo e Souza, (1867-1955), Governador do Rio Grande do Norte, que entregaria ao sucessor a administração do Estado no próximo 1º de janeiro, um vibrante telegrama de saudações. O *Velho Souza* respondeu a nós todos: – "Muito sensibilizado agradeço generosa manifestação alegria juvenil agora que *somos cachimbo apagado*".

NA RUA DA AMARGURA

Seqüência de padecimentos, humilhações, necessidades, abandono. Denominação popular da *Via sacra*; imagem litúrgica do caminho percorrido por Jesus Cristo, carregando a cruz do Pretório de Pôncio Pilatos ao Gólgota, onde seria crucificado. Via da Amargura. Frei Pantaleão de Aveiro visitou a Terra Santa em 1563, e no seu *Itinerário da Terra Santa e suas particularidades*, (Lisboa, 1593), informa: – "... tomamos outra (rua) à mão direita, costa arriba, caminho do Calvário, a qual se chama *Rua da Amargura*". Em Espanha, *Calle de la amargura*.

MINHA COSTELA!

Esposa, companheira, amásia. *Gênesis*, 2, 21-23 : – "E da costela que o Senhor Deus tomou do homem, formou uma mulher; e trouxe-a a Adão".

É ESPETO!

Obstáculo, dificuldade, tarefa penosa. "A viagem, com chuva, vento, lama, foi espeto!... O trabalho é bom mas o chefe é espeto!". A imagem ocorreu a Cristóvão Colombo, em 1492, alusiva ao clima das Antilhas. Escrevendo *al Escribano de racion*, Gabriel Sanchez, disse o Almirante: – "ni son negros como en Guinea, salvo con sus cabellos correndios, y no se crian adonde *hay espeto* demasiado de los rayos solares" (*Viagens*, 152, ed. Fernández de Navarrete, Madri, 1941).

VOLTEMOS À VACA FRIA

Voltar ao assunto essencial, ao motivo básico, abandonando as digressões retóricas. Será adaptação portuguesa do: – *Suz, revenons à ces moutons*, da farsa *Maistre Pierre Pathelin*, de Pierre Blanchet, entre 1465-1470. Os carneiros passaram a vaca, *fria* pelo esquecimento na exaltação dialética. Theobaldo, (*Provérbios históricos e locuções populares*, 21, Rio de Janeiro, 1879), improvisou uma cena judiciária. Os dois querelantes disputam uma vaca, e um deles, verboso, perde-se em citações e exórdios. O juiz suspende-lhes a eloquência: – *"Mas, voltemos à vaca fria!"*. Theobaldo recorda um epigrama de Marcial, certamente o XIX, do VI livro, *In posthumum causidicum*. O advogado Póstumo, defendendo a posse de Marcial sobre três cabras, evoca tôda a história belicosa de Roma sem que aluda ao tema. *Jam, dic, Posthume, de tribus capellis!* lembra o Poeta. "Fale nas três cabras, Póstumo!" Há, visivelmente, inspiração temática através de dezenove séculos.

Porque os carneiros terminaram em vaca, é que não sei.

EU ARVOREI!

Abandonar, deixar voluntariamente o emprego. "Não aguentei mais e *arvorei*!". É termo náutico. "Arvorar" remo é cessar de remar. "Arvorado", errante, vadio.

LEVAR PELO BEIÇO

Tração irresistível. Submetido sem resistência. Docemente constrangido. Conduzido à sujeição. Os soberanos da Assíria, Babilônia, Egito, furavam o lábio dos prisioneiros reduzidos à escravidão. Relevo no templo de Karnac, representando a vitória do faraó Chechonk I, o Sesac da Bíblia, contra Gereboão, 922 a. C. Relevos assírios, relativos às guerras de Sargão II com o rei Sedecias, 721 anos antes de Cristo.

PELA ORELHA

Dominado, conduzido sem reação, cativo. Furar a orelha de alguém era torná-lo escravo: (*Êxodo*, 21, 6). Em Roma, arrastava-se o depoente pela orelha para obrigá-lo a confissão no tribunal: (*Dicionário do folclore brasileiro*, "Orelhas"). Cortava-se a orelha ao ladrão. Em Espanha, Navarra, dizem dos de Cascante: – *"Adelante los de Cascante; siete con tres orejas y las dos lleva el asno. Según este dicho, entre todos sólo tenian una oreja, es tanto como llamarlos ladrones descrejados"*: (Gabriel Maria Vergara Martin, *Rifranero geográfico español*, Madri, 1936). Na *Exortação da guerra*, 1513, Gil Vicente faz o diabo Danor dizer ao Clérigo:

– Dom Vilão,
Toma-lo por essas gadelhas,
E cortemos-lhe as orelhas,
Que este clerigo he ladrão!

Pela orelha leva-se ao castigo.

LEVADO PELO NARIZ

Abúlico, dirigido sem protesto, governado sem vontade pessoal. Alusão ao anel de ferro que se põe no focinho dos bois: (Antenor Nascentes, *Tesouro da fraseologia brasileira*, Rio de Janeiro, 1966). O anel nasal, pendente da cartilagem, o *nedzen* oriental, era ornamento e não índice de cativeiro. *Mener quel-qu'un par le nez*. É imagem européia a idéia de submissão humana pelo anel na nariz.

FURADO NA VENTA

Obstinado, bravo, irascível, tomando decisão opiniosa, desatendendo conselhos, sujeitando-se à disciplina escolhida. "Não gostava de Política, mas agora *furou na venta*". Venta é a fossa nasal mas a locução refere-se ao tabique divisor das narinas. Perfura-se essa cartilagem aos bovinos e eqüinos para conduzi-los mais facilmente. É a solução aos animais inquietos e teimosos adaptarem-se às tarefas rurais.

CORTA JACA

Lisonjeiro, bajulador, louvaminheiro, "E eu desisto de ser seu *corta-jaca*": (*Austro-Costa*, "De monóculo", Recife, 1966). Dança individual, de habilidade quase ginástica, executada pelo Princês, unicamente com a ponta do pé, a corpo imóvel, nas tardes do Carnaval carioca na primeira década do presente século: (Luís Edmundo, *O Rio de Janeiro do meu tempo*, III, 1938). Em novembro de 1914 exibia-se no teatro Carlos Gomes a peça musicada O *Corta-jaca*, de Zéantone. "Jaca", pela sugestão da forma, refere-se à cartola, chapéu alto; conhecer seus manejos aduladores. No Rio Grande do Sul dizia-se "Hora da Jaca", "isto é, das facilidades e condescendências" (João Neves da Fontoura, *Memórias*, Porto Alegre, 1958). *Cortar* é usar repetidamente, hábito costumeiro, *cortar de sobrecasaca*, vesti-la sempre. A origem é o bailado do *Princês*, aplaudido por saber *cortar-jaca*, dançar saudando. Nenhuma alusão ao fruto da jaqueira, recebida da Índia.

ESFARINHADO

Sabedor, instruído, familiar na assunto. "Esfarinhado" em História. Farinha é sinônimo de abundância, fartura, multidão.

> – Mande a tarrafa
> Com toda a linha
> Que pega peixe
> *Como farinha.*

Assim recebemos de Portugal. D. Francisco Manoel de Melo, *Visita das fontes*, Lisboa, 1657, faz dizer a "Fonte Nova": – "Tinha eu por certo, que todos os que andão por longas terras, vinhão à nossa *enfarinhados* nos costumes alheyos". Ver nº 84.

O DEDINHO ME DISSE!

Personaliza o exato informador misterioso. Mostra-se o dedo mínimo, *auricular*, por ser mais comumente aplicado ao ouvido. Essa constante aproximação indicará o delator dos segredos infantis ou episódios secretos da sociedade adulta, revelados em tom faceto. Popular na França: – *Mon petit doigt me l'a dit!*

LEVA REMOS!

Calar, silenciar, interromper. O mesmo que, *leva rumor!* Levar remos não é andar, seguir, prosseguir, mas "deixar de remar, metendo-se os remos dentro do escaler": (Comte. Eduardo Augusto Veríssimo de Matos, *Tratado do navio ou explicador de aparelho dos navios*, Rio de Janeiro, 1905): – "Levar remos – é recolher os remos do escaler, retirando-os d'água": (Diretoria do Ensino Naval. *Guia de formação marinheira*, Rio de Janeiro, 1941). É o entendimento de Jorge Ferreira de Vasconcelos na quinhentista *Aulegrafia*: – "Ora leva remos, ivos comer e untai vossas barbas...". Vão comer e deixem de falaria...

EM ÁGUA DE BARRELA

Resultado imprestável, inútil, ao inverso dos benefícios previstos. "Dar em água de bacalhau", dizem em Portugal, posteriormente à água de barrela. *S'en aller en eau de boudin*, em água de chouriço, na França. Logração, engano, registou Moraes. A lixívia, obtida de cinzas vegetais, dissolvida n'água quente, desincarde e desnodôa a roupa suja, mergulhada. Um plano cuja produção termina destinada a limpar roupa emporcalhada, é trabalho falhado e decepcionante. Poderá a locução referir-se à água já utilizada na barrela, tornando-se ainda mais inservível. O português tem o verbo *embarrelar*, burlar, sem uso no Brasil.

SENHOR DO SEU NARIZ

Livre, soberano, autônomo. Não é conduzido *par le bout du nez*. Os Reis africanos e asiáticos cortavam o nariz aos prisioneiros, reduzindo-os ao cativeiro total. Ainda no séc. XVII era penalidade regular para os assaltantes de caravanas comerciais ou aos viajantes isolados. Ao ladrão vulgar decepavam a orelha e não o nariz. O etíope Actisanés, faraó do Egito, fundou na fronteira da Síria, não longe do mar, uma colônia unicamente constituída pelos bandoleiros desnarigados. Denominou-a *Rinkoloyros* ou *Rhinocolure*, significando "nariz cortado", informa Deodoro da Sicília, I, LX. A integridade nasal denunciava independência física.

LEVADO DA CAREPA!

Astúcia, manha, dissimulação. Vocábulo desaparecido nos jornais do Brasil e Portugal, mas ainda resistindo na linguagem popular no sul brasileiro. "Levado da carepa", valendo "levado da breca", homem cheio de carepas, insinuante, sagaz. *Oh carepa de mulherzinha! A pouca vergonha aportou ali e fez: – alto, frente, perfilar*: (Urbano Duarte, 1855-1902). Carepa é caspa e também a massa empastada de pós antigos, ungüentos e pomadas perfumosas, acumulada sob os cabelos. "Limpar da carepa" era lavar com água morna esses resquícios de elegâncias e festas passadas. Quem tinha *carepa*, possuía experiência, conhecimento vivido nos meandros sociais.

COMO ABELHA

Comparativo vulgar sertanejo, na prosódia popular; *cumo bêia*. É sugestão do "quando incerto a folgar o enxame adeja", de Virgílo, (*Georgica*, IV, 103, versão de Manuel Odorico Mendes). Imagem de multidão movimentada, turba, inquieta e sonora. *Gente cumo bêia*, muito comum nos velhos cantadores nordestinos. O grande Catulo da Paixão Cearense no poema "O Marrueiro", 1912, escreveu:

– Trazia dento dus óio
istrepe e mé, *cumo a abêia!*

RABO ENTRE AS PERNAS

Humilhado, espavorido, acobardado. Os animais amedrontados ou fugitivos baixam a cauda; *coue*, antiga forma de *queue*, rabo ou rabudo, daí provindo o *couard*, cobarde, *qui a la queue basse*: (Albert Dauzat, *Dictionnaire etymologique de la langue française*, Paris, 1938).

LAMBA AS UNHAS!

Vale dizer, conforme-se com o possuído; dê as graças por não participar do caso; alegre-se de não estar envolvido; considere-se feliz. Isabel Davila, denunciando ao Santo Ofício, em novembro de 1591, na cidade de Salvador, informava: – "Vio mais a dita Mecia Roiz, que tem por costume, quando ouve dizer a alguma pessoa que outra mulher teve roim parto, lamber com a bôca as unhas dos dedos de entrambas as mãos, e isto lhe vio fazer por muitas vêzes, e perguntando-lhe a razão por que o fazia, não respondeu nada". É um gesto de exorcismo popular judeu. Não repetem o ato mas a frase ficou, demonstrando a intenção acauteladora: (Luís da Câmara Cascudo, *Mouros, franceses e judeus*, 139, Rio de Janeiro, 1967), Denunciava a repleção pessoal.

FUTRICO

Inferior, reles, desprezível. Futricagem, coisas sujas, confusas, disparatadas, inúteis. Futricar, perfídia, mexerico, intriga. Criar obstáculos, enredo, atrapalhos. Fute, Futrico, o Diabo no Nordeste. Também o ânus. Futrica, o mesmo que Futrico. No começo do século, o cantador paraibano Bernardo Cintura divulgou seis glosas ao mote *Futrica é Governador*, comprovando a difusão do vocábulo: (Rodrigues de Carvalho, *Cancioneiro do Norte*, 2ª ed. Paraíba, 1928). Futre é o homem sem importância, lorpa, preguiçoso. Em Portugal conheço o tradicional adversário do Estudante em Coimbra, disputando notariedade e tricanas. Ao Futrica coimbrão dirigem, em sentido pejorativo, as variantes da alcunha humilhante. Ganhou, no Brasil, dimensões mais vastas, sempre agressivas. Cândido de Figueiredo relaciona Futrica com o francês *Futre*, que daria o *Foutriquet*, apelido dado pelo marechal Soult ao presidente Thiers. O *Foutriquet* vale o homenzinho ridículo pelo tamanho, anão querendo ser importante.

ASSOE-SE NESSE GUARDANAPO

Exibição de documento decisivo, irretorquível, formal. O Des. Luis Tavares de Lyra contava um episódio alusivo e verídico. Residia no Alecrim, em Natal, um popular que promovia festinhas ruidosas e concorridas, incomodando a vizinhança. A autoridade local proibiu-as. O homem foi queixar-se ao senador Pedro Velho, chefe supremo do Estado, obtendo um cartão autógrafo liberando as reuniões barulhentas. Quando a Polícia quis interromper, o dono da casa mostrou a ordem do *Chefe*, aplicando a frase de desabafo: – *Assoe-se nesse guardanapo!* E a festança continuou.

O guardanapo, surgido na segunda metade do séc. XV, sob Carlos VII em França, servia, indistintamente, para limpar os lábios e esvaziar narizes, na confusão dos convivas que comiam manejando os dedos. Gil Vicente, no *Auto das fadas*, (1511), escreve uma nota depois da fala do 1º Frade: — *Assoa-se com o seu guardanapo*, autenticando a usança. Era solução suficiente para o pequeno problema nasal. Empregado pelo Povo aos demais.

LADRANDO A LUA

Símbolo do protesto inútil e da reação inoperante. A explicação clássica é que os cães vêem as almas do outro Mundo, Deuses, lêmures, fantasmas, e uivam pela percepção real do Invisível. Diziam gregos e romanos que os cães, votados ao sacrifício de Hécate, sentindo sua presença terrível nas noites de luar, ululavam de pavor pela antevisão da inevitável Morte. Era a *Nocturnisque Hécate triviis ululata per urbes*, de Virgílio, (*Eneida*, IV, 609), denunciada a passagem nas ruas desertas pela sinistra orquestração do assombro canino: (Teócrito, *Idílios*, II, Horácio, *Épodos*, V, Ovídio, *Fastos*, I, Virgílio, *Eneida*, IV, Pausanias, III, 14, 9, Homero, *Odisséia*, XVI, o cão vendo Minerva). A influência magnética da luminosidade lunar excitava o nervosismo de suas vítimas, fazendo-as ladrar, delirantes de medo. Mas a expansão sonora dos uivos não modificava o destino dos futuros sacrificados. Deveriam morrer em honra de Hécate noturna, a sombria égide das encruzilhadas, *Hécataia* lúgubre. Posteriormente, séculos e séculos, associaram o terror dos cães às frustradas manifestações do desacordo humano.

Sobre o Cão, Luís da Câmara Cascudo, *Coisas que o povo diz*, nº 31, Rio de Janeiro, 1968.

COMEM E BEBEM JUNTOS

É frase reveladora de intimidade, entendimento, solidarismo: (Luís da Câmara Cascudo, *Anúbis e outros ensaios*, III, "Perséfona e os sete bagos de romã", Rio de Janeiro, 1951; *Superstições e costumes*, "O vínculo obrigacional pela alimentação em comum", Rio de Janeiro, 1958). Mais concreta, existe apenas o *de cama e mesa*, referente ao mancebil. Comer juntos é uma irmanação moral. Em Atenas e Roma, uma dolorosa consequência do *Jus Exsilii* era a proibição do alimento em grupo cordial, incluída no *Aquae et ignis interdictio*. Semelhantemente ocorria na "Excomunhão" religiosa, excluindo o condenado de participar das refeições com os ortodoxos. Comer com um herege era crime, denunciado ao Santo Ofício como prevaricação grave. Na *devassa do bispo D. Pedro da Silva*, 1635-1637, (publicada e anotada por Anita Novinski, S. Paulo, 1968), um elemento rigoroso no questionário episcopal alude aos católicos servirem-se juntamente com os holandeses luteranos. Companhia, Companheiro, nascem do *cum panis*, o pão repartido aos mesmos comensais; apaniguar, apaniguado, de *panis aqua*, pão e água.

DESCENDO DO SERTÃO

É a locução diária o normal para milhões de brasileiros. Sertão sempre significou, unicamente, o interior. A região oposta ao litoral. Assim entendia Luís de Camões, *Lusíadas*, X, 72:

– que castigando vai Dabul *na costa*,
nem lhe escapou Pondá, no *sertão posta*.

Nenhuma sugestão de deserto, despovoado, solidão. Pêro Vaz de Caminha, em maio de 1500, escreve no sentido verdadeiro: – "*Pelo sertão* nos pareceu, *vista do mar*, muito grande". O rei D. João III no "Regimento" dado em dezembro de 1548 ao Governador Geral do Brasil, Tomé de Sousa, fixa a tradução legítima: – Averei por muito meu serviço descobrir-se o mais que poder *pelo sertão adentro da terra da Bahia*". Idêntica a linguagem dos cronistas da época. "A ida dêstes espertou *os de dentro do sertão*": (João de Barros, *Década*, I). "Hamed, o qual o mais do tempo estava *dentro do sertão*": (Damião de Goes, *Crônica de D. Manoel*). O padre Antonio Vieira emprega a imagem contemporânea: – "Não só não *desceriam do sertão*": (*Cartas*, 15). A conjetura afere-se de *desertão* é literatura final do séc. XIX. No registo das sesmarias, desde o séc. XVII, é sinônimo da dimensão transversal, largura. Em 22 de junho de 1666 o Capitão-Mor do Rio Grande do

Norte, Valentim Tavares Cabral, concedeu ao insaciável João Fernandes Vieira uma sesmaria de dez léguas, compreendendo "toda a terra que ouvesse devoluta do Seará-Mirim athe o Porto da Toiro e *para o Sertão outra tanta coanta se achar por costa*". A sesmaria nº 126, 1708, na Ribeira do Mossoró: – "Três léguas de comprimento e uma de largo, comecando do Morro do Tibau, correndo para o sul pela costa e *uma de largo para o sertão*": (Luís da Câmara Cascudo, *Nomes da terra*, História, Geografia e Toponímia do Rio Grande do Norte, Rio de Janeiro, 1968).

RELAMPO

O Povo não diz *relampadejar* ou *relampaguear*, e sim, *relampear* e *relampejar*. Habituei-me no *relampo*, e raramente ao *relâmpago*, dito com a tenção provocada. Camões escrevia *relâmpados*:

– Relâmpados que o ar em fogo acendem, V, 16.
– Relâmpados do mundo, fulminantes, VI, 78.
– Relâmpados medonhos não cessavam. VI, 84.

Mas o seu erudito contemporâneo, D. Amador Arraes, Bispo de Portalegre, dizia *relampo*, (*Diálogos*, Coimbra, 1589). Assim os posteriores, Fernão Alvares do Oriente, nascido em Goa, militar e poeta, (*Lusitânia transformada*, Lisboa, 1607), e o padre João Franco Barreto, Licenciado em Direito Canônico e Secretário de Embaixada à França, sob D. João IV, (*Eneida portuguesa*, Lisboa, 1664). Era a forma antiga, a inicial para espanhóis e portugueses. É a que o Brasil popular recebeu no séc. XVI e ainda, preferencialmente, conhece e utiliza.

O *relâmpago* camoniano seria vivo e prestante em 1569 quando o Poeta deixou a ilha de Moçambique, para Lisboa, com o *Lusíadas* revisto e corrigido, impresso três anos depois, inalterado. Mas não alcançaria as áreas usuais do *relampo*. Não emigrou para o Brasil o *relâmpado* nem o verbo relampadear. Ou não foram "permanências" na linguagem da *Terra Santa Cruz pouco sabida*. O *relampo*, fiel aos étimos, *re-lampo*, é o mais comum no Portugal aldeão, nas regiões cujos filhos povoaram o Brasil. Ouço as vozes familiares de tios e primos no sertão do oeste norte riograndense: – "Está *relampiando* p'ra cima! Vamos ter inverno! ..

Levante o dedo!

É frase provocando individualização responsável. "Quem estiver de acordo, levante o dedo!" Reminiscência de juramento popular antigo, erguendo-se o indicador para o alto, apontando o Céu. Em 25 de junho de 1635, o alferes Antonio Caldeira da Mata, depondo na Bahia sobre os portugueses amigos do invasor holandês, denunciava Pero Lopes de Veras, senhor de engenho em Serinhaém, que aconselhava aos moradores submissão ao Príncipe de Orange: – "Não conhecerem por Senhor nem a Sua Majestade e que eles pagarião o mesmo que pagavão a El-Rei nosso Senhor, e *alevantavão o dedo para sima*,": (*Uma devassa do Bispo Dom Pedro da Sylva*, introdução de Anita Novinski, São Paulo, 1968).

Os pés pelas mãos

Atrapalhar, confundir, enganar-se. Os "Mestres de Cavalos" põem guizos às patas dos animais traquejados para sela, corrigindo pelo som as falsas posições da batida trazeira, obtendo a marcha certa e regular. O segredo do cavado sem tacha nem vício está justamente em "não meter os pés pelas mãos".

Sopa no mel

O bom no melhor. Coincidência insuperável. Oportunidade feliz. "Gaspar Dias ficou muito enfadado, e pretendia de se vingar, e mais porque lhe *caiu a sopa no mel*": (Frei Manoel Calado, *O valoroso Lucideno*, II, IV, Lisboa, 1648). Sopa não é o caldo contemporâneo, incompreensível para o entendimento da frase, mas uma fatia de pão torrado umedecida n'água em que fervem carnes e hortaliças, (166). Sobre esse pedaço de pão, molhado em líquido de cocção, constituindo a sopa antiga, a presença do mel duplicaria os valores do sabor e da nutrição. Era a "Sopa no mel".

TAFUL

Vocábulo de minha meninice. Nem comum e nem morto, atualmente. Existe, retraído da circulação quotidiana. *Está todo taful!* ainda indica o elegante, bem vestido, faceiro. Cantava-se em Natal de 1908 uma modinha, sacudida e rebolada, de que guardo um trecho na memória setentona:

> – Ai! que elegância,
> Que fragância,
> Que tetéia!
> É minha amada,
> Delicada,
> Galatéia!
> Olhos azuis,
> Belos *tafúis*,
> O pé assim...
> Lindo feitiço,
> Tudo isso
> É só p'ra mim!

Gonçalves Viana, (*Apostilas aos dicionários portugueses*, Lisboa, 1906), estuda a história do *Taful*, do árabe *Tefir*, espanhol *Tahur*, significando, pobretão, vadio, batoteiro, especulador, ricaço, janota. "É esta última acepção que hoje está quase obsoleta, e que a palavra tinha a uns cinqüenta ou sessenta anos". Reaparece ainda, tímida mas viva. Em carta de 1352, dizia o Rei Afonso IV ao Bispo de Coimbra: – "Que nem vejam jograes, nem bofoens, nem *tafues* em praça". Registava o primeiro sentido pejorativo. Diogo Lopes de Santiago, que escreveu a *História da guerra de Pernambuco*, sendo contemporâneo, (1630-1654), regista a conversa do judeu Moisés Navarro, (V, VI): – "muito lhe pesava da morte de Paulo da Cunha *por ser bom taful*".

E sobre o Mestre de Campo João Fernandes Vieira, que diziam morto na segunda batalha de Guararapes, (fevereiro de 1649): – "...trago uns poucos de portugueses de ouro, quisera jogar com ele, que também é *grande taful!*". Seria denúncia de bom conviva, acolhedor, agradável, e não unicamente jogador. O padre Manoel Bernardes, divulgaria em 1730: – "O homem taful não sabe governar a sua casa": (*Estímulo prático*). Lopes de Santiago era da primeira metade da centúria anterior. E tivera contato mais intenso com o Povo. Fora português do Porto, vivendo no Nordeste do Brasil.

O meu *taful* era o janota e também as coisas bonitas, como os olhos azuis da Galatéia.

CABELINHO NAS VENTAS

Ter cabelinhos nas ventas, notadamente as mulheres, anuncia gênio brigão, afoito, atrevido. O cabelo é o índice expressivo da masculinidade. Ter cabelos no peito é sinônimo de bravura. *Brave à trois poils*, dizem os franceses. Denunciam, para o Povo, energia fecundadora. Afirmam força física, Sansão perdeu-a quando cortaram sua cabeleira. Na Grécia, Niso, rei de Mégara, e Pterelas, rei dos Táfios, tinham a existência concentrada num cabelo dourado no meio da cabeça. Sem ele, sucumbiram. A trunfa, o topete, o cacho, dos cangaceiros, capoeiras, valentões de outrora. A *tresse*, a *cadenette*, dos velhos soldados da França, desde Luís XIII. A penalidade de aparar, raspar os cabelos, a *descalvação*, era castigo oprobidoso, desde o Código Visigótico. *Calva à mostra*. Desmoralização.

O nariz é lugar da vergonha, do brio, da autoridade moral. Por ali penetra o sopro vital. Dizer *verdades nas ventas* de alguém é audácia destemerosa. *Não tem vergonha nas ventas*, atesta despudor e covardia. No idioma tupi, *Ti* ou *Tin* vale nariz, focinho e também vergonha. *Inti pereçô será Tin, pomunha ramé cuá puxisáua?* "Não tendes vergonha (*Tin*) quando estais fazendo esta feiura?". *Cunhã oicô Tin pocu*, "a mulher tem o nariz comprido": (Stradelli).

Ter cabelinhos, aqui num sentido aumentativo, nas ventas, é pregão aterrorizador. *Le poil est un signe de force*, registava Regnier (1513-1613).

IR AO MATO

Para todo o Sertão do Nordeste *ir ao mato* é defecar. Não havia recursos interiores para alguém *dar de corpo*. É uma reminiscência dos indígenas. "Nos vocabulários modernos aparece o vocábulo *kaá*, (*caá* ou *kaha*), com a significação de evacuar (*Egerere*), quando significa mato ou folhas. O índio não tem uma palavra própria para exprimir essa necessidade da vida, e quando d'ela quer tratar diz: *Cha ço kaá pe*, eu vou ao mato; ou *Cha ço ráin kaá pe*, eu ainda vou ao mato, porque se subentende o que vai fazer": Barbosa Rodrigues, *Poranduba amazonense*, Rio de Janeiro, 1890. Antiga anedota recorda velho sertanejo, viajando por mar, procurando, aflito, *o mato do navio*.

BOA PEDRA

Alusão irônica à pessoa de má-fama. Referência à pedra de jogo ou falsamente preciosa. Já vulgar no séc. XVII. "Ele sem tirar nem bainhar disse aquilo: Vem bater a *boa pedra*": D. Francisco Manoel de Melo, *Feira D'Annexins*, Diálogo 6, Lisboa, 1875.

UMA RATA

Em Portugal dizem *ratada*, *ratice*, "ação estulta que faz rir", regista Frei Domingos Vieira, (1874). *"Deu uma rata!"* dizemos nós. Erro na prática da etiqueta social. Corresponde ao *faire une gaffe, une sottise. Gaffeur*. A *gaffe*, em França, é uma fisga, gancho de serventia marinheira. Em Portugal há o *Ratão*, pessoa esquisita, desajeitada, exótica, em trajes e modos. A *ratada*, *ratice*, a nossa *rata*, é gesto, proeza do legítimo *Ratão*.

PROCURAR UM PÉ

Pretexto, ocasião, motivo. "Tomou pé para não pagar", anotou Moraes. "Buscar um pé para pedir-te a mão" (Bastos Tigre). Pé de mote, tema para glosas. Pé de verso, pé de cantiga. Começo, origem. Situação. "No pé em que está a questão".

QUEM TEM DOR DE DENTES

... É que vai a casa do barbeiro. Quem precisa é que procura remédio. A frase não está esquecida, antigamente popularíssima. No *Liberato*, cena VIII, drama de Artur Azevedo, representado no Rio de Janeiro, setembro de 1881, diz a impertinente D. Perpétua: – "Quem tem dor de dentes é que vai ao barbeiro. Tão longe era de cá lá como de lá cá!". Desde a Idade Média o barbeiro praticava a pequena cirurgia. Além de cortar cabelos e rapar barbas, fazia sangrias e arrancava dentes. *Arte de Barbeyros Phlebotomanos*, de Leonardo de Pristo, publicado em Coimbra, 1719, é uma consagração à nobre classe de navalha e tesoura. Conversador, cativante, habilidoso, o barbeiro possuiu clientela fiel, fama tranqüila, ciência pessoal. O *kuroi* de Atenas e o *tensor* de Roma instalaram os primeiros centros de convivência palreira e viciada, frequentados por Horácio, Juvenal, Persio, Martial. A locução denunciava o prestígio. O doente procurava-o. Seria demasiado atarefado para atender em domicílio. Em certos recantos do Brasil de 1920 os barbeiros extraiam dentes, tendo os *ferros* apropriados. Tinham iniciado a clínica no séc. XVI.

LAVAGEM

Vitória esportiva espetacular. Diz-se da agremiação vencida por grande contagem de pontos. Purgante, clister, vomitário, repreensão severa, lavadura prolongada. No primeiro sentido, dizia-se no séc. XVII "Ele sem tirar nem bainhar disse aquilo: vem bater a boa pedra: chegue-se, *levará sua lavagem*": D. Francisco Manoel de Melo, *Feira D'Annexins*, Diálogo 6, Lisboa, 1875.

UM QUEBRA-LOUÇA

Namorar com insistência, persistir na perseguição amorosa, monomania conquistadora. "Quebrar-louça era o mesmo que *fazer a corte*, uma das modalidades da conquista": (Lafayette Silva, *História do teatro brasileiro*, Rio de Janeiro, 1938). Joaquim Manuel de Macedo escreveu *Cincinato Quebra-Louça*, comédia em 5 atos, levada à cena na capital do Império, fevereiro de 1871. O personagem principal feito pelo famoso Furtado Coelho. A louçaria figura abundantemente na fraseologia popular. "Devagar com a louça", tenha cuidado; "Louça de casa", recursos pessoais; "Zeferina é louça fina", bonita e delicada; "Louça bruta", homem grosseiro. Louçainho, louçania, loução, elegância, atavios, ornamentos sedutores, Meyer Lubke fazia originar-se de *louça*.

PELO NOME NÃO PERCA

Defesa prévia reforçando indicação judiciária, quando o nome a referir não é lembrado. Significa: – a falta do nome não prejudicará o enunciado da culpa. Pela ausência do nome não *se perde a denúncia*. Luís da Costa, capitão de uma Companhia de Mulatos, prestava declarações em Porto Calvo, outubro de 1636: – "... e que sabe que um índio que *pelo nome não perca* lhe veio trazer uma borla no venablo, o qual foi do capelo da dalmatica": (*Uma devassa do Bispo Dom Pedro da Sylva*, 279). O esquecimento do nome não ocultava o crime do indígena, apoderando-se de vestimentas litúrgicas.

ESTAR NA ONÇA

Estar em necessidade. Na Marinha empregam a locução comumente. Onça de óleo, onça d'água, onça de carvão, ter pouco esse material, aproximando-se a carência, impondo-se o suprimento. João Ribeiro explica a origem, provindo da frase italiana *L'é andato su l'undic'once*, está na sua undécima onça. A libra tinha doze onças, e alguém encontrar-se na penúltima moeda teria motivo de real angústia. Será justificação de *Fazer as Onze*, (nº 79). Nenhuma relação com o *Tempo do Onça*, (205).

MEU CADETE!

Tratamento afetuoso do pai ao filho, e repetido pelos amigos. Comum nas primeiras décadas do séc. XX. Preferencialmente aplicado aos filhos de oficiais. Mereci, menino e rapaz, esse título, embora desaparecido em 1897, quando não nascera. Ver general Paula Cidade, *Cadetes e alunos militares através dos tempos*, Rio de Janeiro, 1961: Rui Vieira da Cunha, *Estudos da nobreza brasileira – Cadetes*, Rio de Janeiro, 1966. Uma anedota inverossímil era contada pelos velhos do meu tempo. Antes de 1648, o Mestre de Campo D. Antonio Filipe Camarão assistia aos exercícios de equitação de um sobrinho. Bruscamente o cavalo atirou ao solo o cavaleiro. Erguendo-se, o Chefe potiguar, comentou, rindo: – *Caíu bêm moleque!* Estendendo a mão: – Levanta, menino! E segurando o estribo: – *Monte, seu Cadete!* Infelizmente no séc. XVII a Cadete não existia. Fora criado, militarmente, no alvará de 16 de março de 1757, pelo rei D. José, de Portugal.

NA PONTA DO DEDO

Levar na ponta do dedo subentende-se coisa leve, fácil, diminuta. Sem esforço (p. 144). Diziam outrora "no bico do dedo". O registro de Moraes no seu Dicionário: – "A caça, que tu matares, eu a assarei no bico do dedo", ainda é popular nos sertões. Na *Comédia Eufrosina*, (Evora, 1561), corre a imagem: – "Quanto vós nisso ganhais assai-o no bico do dedo". Redução ao mínimo das vantagens alheias.

SALVE ELE!

Viva! Saúde! Seja bem-vindo! Saudação cordial e popular, por todo Brasil.

Salvar, no séc. XVI quando o brasileiro nasceu, era saudar. Ainda hoje, "salva" de palmas ou de artilharia. O navio "salvou a Terra" com 101 tiros. Salva Real. Originava-se do "almejar saúde" a alguém. Dar o "Deus te salve". Era o *Salve*, saudação matinal em Roma, dedicada a Deusa Salus, filha de Esculapio, *quae matutina est salutatio*. Cortesia indispensável ao romano. *Ave*, empregava-se nas horas vespertinas. *Vale*, ao despedir-se, definitivamente, no quotidiano. Luís Gomes, abril de 1594 em Igaraçu, ante o Santo Ofício, terminava a informação contra Antonio Gonçalves, o *Mutuca*, antigo vaqueiro no Una "que ora ouviu dizer estar no Cabo de Santo Agostinho começando a querer ser pescador": – "...dixe que dias passados tiveram umas palavras de agastamento por ele denunciante lhe ferir uma porca, mas que depois *se fallão e salvão*". Lopo Martins, depondo em Olinda, agosto de 1595: – "respondeu que algumas vezes falou e de passagem *salvou* ao ourives da praia de cujo nome não está lembrado": (*Denunciações de Pernambuco*, 265, 474, S. Paulo, 1929).

NÃO SOU BODÉ!

Frase irônica às dedicações extremadas, sacrifícios pessoais, devotamentos supremos. "Não sou Bodé! Bodé já morreu! Procure outro..." eram correntes nas primeiras décadas do século, nas regiões vizinhas a Pernambuco. Manuel Joaquim Ferreira Esteves, o *Major Bodé*, um dos mais vibrantes animadores do Partido Conservador pernambucano, foi assassinado a 1º de dezembro de 1884 na Matriz de S. José, no Recife, nas eleições para Deputados Gerais. Sentidíssima a morte. O Povo denominou "Campina do Bodé" a que depois se tornou "Praça Sérgio Loreto". Uma cantiga alusiva resistiu mais de 30 anos, e ainda a sei solfejar. A locução não desapareceu. Ver Félix Cavalcanti de Albuquerque Melo, *Memórias de um Cavalcanti*, S. Paulo, 1940: Luís da Câmara Cascudo, *Dicionário do folclore brasileiro*, "Bodé", 1º vol., INL, Rio de Janeiro, 1962.

COM UMA BOCHECHA D'ÁGUA

Fácil, pronta, imediatamente. Pelo diminuta líquido avalia-se a pouquidade do esforço. É a porção que cabe na boca. "Desfaço suas sentenças com uma bochecha de água", escreveu Francisco Rodrigues Lobo, (*A Corte na aldea*, Lisboa, 1619). Em agosto de 1591, dona Luisa de Almeida queixava-se ao Santo Ofício na cidade de Salvador, de Fernão Cabral de Ataide, senhor de Jaguaribe, que sendo amigo e compadre do seu marido, a convidara para "ajuntamento carnal e que o tivesse com ele dentro da mesma Igreja". A dama repelira-o, indignada, "e o dito Fernão Cabral lhe respondeo que tanto monta dormir carnalmente com comadre como com quem não he comadre, e que tudo o mais, erão carantonhas, e que com *huâ bochecha dagoa se lauaua tudo*": (*Denunciações da Bahia*, 365, S. Paulo, 1925).

PENDER A MÃO

Subornar, peitar, *dar bola*, agrados, gorjetas, facilitando a pretensão, burlando a lei. Belchior Mendes de Azevedo, depondo no Santo Ofício na Bahia, agosto de 1591: – "... tornão lhe a perguntar como o absolviam sem lançar a manceba fóra elle lhe respondera que como *pendera a mão* logo o absolveram": (*Denunciações da Bahia*, 452). Moraes: – "*Mãopendente* – presente para obter de oficiais algum favor". Pender a mão, deixava cair o dinheiro. A locução é anterior à divulgação do papel-moeda. A frase contemporânea é *abrir a mão*. "O negócio estava escuro mas ele *abriu a mão*, e tudo clareou".

A VER NAVIOS

Esperando o que não virá. Aguardando o indeterminado. Demitido, desempregado, vivendo a esmo. Locução portuguesa ainda vulgar no Brasil. Alusão à lenda do rico Pedro Sem, mercador no Porto, cujos barcos naufragaram à sua vista quando desafiava Deus a fazê-lo pobre. Sobre os problemas, temático e cronológico, ver *Dicionário do folclore brasileiro*, II, *Sem*. Creio mais lógico constituir referência aos Sebastianistas que iam ao Alto de Santa Catarina, em Lisboa, esperar a vinda da nau que traria o "Encoberto". "*Está a ver navios no Alto de Santa Catarina!*", era a imagem desses devotos, teimosos e fiéis ao Rei, desaparecido em Alcácer Quibir, (1578). A localização foi esquecida, por dispensável, nas citações brasileiras.

OBRA DE SANTA ENGRÁCIA

Trabalho interminável e sem acabamento útil. Serviço incompleto, afanoso, insuficiente. "Brasília não deve ser *Obra de Santa Engrácia*", dizia-se durante a fase inicial da Novacap. A imagem é portuguesa é do séc. XVII.

Ainda no Campo de Santa Clara, em Lisboa, está a Igreja de Santa Engrácia, sem conclusão, apesar de "monumento nacional". Data do séc. XVI. Em janeiro de 1630 deu-se um roubo sacrílego. O templo foi interditado, demolido e começada a construção do atual, jamais finda. Teria quatro torres quadrangulares e um zimbório. Utilizaram centenas de toneladas de granito e mármore. Os arquitetos temeram que as paredes não resistissem ao peso da cúpula e renunciaram a continuação. A tradição recorda que o cristão-novo Simão Pires Solis, suspeito do desacato, afirmou-se inocente, apesar das várias aplicações da tortura. Foi queimado vivo e as cinzas atiradas ao mar. Anos depois a inocência do réu foi comprovada. Nada explicara de sua presença no local para não comprometer uma jovem freira de Santa Clara com quem tratava de amores. A igreja de então estava em reparos e o jovem acusado, indo para o suplício, profetizou a eternidade do esforço inoperante.

> – É tão certo que, sem crime,
> Esta morte vou sofrer,
> Como é certo que não minto,
> No que vou ora dizer:
>
> – Nunca se darão por feitas
> Por mais somas empregadas,
> As *Obras de Santa Engrácia*
> Que aqui vêdes começadas.

PAU DE CABELEIRA

Alcoviteiro, padrinho de namorados, proxeneta. Numa sessão de 1839 no Senado do Império, o padre José Martiniano de Alencar, do Ceará, declamou: – "É necessário que o Senado não sirva de *pau de cabeleira*". O Pau de Cabeleira era uma armação de madeira, haste com extremidade em globo, craniforme. Enfiava-se a peruca para guardar ou pentear. Em certa distância, semelhava um vulto humano. Falsa sentinela, guarda fingido. O pau apenas mantinha a cabeleira sem o seu portador natural. Era um espantalho benéfico.

COMPROU A CASA DOS BICOS!

Há cinqüenta anos a presença portuguesa era mais intensa entre o Povo brasileiro. Os emigrantes reforçavam a linguagem lusitana, fazendo divulgação das frases-feitas, correntes em Portugal. Notadamente, peculiaridades verbais de Lisboa e do Porto ganhavam circulação, nacionalizando-se. Os velhos portugueses habituavam-se à fraseologia local, esquecendo modismos pátrios. "Comprar a *Casa dos bicos*" era sinônimo de riqueza, fartura de recursos financeiros. "Vai comprar Copacabana!", dizem agora para certos nababos.

Casa dos bicos existe em Lisboa, "monumento nacional", perto do Arco das Portas do Mar, recanto pitoresco. É um edifício modesto, de dois pavimentos, com a frontaria de pedras talhadas, em pontas, construído no primeiro terço do séc. XVI e pertencente à família de Afonso de Albuquerque, o *Albuquerque terribil*. No séc. XVII denominavam "Casa dos Diamantes", porque era fama de ser ornada de pedras preciosas. O *alfacinha* contemporâneo informa-me ter existido um diamante na extremidade de cada pedra. Ficou sendo, sem eles apenas a "*Casa dos bicos*". Comprá-la ou possuí-la, era ter as Índias por propriedade. É uma curiosidade arquitetônica, com réplicas em Segóvia e Ferrara.

BICHO CARETA

Pessoa indeterminada e vulgar. Bicho-papão. "Qualquer indivíduo". registou Frei Domingos Vieira, (1872). Popular no Brasil e não recolhido por Moraes. "Ouço dizer a *todo bicho-careta* que os senadores e deputados são mandatários do Povo", escreveu Frei Miguel do Sacramento Lopes Gama em 1837, no *Carapuceiro*, nº 17, Recife. "Não tenho tempo de ter medo de *bicho-careta*!" Aparência de força, poder, domínio, tentando prestígio pela intimidação. "Está se fazendo *bicho-careta*!" *Careta* não é apenas o trejeito, a momice, mas a máscara, fingimento, simulação. *Bicho* é todo animal. A falsa fera, burro com a pele do leão, galinha cantando de galo. Essa seria a primeira intenção da imagem. A segunda, decorrente da desmoralização burlenta, identifica a figura falsária, reduzindo-a à vulgaridade: – valdevinos, futrica, bufão.

É UM BELDROEGA!

Vadio, desclassificado, inútil, vulgar. A produção abundante e fácil da *Portulaca oleracea*, Linneu, desprestigiou-a no conceito popular, pela fartura espontânea com que se alastrava nas hortas. Os portugueses trouxeram-na para o Brasil, (Gabriel Soares de Souza, XXXVI: *Diálogos das grandezas dos Brasil*, IV). Levaram-na às terras africanas, tornadas familiares *Jibembe* de S. Tomé e Angola: (Conde de Ficalho, *Plantas úteis da África portuguesa*, 87, Lisboa, 1947). O brasileiro não gosta das saladas, onde a beldroega se incluía, e a portulácea desmereceu credencial como forrageira. Dos quintais cuidados, emigrou para os matos vizinhos, reaparecendo com a insistência de hóspede sem convite. A vulgaridade demitiu-a das predileções. "É um beldroega!". Dá em toda a parte.

PERDI MEU LATIM

Esforço inútil. Tempo improfícuo. Até o séc. XVII o latim era a comunicação letrada, o idioma das exposições, debates, composições científicas. *Y perdre son latin* seria a falência na conquista verbal, a derrota na finalidade catequística. No séc. XIX é que se empregou o complemento logicamente dispensável, *perder tempo e latim*. O exercício dialético compreendia sua duração. "Qu'avant qu'il soit venu à la certitude de ce poinct où doibt joindre la perfection de son experience, le sens humain *y perd son latin*": (Montaigne, II, XXXVII).

MACACO VELHO NÃO METE A MÃO EM CUMBUCA

Estudei a locução no *Coisas que o povo diz*, (Rio de Janeiro, 1968), citando a frase nhengatu de Couto de Magalhães, menção de Afrânio Peixoto, do português Pedro Chaves, as variantes belgas da Walonia, de George Laport, a árabe de René Basset, chinesas do *Po-yer King* e do *Tripitaka*, a hindu de Swynnerton. A fonte mais antiga encontra-se num apólogo de Epicteto, na coleção das *Dissertationes* de Flávio Arriano, no primeiro século da Era Cristã. Provirá de origem oriental, literária e moralizante.

Do Brasil, transcrevi o texto do *Compêndio narrativo do peregrino da América*, (XI), de Nuno Marques Pereira, 2ª parte, terminada em 1733 na Bahia, dizendo a técnica usual em Cabo Verde. O escritor contemporâneo Luis Romano, da ilha de S. Tiago, confirmou pessoalmente. Não existe em Angola, segundo informação do etnógrafo Oscar Ribas. O mais velho registro brasileiro, referente a essa curiosa captura dos *bugios*, será a descrição minuciosa de Brandonio, (*Diálogos das grandezas dos Brasil*, V), datado de 1618: – "Tomam-nos (*os macacos*) com laços e armadilhas, dos quaes um escravo meu lhes fazia uma assás galante; a qual era que tomava uma botija de boca estreita e a meava de milho, e assim a punha lançada no chão com alguns grãos por fóra ao redor da boca della; e, tendo assim a botija preparada na parte onde os bugios costumavam a vir fazer seus furtos, tanto que algum chegava a ella, vendo os grãos de milho, depois de os comer, olhava pelo buraco a ver se achava mais, e tanto que os divisava dentro, mettia a mão pela boca da botija, e quando a queria tornar a tirar para fóra já cheia de milho, o não podia fazer, porque como a mettera vazia, pôde bem caber pelo buraco, mas trazendo-a cheia, não lhe era possivel pode-la tornar a tirar para fóra, per este modo ficava preso; e como ignorava que lhe era necessario tornar a soltar o milho, para poder levar a mão, o que fazia era somente dar muitos gritos, até que ao rebate delles acudia o caçador a lhe lançar um laço, com o qual despois de quebrar a botija, o trazia para casa": (Rio de Janeiro, 1930).

Em um romance de Edgar Wallace, *L'homme du Maroc*, lido na versão francêsa de S. Marval, (Gallimard, Paris, 1934) encontra-se *Le singe et la gourde*, indicando a divulgação e permanência.

PEGAR NO BICO DA CHALEIRA

Incensar, bajular, gabar servilmente. No segundo lustro do séc. XX era frase vulgaríssima no Brasil, tendo partido do Rio de Janeiro, ao derredor da figura poderosa do general José Gomes Pinheiro Machado, (1852-1915), Senador pelo Rio Grande do Sul, presidente do Partido Republicano Conservador, *dono do país*, administrativo e político. "É que o senador, como todo gaúcho, mantinha em sua sala uma pequena chaleira de prata com água quente para alimentar a bomba do mate chimarrão. Dos próceres que enchiam a residencia movimentada, cada qual mais sofregamente desejava pegar na chaleira para servir a água na bomba do chefe. E no açodamento, às vezes pegavam no bico": Edigar de Alencar, O *Carnaval carioca através da música*, I, Rio de Janeiro, 1965. Houve polca *No bico da chaleira*, do maestro Costa Júnior, e uma revista teatral *Pega na chaleira*, de Raul e Ataliba Reis, ambas em 1909. Decorrentemente, Chaleira, Chaleirador, Chaleirar, adulador, adulação.

MAÍS VALE UM GOSTO DO QUE QUATRO VINTÉNS

Fruição não deve ser evitada pela poupança. As alegrias não têm equivalência financeira. "Quem guarda com fome, o gato vem e come!" João Ribeiro, *Frases feitas*, 224, explicava pelo ato do Rei D. João V haver restituído ao açúcar o antigo preço de oitenta réis. Cita uma quadrinha patusca de Tomás Pinto Brandão, no *Pinto renascido*, 217: (*Pinto renascido, empenado e desempenado.* Primeiro Vôo, Lisboa, 1732), alusiva ao episódio:

> – A mim me dou parabéns
> De ver em bom preço posto
> E já não direi que *um gosto*
> *Val mais que quatro vinténs*.

Os filólogos portugueses Leite de Vasconcelos, Oscar de Pratt, Cláudio Basto discordaram: (*Revista Lusitana*, XVI, 1913, que devo ao Dr. F. C. Pires de Lima, do Porto). A locução é muito popular no norte de Portugal. Tomás Pinto Brandão tomá-la-ia de vocabulário anônimo: – Quatro larachas; quatro trêtas; quatro lérias; lágrimas de quatro em quatro; dizer quatro palavras; galgar os degraus de quatro em quatro; comer por quatro". Os *quatro vinténs* referem-se à quantidade indeterminada. Mesmo plano de valor indefinido em francês, italiano, espanhol. É quanto me parece claro. No Brasil: – "Ter quatro vinténs – possuir boa fortuna, ter seu dinheirinho": (Antenor

Nascentes, *Tesouro da fraseologia brasileira*, Rio de Janeiro, 1966). Oscar de Pratt, inicialmente, julgava adulteração de "Mais vale um *visto* que quatro *itens*", em boa hora abandonado.

FAZENDO BISCOITO

Doente em estado grave, ou sabidamente incurável. Alusão ao indispensável farnel das viagens marítimas nos séculos XV, XVI, XVII. O biscoito, resistente e duro, era alimento básico: (Luís da Câmara Cascudo, *História da alimentação no Brasil*, I vol., "Dieta embarcada", Brasiliana-323, S. Paulo, 1967). *Fazer biscoito*, preparar-se para a jornada. "Já estou fazendo os biscoitos para a viagem" – repetia sempre, aludindo ao fim próximo. Fazer os *biscoitos para a viagem* foi expressão que sempre ouvi de minha avó e suas irmãs quando elas queriam se referir a pessoas gravemente enfermas ou de mau aspecto. – "Ontem vi fulano que, pelo jeito, já está fazendo os biscoitos". Ou então: "Não me importo com mais nada deste mundo porque só desejo fazer os meus biscoitos". Minha avó estava há alguns anos empenhada nessa indústria invisível ligada à morte": Augusto Frederico Schmidt, *O galo branco*, – "Páginas de memórias", 42, Rio de Janeiro, 1957.

MARCA BARBANTE

Inferior, primário, subalterno. Era a cerveja local, Recife, Rio de Janeiro, S. Paulo, Porto Alegre, no início da industrialização. As rolhas de cortiça ficavam amarradas de barbantes, evitando que não fugissem no impulso da fermentação. "Marca barbante passou, por analogia, a ser designação pejorativa. De um mau orador dizia-se que era 'marca barbante'. Até meninas marca barbante": (João Neves da Fontoura, *Mémorias*, Porto Alegre, 1958).

SER BESTA

Parvo, lorpa, servindo sem retribuição, escravo espontâneo, sempre iludido, crédulo. Figura do animal de carga, prestante e sem trato e louvor. Imagem do plebeísmo rural, divulgada no séc. XV em Portugal.

– *E eu ficarei por besta?* – pergunta a Velha, no *Auto da festa*, de Gil Vicente, representado em 1535, segundo o conde de Sabugosa.

É TIRO!

Conseqüência infalível e proveitosa. Negócio fatalmente rendoso. Definitivo. Categórico. Indisfarçável. "A resposta é um tiro!". Terminar o debate – "dar um tiro na questão!". Tiro e queda. Tiro de testa. Tiro e baque. "Dar o tiro", aproveitar a oportunidade. Na linguagem teatral é a representação de conjuntos, mais ou menos improvisados, em datas históricas, religiosas, tradicionais, determinando grande afluência popular. Originar-se-ia do tiro de Honra, tiro de Graça, tiro de Misericórdia, desfechado no ouvido do fuzilado, abreviando-lhe a agonia. Não seria possível erro de pontaria ou resultado ineficaz.

ESTÁ DE CAVALO SELADO

Mortalmente enfermo. Desenganado. O cavalo era o transporte tradicional dos fazendeiros nos sertões e senhores de engenho nas regiões litorâneas. O *cavalo selado* anunciava viagem próxima. O Padre Goiabeira, (Cristovam do Rego Barros), vigário de Barreiros, Pernambuco, dizia a Julio Belo, seu afilhado que o visitava: – "Olhe, o Barão (de Gindahy) está já com o cavalo selado à porta para partir. O velho Ferrão, (coronel Manuel Barreto Ferrão Castelo Branco, senhor do engenho Linda-Flôr), mandou a roupa para a engomadeira e a minha está se lavando. Vamos todos de viagem e de muda. O Bispo, (fabricante de ataúdes), está nos preparando as montarias": (*Memórias de um senhor de engenho*, 2ª ed. Rio de Janeiro, 1948).

MEQUETRÉFE

Vulgar. Em nossa casa, outubro de 1969, o eng. Osório Dantas empregou o vocábulo: – "um mequetréfe qualquer...". A significação nordestina, litoral e sertão, refere-se à pessoa ordinária, comum, inferior. Em Portugal, tumultuoso, revoltoso, amotinado. Homem presumido de fino e sabido: (Frei Domingos Vieira). Pessoa que se mete onde não a chamam: entremetido. Finório: (Aulete). Entremetido, inquieto: homem sabido, e fino. Vieira, carta 41, tomo I: (Moraes). Nunca ouvi "Melquetrefe", sempre "Mequetréfe", como Antenor Nascentes registou no *Dicionário etimológico da língua portuguesa*, (1955) : – "Cortesão tirou do esp. *mequetrefe*, que a Academia Espanhola com dúvida, deriva do árabe *mogatref*, petulante". No *nuevo diccionario de la lengua castellaña*, (Paris, 1870): – "Mequetrefe, m. Hombre entremetido y de poco provecho". Conheço unicamente valendo indivíduo sem classificação. Beldroega. Peralvilho. Futrico. Fulustreco.

UMA BANDA ESQUECIDA

Voltando do aeroporto de Parnamirim, vim conversando com o motorista. Fins de agosto de 1969. O rapaz lamentava a trombose cerebral do presidente Costa e Silva. E fez o diagnóstico tradicional. "Foi estupor, ar amalinado! Diz que está com uma banda *esquecida!*". Estaria hemiplégico. "Esquecimento" é a perda de sensibilidade, ou do movimento. O organismo *esquece* a função de uma parte. Perna esquecida. Braço esquecido. Há quantos séculos a imagem persiste na linguagem popular?

Em casa, procurei um texto comprovador. Valerá o cap. 137 do *Peregrinaçam*, de Fernão Mendes Pinto, Lisboa, 1614, 31 anos depois da morte do autor. É uma página de Fernão Mendes "metido" a médico na China do séc. XVI, na corte de um Rei.

– "E continuando assi com a minha cura quiz nosso Senhor que dentro em vinte dias elle foy são, sem lhe ficar mais mal que só hum *pequeno esquecimento no dedo polegar*".

TUTA E MEIA

Locução vulgar no Brasil. *Pequeno dicionário brasileiro da língua portuguesa*: – "s. f. (fam). V. Ninharia; quase nada; preço vil; pouco dinheiro". Plano depreciativo e zombeteiro. João Ribeiro, (*Frases feitas*, 135), julgava provir da resposta do acólito ao *Introito* da Missa – juven*tutem meam*, soando apenas *tutem mea*, vindo a dar o *Tuta e méa*, ou *meia*, como provocara o *Pai-vobis*, *pax-vobis*, pacóvio, e *Codório*, bebida, do *Quod ore sumpsimus*. Gonçalves Viana, (*Apostilas aos dicionários portugueses*, II, Lisboa, 1906), preferia originá-la de *macuta e meia*. João Ribeiro comentara: – "Poder-se-ia dizer *uma macuta*, moeda aliás desconhecida em Portugal e no Brasil; mas é inexplicável que se diga *macuta e meia... Macuta e meia* significaria para cima de algumas macutas, com a intenção de aumentar e não diminuir o valor". Justamente o inverso.

A Macuta foi unidade monetária privativa de Angola, constando inicialmente de tecidos de palha, (*Jibongos*), tornada metálica em 1762, em circulação até 1911, substituída pelo "Escudo". Valia 50 réis. Corriam moedas divisionárias de cobre, de uma meia, e um quarto de macuta. De prata, de 2, 4, 6, 8, 10, 12 macutas. O Príncipe Regente D. João fez cunhar macutas no Rio de Janeiro, 1814-1816, inclusive moedas valendo duas. A comparação aviltante existe em Angola: – "Os indígenas continuaram durante muito tempo a contar por macutas, tendo ficado o adágio – *Não vale macuta e meia*, para significar "coisa que vale pouco": L. Rebelo de Sousa, *Moedas de Angola*, com vinhetas de Neves e Sousa, 1968, nota 89. Não a ouvi nem li em Portugal. Ausente do *Tesouro da língua portuguesa*, de Frei Domingos Vieira. O Prof. R. Oldrich ignorou-a na relação *Zum Bildhaften Ausdruck*, ("Miscelânea F. Adolfo Coelho", I, Lisboa, 1949). Lamento não conhecer as explicações de Silvio de Almeida, Alberto Faria e Raul Soares, ditas pelo mestre João Ribeiro *inadmissíveis*.

Tuta e meia valiam 75 réis, se nasceu da *macuta e meia*.

TANGOLOMANGO

Dar o tangolomango, morrer, infelicidades sucessivas. Também cantiga de roda em que, no final de cada verso, uma menina deixa o brinquedo. Silvio Romero registou-a em Sergipe e Rio de Janeiro, *Cantos populares do Brasil*, 365, Rio de Janeiro, 1897, e Manuel de Melo havia anteriormente estudado com vasto documentário europeu: (*Tangoro-Mangro*, Revista Brasileira, VI, 163-170, Rio de Janeiro, 1880), mostrando ser uma dessas *formulettes numeratives* analisadas por Eugéne Rolland, o *juego de números* popular na Espanha e pesquisado por D. Manuel Milá. Muito conhecido em Portugal, F. Adolfo Coelho, *Romances populares e rimas infantis* ("Zeitschrift für Romanische Philologie", Halle, 1879). J. Leite de Vasconcelos, *Tradições populares de Portugal*, 298, Porto, 1882, "designam o mal, de um modo vago. De alguém que tem um achaque, etc., diz-se 'deu-lhe o trango-mango'. João Ribeiro, *Frases feitas*, nº 95, Rio de Janeiro, 1960, (primeira edição em 1908), fê-la originar-se de um jogo espanhol, *tángano!* ponho, Mango, sim, quero, e mencionou a citação vocabular do *Tengomengo* em versos de Nuno Pereira, *Cancioneiro geral*, de Garcia de Resende, Lisboa, 1516. Voltou a examinar o assunto no *O folclore*, 122, Rio de Janeiro, 1919, ligando a cantiga aos ensalmos numerativos, de forma regressiva e tão velhos na Europa, sendo um dos mais tradicionais o contra glândulas e tumores, *Novem glandulas sorores*, e vindo decrescentemente até o *Una fit glandula, Nulla fit glandula*. É a técnica dos "Curadores de rasto" nos sertões do nordeste do Brasil. A. A. Barb analisou o tema no *Folk-lore*, vol. LXI, Londres, 1950, *Animula Vagula Blandula*, 15-30, Ver ainda Teofilo Braga, *O povo português nos seus costumes, crenças e tradições*, 2º, 175, "Tángano-mángano", Lisboa, 1885: Vicente T. Mendoza, *El romance español y el corrido mexicano*, 738, *Los Diez Perritos*, México, 1939, com o texto de Adolfo Coelho e *Las nueve glándulas hermanas*, de Marcelo Burdigalensis, do século V da Era Cristã. A versão de Leite de Vasconcelos começa pelas "vinte e quatro marrafinhas" e "Marrafinhas de Lisboa", sendo canto e bailado, não para crianças, mas para adultos, e que Augusto César Pires de Lima assistiu a dançar em Santo Tirso, *Estudos etnográficos, filológicos e históricos*, 3º, 383-388, Porto, 1948, também no estilo de ir, sucessivamente, morrendo uma a uma as "marrafinhas", vítimas do *Trangomango*. No Brasil, para onde vieram os elementos, é apenas uma cantiga, ou melhor, parlenda, cantiga de roda, como era cantada no meu tempo de menino, e de que muitas vezes participei em Natal, S. José de Mipibu, Nova Cruz. Não a ouvi pelo sertão. A cantiga ou parlenda ligar-se-á idealmente aos ensalmos numerativos pela associação da imagem decrescente, independente da função mágica.

– Era nove irmãs numa casa,
Uma foi fazer biscoito;
Deu o tango-lo-mango nela,
Não ficaram sinão oito.

Essa uma, meu bem, que ficou,
Meteu-se a comer feijão;
Deu o tango-lo-mango nela,
Acabou-se a geração.

Tangolomango provirá do africano *Tango-mau*? já registado em Bluteau e em Frei Joaquim de Santa Rosa de Viterbo, (*Elucidário*, 2º, 227, Lisboa, 1865), referindo-se ao *Tangomão*, na Guiné e Cafraria (?) como sendo o natural da terra que dela se ausenta, por homizio ou emigração, falecendo distante e sem notícias seguras. A legislação portuguesa, (Liv. I. tít. 16, § 6) atendia aos bens e outros interesses abandonados pelo Tangomão, resolvendo-as heranças vacantes ou jacentes, com a decisão d'El-Rei. Denominava também indeterminada classe de negros, os *Tangomaus*, aparecendo como tropa auxiliar no Brasil do séc. XVII. O Padre Antonio Vieira menciona os *negros Tangomaos*: Pereira da Costa, *Vocabulário pernambucano*, 691, Recife, 1937. O nome africano determinaria o sentido fantástico e sinistro de uma entidade errante, misteriosa, ameaçadora, convergindo para o conceito popular da Morte ou do Destino. O conteúdo é o temário europeu das fugas decrescentes. Assim nasceria o bailado. Noutra face, permanece a imagem da Fatalidade, *deu o tangalomango*, com raízes intelectuais na África Ocidental.

BRINCAR

Vale relações sexuais na fraseologia popular brasileira e contemporânea. O *jocare* prestava-se a essa extensão erótica. Comum nos velhos "romances" do ciclo de "D. Carlos de Montealbar", que Silvio Romero divulgou versões de Sergipe e de Pajeú de Flores em Pernambuco: (*Cantos populares do Brasil*, 1897) com as minhas notas, registando as variantes: (*Folclore brasileiro*, I, 94, Rio de Janeiro, 1954:

> – A El-Rei irei contar
> mais tem ele que me dar:
> Apanhei a Claralinda
> com Dom Carlos a brincar.

Nas variantes portuguesas do Porto e Beira Alta está "folgar": (Teofilo Braga, *Romanceiro geral português*, I, 365, Lisboa, 1906). E continua vulgar e nos versos gaiatos:

> – Mulher que brinca com homem
> depressa empina a barriga.

Estabelece-se diferença entre "brincador" e "brincalhão". O primeiro é da raça do conde de Montealbar.

CARRADAS DE RAZÃO

É de origem portuguesa, "ter razão às carradas". Imagem do transporte, de *carrus*, e do baixo latim *caricare*, o carregar, carregamento, carga, carrego, carreira que é o caminho do carro. No Brasil e Portugal constituem medida de capacidade, carro de lenha, de milho, de canas, de feno, de capim. Augusto de Saint-Hilaire, *Viagens pelo distrito dos diamantes e litoral do Brasil*, (Brasiliana-210, S. Paulo, 1941), registava o uso corrente em 1817, Minas Gerais e Rio de Janeiro. Dou o testemunho pessoal para o Nordeste brasileiro. Era a impressão do maior volume transportado. *Carrada* é a carga de um carro. Uma *carrada de razão* impõe a validade decisiva dos argumentos irrespondíveis.

NÃO HÁ BODA SEM TORNABODA

O anexim corre em Espanha e Portugal, pouco vulgar no Brasil. João Ribeiro, (*Frases feitas*, 260), registou-o, enganadamente ao meu ver: – "Era costume nas festas de bodas, cada um levar a sua matalotagem. *Bodas* são quaisquer festas; às vezes bulhentas acabavam em rixas e em sangue; previu-o a legislação antiga, e a sabedoria popular com o aviso: – 'Não há boda sem tornaboda'."

Boda é o festim de casamento. Onde todos levam alimentos é o *Bodo*, dedicado aos pobres, distribuição de ofertas.

No *Refranes que dicen las viejas tras el fuego*, atribuída a compilação a D. Iñigo López de Mendoça, marquês de Santallana e conde del Real de Manzanares, (1398-1458), o *No hay boda sin tornaboda* desafiou interpretações.

O sr. Félix F. Corso, no *Refranero español*, (Buenos Aires, 1942), comentou: – Algunas ediciones paremiológicas explican este refrán por el que trae el *Dic. de academia*: – "*No hay boda sin doña toda*", ref. que se dice de algunas señoras que se hallan en todas las fiestas. "Creo que la acepción de la palabra "torna-boda", (dia después de la boda, celebridad de este dia), nos aleja bastante del significado que puede tener "doña toda", y, por ende, no da el sentido exacto que pide el refrán de la colección del Marqués de Santillana. Por mi parte, dejo el refrán sin explicación: nada he encontrado que lo aclare".

O *Refranero español*, do sr. José Bergua, (Madri, 1936), inclui o *No hay boda sin doña toda... Se dice de las personas que están en todas partes.*

Essa *Doña toda* é o que denominamos Arroz-doce-de-pagode, pessoa de invariável presença nas festas, o *pagode* popular.

O sr. José Bergua regista: – *No hay boda sin tornaboda... En sentido figurado indica que no hay rato bueno sin su contrario. Es semejante a: "Dias de mucho, vispera de nada".*

A "Tornaboda" espanhola deve ser a mesma entidade conhecida em Portugal por *Tornaboda* ou *Tornavoda*: – "Segunda voda feita em casa de cada um dos sogros dos noivos", colhido no *Dicionário* de Moraes, 1798, Frei Domingos Vieira, 1874, H. Brunswich, 1910.

Não se realiza a "Tornaboda" em casa de cada um dos sogros dos noivos mas unicamente na residência dos pais da noiva, onde houve o jantar anterior, a Boda enfim. É uma refeição íntima, cordial, reunindo as relações mais afetuosas.

Os portugueses trouxeram a tradição para o Brasil onde a "Tornaboda" infalível tomou a popular e ainda viva denominação de *Enterro dos ossos*.

O nome não é privativo para a festinha dos noivos mas aparece em casa onde houve banquete solene na véspera, *aproveitando* o que sobrou, acrescido o cardápio com outros reforços suculentos. É um costume comuníssimo que vai lentamente desaparecendo no turbilhão dos novos hábitos e imposições sociais recentes e sucessivas.

Não era possível Boda, jantar de noivado, sem a Tornaboda, o Enterro-dos-Ossos, subseqüente.

Pereira da Costa, *Vocabulário pernambucano*, (Recife, 1937), informa: – "*Enterro dos ossos*. – Jantar íntimo posterior ao de um banquete, em que, indefectivelmente, figura um prato de feijoada com a carcaça do peru e os restos dos assados, vindo daí o locução". Pereira da Costa escrevia à volta de 1915. Não conheço *Enterro dos ossos* com "prato de feijão", prato típico de almoço. Jamais de jantar. O peru, sim. Indispensável, mesmo porque, no Brasil, não há festa sem peru assado.

Na região das Beiras em Portugal corresponde ao *Bodito*, no domingo imediato ao da Boda, em casa dos recém-casados, onde todos comem e bebem, acompanhando-os à missa, informa Jaime Lopes Dias, (*Etnografia da beira*, V, 1939, VII, 1948). O mesmo etnógrafo escreve: – "A noiva recebe no dia seguinte ao do casamento a visita de toda vizinhança que lhe leva pequenos presentes. Ela retribui obrigando as visitas a sentarem-se à mesa e a utilizarem-se dos sobejos da boda, pelo que o consumo de vitualhas, neste dia, é maior do que no do próprio consórcio. Para um destes banquetes imolaram-se recentemente vinte e nove cabeças: chibatos, perus, coelhos, galos, galinhas, etc., e três dias depois não restava nada": (V, 139).

Esse *bodito* beirão é um legítimo *Enterro dos ossos* brasileiros, uma autêntica *Tornaboda* clássica. Voltar, repetir, tornar à *Boda*.

Origem? A *repotia* em Roma, deparada, no *Dictionare des antiquités romaines*, II, Paris, 1766): – *Le lendemain des noces, on recommençoit le festin chez de nouveau marié, & ce festin s'appalloit repotia. La nouvelle épouse étoit à côté, de son mari sur le même lit de table, s'appuyant sur lui d'un air familier, & tenant des discours si peu retenus, que pour désigner ceux oú regnoit une licence outrée, on disoit ordinairement: — Ce sont discurs de Mariée. Ce jour là, an faisoit des presens aux deux époux qui, pour terminer enfin la cérimonie de leur mariage, offroient un sacrifice aux Dieux.*

FULUSTRECO

Um *quindam* qualquer cujo nome foi esquecido. Vale o Beldroega, Mequetrefe, Fulaninho. João Ribeiro, *Frases feitas*, 84, (ed. 1960), conjetura: — "Na baixa gíria há o *Fulustreco de Abreu* onde o primeiro elemento é provavelmente tomado ao de *Fulano* e a terminação faz lembrar a da pessoa indefinida na geringonça castelhana, (*Tareco – perendanga e perindença*, mulher errada)". Em nota 2: — "Em lugar de *fulustreco* registam as *Enfermidades da Língua* o nome *fistrécula*, ignoro se com a mesma: aplicação". O livro citado é *Infermidades da lingua e arte que a ensina a emmudecer para melhorar*, de Manoel Joseph de Payva, Lisboa, 1760.

"Fuluz" era pequenina moeda de cobre, sem cunho e sem serrilha, usada entre os árabes, valendo meio real e 40 fuluzes correspondiam a um vintém. Seria, naturalmente, conhecida na Espanha. Aplicando a geringonça castelhana do *tareco*, ter-se-ia outra interpretação. A imagem ínfima do *Fuluz* sugeria o desvalor do *Fuluztreco*.

POR QUE CARGAS D'ÁGUA?

Locução portuguesa já vulgar no séc. XVI. "Nisto há de estar a minha vida? e por qual carga d'água?": Jorge Ferreira de Vasconcelos, (*Ulyssipo*, Lisboa, 1618). "Por que carga de agoa me diz isso?": Manoel Joseph de Payva, *Infermidades da lingua*, etc., Lisboa, 1760. Carga d'água é uma grande chuvada, forte, violenta, imprevista, justificativa de falhar a presença prometida e acertada. Inoportuno ou providencial aguaceiro. A referência não é ao valor mas à explicação fortuita de qualquer acontecimento, ao sabor da pré-lógica popular. Razão desarrazoada. Falsa premissa, de conclusão ilógica. *Piove? governo ladro...*

NÃO DAR-SE POR ACHADO

É fingir-se invisível, simular não ser observada. "Faça de conta que não me viu!". Aparentar ignorância, ausência, inocência, de fatos bem sabidos. João Ribeiro, *Frases feitas*, (I, 2ª parte), entendia *achar* por *achacar*, magoado, ofendido, *achacado*. A doutora Carolina Michaelis de Vasconcelos discordou, formalmente, do processo fonético. O mestre não insistiu.

DAR O DESESPERO

Enfurecer-se, despropositadamente. *Des-espero*, perder a esperança, com a ira subseqüente. Cólera irrefletida. Cristóvão Falcão, falecido em maio de 1550, aconselhava:

> Ninguém nunca desespere
> em quanto lhe a vida dura,
> na memória se tempere
> que ho mal que entam o fere
> por tempo pode ter cura:
> Finja algum contentamento,
> desmayo de sy sacuda
> porque tam presto se muda
> a fortuna como o vento.

Mestre João Ribeiro, *Frases feitas*, 8, corrigia para *deu-se a perros ou deu perros*, que tão bem sabia ser praguejar, comparar ou mandar alguém aos cães. Creio o sentido exato preocupar-se, atarefar-se, esforçar-se. "Dá-se a perros, revolve os alfarrabios": "Eu me dava a perros escrevinhando tanta nota": (Filinto Elisio). Num verso do Cego, (Joseph de Souza, 1680-1744) :

Dava-se a Negrinha a perros
Depois de passado o susto.

Na França, *jeter sa langue aux chiens*, é renunciar adivinhar, livrar-se de um problema.

METIDO A TARALHÃO

É um pássaro dentirrostro, vulgar na Península Ibérica, *Butalis grisola*, L. *Mucicapa atricapilla*, L, comumente denominado "Papa-Mosca", negro, pintado de branco. Apesar das modestas proporções, caçam-no para comer. Trêfego, irriquieto, sempre esvoaçando, em constante mobilidade, sugeriu apelido para os metediços, entremetidos, exibicionistas, petulantes, pseudoconquistadores, convencidos da irresistibilidade pessoal. Em Portugal é popular o diálogo entre as Andorinhas e os Taralhões:

– D'onde vindes, andorinhas,
Que fostes poucas e muitas vindes?

– D'onde vindes taralhões loucos,
Que fostes muitos, e vindes poucos?

Não voa no Brasil

É UM PAGÃO!

Não é o herético, irreligioso, inverso ao cristão batizado, mas o inciente, arredio do entusiasmo comum, contrário ao senso vulgar, com restrições e negativas. Esse sentido popular, que os escritores e jornalistas desconhecem, é de emprego constante, alcançando aquele que não entende, o ignorante. Um *garçon* disse-me não acreditar que os norte-americanos tivessem visitado a Lua. "É invenção, Professor, para a gente comprar jornais". Contando o episódio, um motorista opinou: – "Juízo de pagão!". Raciocínios de julho-outubro de 1969 em Natal.

O pagão, *paganus*, de *pagus*, o país interior, desde o séc. III cognominara o obstinado devoto do Politeísmo greco-romano, surdo às seduções redentoras dos Evangelhos. Era imagem do paisano, lavrador, homem do campo, no culto da velha religião familiar. Tertuliano e Santo Agostinho não podiam compreender o *matuto*, imóvel na própria ecologia, sem a mobilidade emigratória e ansiosa da Ásia Menor. A impressionante sobrevivência não formula o "discordante" mas revive o ausente à mentalidade dominadora e grupal. Não está "contra". Apenas não quer ou não pode compreender. Compreender no plano de aceitar. Fidelidade aos critérios pessoais, onde influem heranças de conclusões centenárias.

NO QUENTE

Não significa unicamente agasalhado, abrigado, "dormindo no quente". Em Portugal vale porfioso, vivo, ativo. No Brasil, também na oportunidade, no momento, imediatamente, no flagrante. João Ribeiro, (*Frases feitas*, p. 419, ed. 1960), escreveu: – "A idéia de pressa também pode ser sugerida pelo adjetivo *quente*. A mesma idéia traduz-se em uma das glosas de Tomás Brandão: – "E venha um mote *em quente*". No *Auto do dia de juízo*, diz Lúcifer falando de Caim:

– Levai-o *em quente*
E dai-lhe boa poisada".

Minha achega apenas informa a contemporaneidade popular brasileira da locução. Não nos livros mas nas vozes.

SOPRAR E COMER

Não perder tempo. Sem aguardar que o alimento esfrie. Nada de esperar. Engolindo quente. Preferência pelas soluções imediatas. "Voltando do cemitério pleiteou o emprego do defunto. Foi soprar e comer!". Rifão português do séc. XVI. Na *Comédia Aulegrafia*, de Jorge Ferreira de Vasconcelos, (I, 12, Lisboa, 1619) : – "E sabei-o, senhor afilhado, como me eu quero, isso há de ser *assoprar e comer*". O autor faleceu em 1585.

CECA E MECA

Ainda é vulgar no Brasil o *andar de Ceca a Meca*, valendo andar muito, exaustivamente, mas não erradio e sem destino.

Teríamos recebido a frase de Portugal, mas originária de Espanha.

O brasileiro Antonio de Moraes Silva, (1764-1824), no seu *Dicionário da língua portuguesa*, regista em *Sécca* o § "Correr Séca, e Meca, ou antes *Céca*, e *Meca*, (porque *Céca* era uma casa de Romaria dos Mouros em Cordova), andar todas as partidas, vagar muito. Os Portuguezes, que adaptárão este prov. Castelhano, accrescentão-lhe e *olivaes de Santarem* por serem mui dilatados".

Fixava a grafia, *Ceca* e não *Seca*, e a fonte castelhana. E o *olivais* de Santarém, substantivo comum e não próprio, como vemos no *Rifoneiro português*, de Pedro Chaves (Porto, sem data): – "Correr Ceca e Meca, Olivais, e Santarém".

Em 1946, Gustavo Barroso, mestre Saudoso, publicava um livro com este título: – *Seca, meca e olivais de Santarém*, onde não trata do assunto.

Viajando para Santarém, julho de 1843, Almeida Garret escrevia (*Viagens na minha terra*, cap. IX): – "Acabei com elas quando chegamos à porta de Asseca. Ora d'onde veio este nome de Asseca? Algures d'aqui perto deve de haver sítio, lugar ou coisa que o valha, com o nome de Meca; e d'aí talvez o admirável rifão português que ainda não foi bem examinado como devia ser, e que decerto encerra algum grande ditame de moral primitiva: *andou por Secca* (Asseca?) e *Meca e olivais de Santarém* Os tais Olivais ficam logo adiante. É uma etimologia como qualquer outra".

No Brasil João Ribeiro, (*Frases feitas*, I, Rio de Janeiro, 1908), estudou o assunto com a sua habitual agilidade: – "*Correr Ceca e Meca*, andar por toda a parte e lugares vários. É provérbio conhecido em Portugal e Espanha. Por sua extensão peninsular bem se vê que não tem lugar a identificação que faz Adolfo Coelho de *Séca* com um desconhecido lugarejo ou ponte de *Asseca* próxima a Santarém. A frase é *Zeca y Meca*, no castelhano; e

Zeca é chamada a mesquita de Córdova, a mais importante do maometismo no ocidente. *Correr Ceca e Meca* era fazer perigrinação aos dois grandes templos, a oeste e a leste do império e da fé no Alcorão. Os portugueses acrescentaram mais ao provérbio, como às vezes sucede, um complemento métrico não essencial: – Ceca e Meca e Olivais de Santarém. Em Espanha também por vezes acrescentaram; – y *Canavaretes*.

Na 'Academia dos Singulares' diz um poeta (II, 197):

> *Hipomenes aqui vem*
> *Magro mais que uma faneca*
> *Pois que* correu Seca e Meca
> E olivais de Santarem".

A "Academia dos Singulares de Lisboa, dedicadas a Apolo" teve suas publicações, dois tomos, em 1665-1668.

A forma usual espanhola era *de la ceca e a la meca* ou *de ceca a meca*. Assim escrevia Quevedo (1580-1645), no *Cuento de Cuentos*: – *El picarón andaba listo como una jugadera, de ceca a meca*.

O Prof. Antenor Nascentes, *Dicionário etimológico da língua portuguesa*, Rio de Janeiro, 1955, brilhantemente, resume:

– "*Ceca-e-Meca* – Do ar. *sikka*, troquei, abreviatura de *dar assikka*, casa do troquel. Havia em Córdova uma célebre Casa da Moeda árabe; daí a expressão de Ceca em Meca para designar de um extremo a outro, do extremo ocidental da Islam ao oriental. A locução também existe em Espanha (*de ceca en meca*) e é provável que de lá tenha vindo. Para Fr. Domingos Vieira a locução se refere a *Asseca e Meca*, povoações que diz próximas de Santarém (a locução portuguesa tem às vezes um *addendum, e olivais de Santarém)*. A. Coelho (*Portugália*, I, 490) explica também *seca* por Asseca e *meca* como Meca de Alenquer, que aliás não fica perto de Santarém. Garret (*Viagens na minha terra*, I, cap. IX) explica igualmente com localidades portuguesas. A. Coelho (*ibidem*) opina que a locução passou de Portugal para Espanha. Se a locução é portuguesa, então, observa José Maria Adrião, RL, xx, 30 §, *Meca* deve ser a do conselho de Viana do Castelo e *Asseca* a da freguesia de S. Tiago de Tavira, localidades em pontos opostos de Portugal. João Ribeiro, *Frases feitas*, I, 218, aceita a interpretação espanhola, interpretando *ceca* como a mesquita de Córdova. A Academia Espanhola tira *ceca* do berbere *azzekka*, casa, povo, e não de *sikka*".

Em Espanha há Seca em Valladolid, Meca em Cadiz e Alicante, Ceca e Meca no vale de Andorra. Em Portugal os lugares Asseca são Secas e as Mecas existem em Coura (Ensalde), Viana do Castelo e Alenquer. Seca ou

Asseca em Faro e São Tiago de Tavira. Difícil determinar a procedência da locução, empregada no mesmo sentido nos dois países e com topônimos idênticos em ambos, complicado o problema pela presença moura, muitas vezes secular, nos mesmos territórios.

No *Refranero geográfico español*, de Gabriel Maria Vergara Martin (Madri, 1936) temos depoimento contemporâneo na espécie: *"Correr la Ceca, la Meca y el Valle de Andorra*. Ceca y Meca son dos puntos del Valle de Andorra y en Cataluna se dice: – 'Ir de Ceca e Meca' para indicar que se ha andado mucho de un lado para otro, pero recorriendo poco terreno. En Castilla se decia en otro tiempo: – 'He corrido Ceca y Meca y Cañavereta, y los olivares de Santarén', para dar a entender que uno habia andado de acá para allá".

Gonzalo Correas foi professor na Universidade de Salamanca nos primeiros trinta anos do século XVII. Era um observador e um erudito. Ensinava caldeu, grego, hebreu. O seu *Vocabulario de refranes y frases proverbiales comunes de la lengua castellana*, de indispensável consulta, teve reedição em 1924, Madri, *en que van todos los impresos antes y otra gran copia*.

Foi, até prova expressa em contrário, o primeiro a examinar a locução e embrenhar-se nos labirintos da interpretação. Como era de prever, colaborou trazendo outros enigmas. Um depoimento maior de três séculos e dado por mestre de Universidade...

"– *Andar de Ceca en Meca y los cañaverales*. Dicese de los que andan de una parte a otra y en partes diferentes vanamente ocupados y sin provecho; eso denota la adicion de *los cañaverales*, la cual se varia y acrecienta en otros refranes y en este mismo, comenzando de otra manera. *Ceca y Meca* son palabras castellanas enfáticas, fingidas del vulgo para pronombres, indefinidos de lugares diversos, que no se *nombran*, como son *Zanquil y Manquil*. En aquel refrán del mismo sentido. *Zanquil y Manquil y la Val de Andorra y la capa horadada*; y un poco mudado, se dice *Zagil y Mandil y Capilla rota*; y lo mismo digo de *Zoco y Colodo*, que son pronombres de lugares vagos, como lo son de personas *fulano y citano y robiñano* y como *traque sarraque y chaochao* la son de razones vanas sin propósito; y hay otras infinitas palabras de este género hechas por énfasis del sonido. No creo a los que quieren decir que *Ceca* fué una mezquita en Córdoba y que *Meca* es la de Arabia, adonde está el zancarrón, que de eso no se acordó el castellano viejo. Antes dijera yo que *Ceca* era la ciega y adivina, y *Meca*, la mujer perdida, tomada por bruja y hechicera y conviniera con aquel refrán: – 'Véxe a la vedera, meterte ha en cansera', y quisiera decir: ándate de advina en bruja y hechicera, y perderás tiempo. Tampoco agrada lo que sienten algunos portugueses que allá *Ceca* y *Meca* son dos rios turbios, que de uno a otro hay muy áspero camino de sierra y montes que los dividen. Lo primero tengo por cierto".

Sancho Panza (I, XVIII), já dissera: — *dejándonos de andar de ceca en meca y de zoca en colodra, como dicen.*

Devo ao escritor Don José Ramón y Fernández Oxea, de Madri, os estudos de Don José Maria Iribarren sobre *De la ceca a la meca* e *Tomar las de Villadiego*, do *El porqué de los dichos*, (2ª ed. Aguilar, Madri, 1956), exponho o panorama de toda a controvérsia. Inteligentemente, conclui: — *Como el lector puede observar, hay opiniones para todos los gustos. Yo creo que la frase andar de ceca en meca es una de tantas fórmulas rimadas, donde la segunda voz (meca) carece de significado y no tiene otro valor que el de un consonante. En cuanto a la primera palabra (ceca), es posible que aluda a la casa de la moneda y a la mezquita cordobesa, pero no me atrevería a afirmalo.*

Lembra a existência, no vale de Andorra, das ruínas dos castelos *La Ceca*, perto da vila de S. Julián, fronteira sul, e *La Meca*, ao norte. Atravessar o vale de Andorra seria ir de Ceca a Meca. Prevê a impossibilidade do *vallecito*, pirenaico provocar a locução geograficamente espalhada pela Espanha, Portugal, América central e austral. Iribarren examina o *Santaren*, que, na Espanha de 1534 dizia-se *ceca y a meca y los olivares de Santander*, do anterior uso: — *An corrido cequa y a meca a la cañabereta y los olivares de santa arén.*

Mestre Gonzalo Correas sugere *Ceca*, de *ciega*, personalizando cega e adivinha. E *Meca*, uma mulher-perdida, considerada feiticeira e bruxa. Em Portugal, a *meca* também vale *rapariga da vida*, moça da vida alegre. Poderia ocorrer semelhantemente em Espanha. Em Zaragoza as *mujeres de mal vivir* agrupavam-se na *Calle de Meca*, determinando o rifão: — *En la Calle de Meca, quien no entra, no peca.* "Meca" seria antonomásia de reunião pagã, de "perdição" moral. Possível intercorrência do *meco* galego, burlão, erótico.

Mas a frase não existe no idioma árabe. É uma elaboração espanhola local. E continua vivendo, contemporânea.

CABRA DA PESTE!

Título mais intimamente carinhoso e mais violento de agressividade no Nordeste do Brasil. "Cabra da peste, cabra de peia ou cabra da rede rasgada, que tanto pode ser o vaqueiro como o tipo cachaceiro e desabusado; o trabalhador de eito como o desordeiro da zona rural; o *calunga* (ajudante) de caminhão quanto o cabra safado que faz qualquer um comer da banda podre; pode ser ainda o *retirante* infeliz e honesto como o assassino da mais próxima cadeia": Mário Souto Maior, *Como nasce um cabra da peste* (S. Paulo, 1969). "Cabra da peste: como são chamados os nordestinos": (idem, "Glossário"). Ferido mortalmente, Chico Romão, (Francisco Filgueira Sampaio, 1886-1964), o "Chefe" de Serrita, Pernambuco, caiu gritando a suprema imprecação: — "Matou-me... cabra da peste... cabra da peste!": (Marcos Vinícios Vilaça e Roberto Cavalcanti de Albuquerque, *Coronel, Coronéis*, Rio de Janeiro, 1965). O sentido da ambivalência ocorre unicamente no "Cabra da peste", e não em seus sinônimos, invariáveis no plano injurial. Decorre do "Cabra", na significação valorizadora — "Cabra bom! Cabra macho! Cabra homem!".

VALE DE LÁGRIMAS

Val de lágrimas, da *"Salve Regina"*, do séc. XII, *Salve Rainha*, popularíssima. Refere-se à terra habitada, sociedade humana com suas injustiças, angústias e crueldades na obrigatória convivência, *gemendo e chorando*. No mundo jornalístico do Rio de Janeiro contemporâneo, significa um recibo, antecipado de pequeno empréstimo ou adiantamento. "E aparece ainda a simbolizar o mundo, a expressão 'vale de lágrimas', que acabou em gíria de jornal, classificando o valezinho de cinco ou dez mil réis com que o repórter faminto recorre alta noite ao gerente sem entranhas": Agrippino Grieco, *Carcaças gloriosas*, Rio de Janeiro, 1937.

É COMO CARNE DE PÁ

Carne de pá, como dizem em Portugal, apá, a parte mais larga dos membros dianteiros das reses. Omoplata, espádua, ombro. Julgada inferior no consumo alimentar:

> – Minha senhora,
> que é que tem nessa panela?
> Xambari, peito, costela,
> carne da volta da pá!

Nos sertões do Nordeste diz-se, numa ambivalência: – "É como carne da pá – nem boa e nem má!". Para o Sul e Centro, Minas Gerais, São Paulo, Goiás, é sinônimo das coisas detestadas: – "Um sogeito ruim como carne do apá": (Valdomiro Silveira, *Nas serras e nas grotas*, 113, S. Paulo, 1931): – "A tal viúva do Vermelho é ver a carne da apá!": (idem, *Os cabloclos*, 115, S. Paulo, 1920). Meu tio-avô Florêncio de Almeida não comia carne de pá. Identificava-a pelo sabor, mesmo confundida e misturada nas frigideiras e picadinhos guisados. Retirava o pedacinho da boca, rosnando: – *Pá!* e jogava-o fora. Amadeu Amaral regista, indiferentemente, *pá e apá*: (*O dialeto caipira*, 109, 159, S. Paulo, 1955).

GOSTAR DA FRUTA

Significação erótica. Preferência pela função sexual. Tradicional a imagem da fruta evocar a mulher. "Fruta nova", a novata em prostituição, (séc. XVI). O mesmo que "Fruta verde", "Mangabinha", "Catolé". Ver "Folclore da Alimentação, *História da alimentação no Brasil*, (2º, 13, Brasiliana-323-A, S. Paulo, 1968). Em S. Paulo a *fruita* referente à jaboticaba, *Myrciaria cauliflora*, Berg, elogiada por Fernão Cardim, Piso, Marcgrave, von Martins. "Ir às fruitas" alude à colheita das saborosas mirtáceas. A produção abundante, sempre ao redor de áreas povoadas, atraía movimentados grupos de gente moça, constituindo as "apanhas" oportunidades de aproximação amorosa. Divisão do tempo. "Vou fazer os 38 no tempo da jaboticaba".

Hábito de embriagar-se.

TORCENDO OS BIGODES

Desafiando, ostentando valentia. Se o "palitando os dentes" era expressão de impunidade, o "ficou torcendo os bigodes" proclamava o cartaz do valentão, ávido de façanhas briguentas. Alardo simbólico do campeão desocupado e famanaz. O gesto provocador era vulgar no séc. XVI, originário de árabes belicosos. Assim regista Diogo do Couto, *Década quarta da Ásia*, VIII, cap. VIII, Lisboa, 1602, p. 258 da ed. 1778): – "Foi um dia Manuel de Macedo, capitão de Chaul, (que tinha ido com o Governador para o acompanhar), e andando vendo e notando o exército, encontrou-se com um Rume, que se chamava entre os Mouros o *Tigre do mundo*, genro do Coge Sofar, homem façanhoso assim em corpo, como em forças, que era como Guarda mór d'El-Rei, e andava sempre ao longo d'ele, que era como se presava de grande cavaleiro, e era muito soberbo, e arrogante, em passando pelos Portugueses parece que os encontrou de má feição, e *foi torcendo os bigodes* por bizarrice. Tomado Manuel de Macedo d'aquele negócio, foi-se para o Galeão do Governador, e lhe contou o caso, pedindo-lhe licença para mandar desafiar Rumecan, por que convinha assim à sua honra". Houve o desafio mas o feroz torcedor de bigodes não compareceu ao local do duelo. O Tigre do Mundo, apesar de aceitar o cartel, fugiu ao encontro, desmoralizando-se. Tudo nascera do gesto de torcer os bigodes. Bigode é potência, masculinidade, valor. O episódio em Diu, 1533.

CORRA DENTRO!

Desafio para a luta decisiva. Segurar o campo. Chamar a terreiro. Apelo à lide. Entrar na liça. Chamar pra decidir. No torneio havia terreno delimitado e privativo para o prélio. "Correr dentro", subentende-se "do campo", constituía participação efetiva na disputa. Ainda é contemporâneo o convite belicoso. Corra dentro! Vamos decidir no ferro frio! Corra dentro! Faça-se às armas!

ESTÁ NOS SEUS TRINTA E SEIS!

É frase corrente no interior de São Paulo, Minas Gerais, Rio de Janeiro, etc., valendo ostentação de elegância, bem-estar físico e econômico. Corresponde ao "Está nos seus treze!", tão vulgar no Portugal dos séculos XVI e XVII. Julgava Bluteau referir-se à idade florente dos treze anos, em que a Vida sorri para todos os horizontes. Creio aludir, assim como o "está nos seus trinta e seis", a algum jogo de baralho, embora não o possa identificar. Essa presença verifica-se na locução popular "Quatro paus", que é do *Truque* ou *Truco*, valendo a carta-maior, significando o valente, afortunado, superior. D. Francisco Manuel de Melo, (*Cartas*, 517), informava, na primeira metade do séc. XVII: – "Sobre quatorze cartas, vêde agora quem ficará em seus treze para poder dizer palavra?". Morrer, diz-se "Bater o 31!". Desvalia é o "Dois-de-paus": – "Cuida que eu sou agora um dois-de-paus, que não valo nada?": (Valdomiro Silveira, *Lereias*, 120, S. Paulo, s. d.). O séc. XVI foi a época de maior intensidade na divulgação dos jogos de carta. Gil Vicente, (*Auto da feira*, 1527), documenta a voga pela voz do Diabo:

– E trago d'Andaluzia
Naipes com que os sacerdotes
Arreneguem cada dia
E joguem té os pelotes.

ARRANCA-RABO

Discussão, briga, disputa. Mesma significação por todo o Brasil, do sertão às praias. Proveniência portuguesa. Cortar, arrancar, decepar a cauda dos animais, notadamente os equinos, era troféu guerreiro, de valia inestimável. Quatorze século antes de Cristo, o fidalgo Amenemheb, oficial do faraó Tutmés III, vangloriava-se de ter, no combate de Kadesh, no Oronte, cortado a cauda da montada do Rei inimigo. Fez inscrever a façanha no epitáfio, que a "Académie des Inscriptions" recolheu. Essa tradição não desapareceu nos costumes brasileiros do ciclo pastoril. Arrancar o rabo ao cavalo de sela do chefe adversário era proeza comentada. Os velhos cangaceiros, antigos e recentes, Jesuino Brilhante, Adolfo Meia-Noite, Antonio Silvino, Lampeão, pelo Nordeste, não esqueciam de infringir ao gado das fazendas depredadas o bárbaro suplício, humilhando os proprietários. Vitorino Carneiro da Cunha, parente do escritor José Lins do Rêgo, ficou sendo "Papa-rabo" por haver mandado cortar a cauda do cavalo: (*Fogo morto*, 1943; *Meus verdes anos*, 1956). O "Arranca-rabo" está, mais de três mil anos, ligado à imagem de luta, batalha, violência.

ESTÁ EM ROMA

Frase popular na cidade do Salvador. Edison Carneiro explica-a: – "Se alguém se ouve chamar, e não consegue localizar o chamado, logo responde, supersticiosamente: – 'Está em Roma!' – não de referência à sede da Igreja Católica, como poderia parecer, mas ao bairro de Roma, até há pouco tempo quase deserto, – uma boa maneira de exconjurar, de afastar de si a tentação": (*A linguagem popular da Bahia*, Rio de Janeiro, 1951).

ESTÁ NA MALASSADA

Fritada, frigideira, naco de carne passado pelas brasas. Comida afogueada, rápida, improvisada. Vida difícil, "está na malassada!". No *Naufrágio do Sepulveda*, c. XIV, de Jerônimo Corte Real, Lisboa, 1594:

> – Da princesa que foi do pay achada
> Comendo num casal *a mal assada*.

NUMA RODA VIVA

Preocupado por vários problemas. Sem tempo para descanso, assediado de negócios urgentes. Angustiado na luta pelos interesses. É o espírito do nº 160. Girando batido cruelmente numa "roda de paus".

PENSANDO MORREU O BURRO

Resposta gaiata e popular à frase "Estou estudando" ou "Estou pensando". Os asnos ante o cocho vazio pendem a cabeça, parecendo em profunda meditação. "Você deixou o burro pensando! Nem um fiapo de capim!". Animal sem alimento.

"Pensando morreu o burro!", subentende-se, de fome.

QUATRO PAUS

Valente, hábil, idôneo, superior. Vulgar no interior de São Paulo. "O José, que é quatro-paus nestas prosas com as mulheres": Valdomiro Silveira, "Os caboclos", 51, S. Paulo, 1920. Reminiscência do popular e tradicional jogo do *Truque* em que a maior carta é "Quatro-Paus", dito *zapé* ou *zápete*. Esse jogo de baralho veio de Portugal no séc. XVI e em 1618 era vulgar na cidade do Salvador: (*Denunciações da Bahia*, 81). *Truque* ou *Truco*.

VEM DE CARRINHO

Vir de carro sugere urgência e pompa. Apesar do aparato, não constituirá argumento poderoso. O diminutivo é depreciador e a imagem sugere a subentendida negativa: – "Nem mesmo de carrinho, convence-me!". A locução é usada nas classes médias e letradas. Carrinho era o cabriolé, seja urbana, aranha, rural. Posição de maior para menor. A recusa atingia gente que se julgava irresponsível, pela posse do veículo.

COMEU BUTA!

"Ser logrado, enganado. Butia é um vegetal medicinal, muito amargo: o estrangeiro metido a sabichão, ao ver-lhe o fruto, colhe, elogia-lhe a doçura e... mete-lhe os dentes. Comeu buta!... a fruta é amarga": Cornelio Pires, "Conversas ao pé do fogo", Vocabulário, 3ª edição, São Paulo, 1927. Buta, Butia, Abúta, Abútua, Menispermáceas. Locução vulgar em São Paulo, desconhecida no nordeste e norte do Brasil.

BOCÓ!

Bobo, palerma, abestado, boca-aberta. Bolsa de lona, couro, crosta de tatu, levada a tiracolo nas caçadas. Não tendo tampa, o bocó está sempre aberto, sugerindo a figura pacóvia do bobó, de boca entreaberta numa admiração contínua. Apodo correspondente ao "Boca de aruá" nordestino.

VIU PASSARINHO VERDE?

Denúncia de novidade feliz, ventura, alegria. A fisionomia de quem "viu passarinho verde" é indisfarçável. Irradia contentamento. A cor verde é atributo da Esperança, e assim denominam a um inseto Locustídio, arauto de boas notícias. O "passarinho verde" representará o Psitacídio, falante e secularmente mensageiro de amores, levando no bico dourado a carta enamorada. "Ver passarinho verde" seria identificar o alado pajem confidencial dos segredos. Não repito a invenção romântica do Dr. Castro Lopes em 1886, em que o namorado era avisado da carta afetuosa quando a reclusa, futura noiva, expunha no gradil da janela um verde periquito, sinal da missiva amarrada a um cordel. Deparar a cor verde é alvíssaras de sucesso. O passarinho estaria ligado aos processos auspiciosos, presença de bom ou mau agouro pelo vôo visível.

> – *A cor será verde escura,*
> *porque dá triste esperança.*

cantou Gil Vicente no *Cortes de Júpiter*, agosto de 1521.
A Tristeza está no matiz mais carregado.

PERDEU O TRILHO

Errou a estrada-real, desviou-se da conduta normal, desorientado, perder a direção. "Trilha", caminho usual, com vestígios do tráfego, piso calcado diariamente: exemplo, norma, foi imagem comum em prosa e verso, desde o séc. XVI, em Portugal. Trilho velho, costume dos antepassados. Da segunda metade do séc. XIX, nas décadas finais, com a divulgação das Estradas de Ferro espalhou-se a imagem do trilho metálico, sobre o qual corre o "trem", "vapor de terra", Dessa origem, o "trilho" tornou-se conhecido pelo Brasil inteiro, e não mais no sentido português de caminho habitual. Trilho, o inevitável rumo. Dizia o cantador negro Pedro Nolasco da Cunha a Leonardo Mota:

> – *Mas eu sou é trem de ferro,*
> *Só corro atrás dos meus trio...*

NA CACUNDA DO CACHORRO A GALINHA BEBE ÁGUA!

Durante o período das Interventorias Federais improvisavam-se chefes políticos nos municípios, unicamente apoiados na simpatia do ocasional Executivo. Os da Oposição zombavam de efêmero domínio, aplicando a locução: – "Na cacunda do cachorro a galinha bebe água!", até que as eleições decidissem sobre as preferências populares. Cacunda, significando dorso, costas, é também responsabilidade, proteção, defesa, guarda. "Já tem mais de 70 anos na cacunda!". "Vive trepado na cacunda do general!". Na sombra poderosa do cachorro, a galinha podia tranqüilamente dessedentar-se. É vulgar por toda região nordestina, praia, agreste e sertão.

> – Assim é o Mundo!
> Uns selados e outros cacundo...

VER-SE NAS AMARELAS

Em dificuldades, preocupações, problemas. Locução nordestina, de Pernambuco ao Ceará, espalhando-se para o Sul, tornando-se nacional. Raimundo Girão, (*Vocabulário popular cearense*, Fortaleza, 1967): – "Dificuldades, apuros: 'Ver-se nas amarelas'. Nos cantadores:

> Coitadinho dos maridos
> que se vê nas amarelas!"

Apenas, ausente a explicação motivadora. "Amarelas" são abelhas, de bom mel e mau gênio, defendendo furiosamente os favos na colmeia rústica. Não se trata de horas amarelas ou palidez de tristeza emocional. O cantador popular norte-riograndense Fabião das Queimadas, (1848-1929), foi o meu informador: (*Vaqueiros e cantadores*, 83, Porto Alegre, 1939). Descrevendo a busca do "Boi Mão de Pau", conta que os vaqueiros divertiram-se tirando mel de abelhas:

> – Neste dia lá no mato
> ao tirá duma *Amarela*,
> ajuntaram-se eles todo,
> quase que brigam mor-dela,
> ficaram todos breados,
> oiôs, pestana e capela...

Em vez de dar campo ao Boi ficaram "nas amarelas", na teimosa ambivalência do mel e das ferroadas.

Lá se Foi tudo quanto marta Fiou!

Lendo sobre o assunto Teofilo Braga, (*O povo português em seus costumes, crenças e tradições*, II, Lisboa, 1885), e J. Leite de Vasconcelos, (*Opúsculos*, VII, Etnologia, Lisboa, 1938), percorre-se atordoante labirinto, voltando ao ponto inicial sem conseguir explicação. Os dois mestres portugueses lembram o prisioneiro escavando afanosamente um túnel para a evasão, sem reparar que a porta da cela estava aberta.

Marta é o labor doméstico, a incessante movimentação caseira e útil. É a direção previdente no lar de Betânia, hospedando a Jesus Cristo, que tem a mana Maria prostrada na audição, contrita e fiel. Marta morrerá farta porque lhe compete alimentar o Pregador e a Penitente. Maria é o Ouvido, por onde a Fé penetrará. Marta, as mãos fecundas e generosas. Obrigatoriamente será Fiandeira porque esse é o ofício milenar e privativo da mulher diligente. Era o epitáfio louvador das matronas gregas. A própria Vida humana consistia em um fio às mãos de Cloto e Laquésis, as Parcas fiandeiras do Destino. Marta acumularia os frutos do trabalho. A perda do material economizado sugere o malogro das reservas exauridas num momento fatal. Lá se perdeu quanto fiara!...

Em Roças, no Minho, Santa Marta tem Capela, devoção de quem fia e tece. É uma madrinha da roca e do fuso. Não precisa pôr abaixo biblioteca para entender a convergência das tarefas de fiar para quem simbolizava a missão mantenedora de um lar nos arredores de Jerusalém. Um decesso pessoal possibilita semelhança com a irmã de Maria e Lázaro, perdendo quanto amontoaria em dedicação e silêncio. O adágio não me sugere nada além de sua evidência, lógica e alegórica. Marta fia, como lava, cozinha, varre, espana, arranja e serve a todos, admirada da irmã não ajudá-la (Lucas, X, 40). Não é uma profissional mas uma dona-de-casa. Entende e age em todos os místéres de um lar sem que se especialize em qualquer dessas indispensáveis atividades. Que tem Marta, em comum, com os cultos chtonianos, práticas orgiásticas, a deusa Hetérista Marah ou Marth; com as Jons portuguesas ou as Xanas asturianas; com as fiandeiras germânicas Holda, Berhte, Berchta, e mesmo com a rainha Berta dos Pés Grandes que, segundo a lenda, é a mãe do imperador Carlos Magno? Marta é figura da mulher laboriosa, como Creso é dos ricos e Job dos resignados.

Dispensa-se o túnel complicador. A porta está *a Berta* à Marta...

É UMA MATRACA!

Falador, boateiro, espalhador de notícias falsas, mexeriqueiro. Incontinência verbal. Não pode nem sabe calar-se, propalando balelas, irresponsável pela loquacidade. Caracteriza-o a monomania da informação que ninguém pediu e das novidades que todos já sabem. Um tanto além do "Bate-caixa". Matraquear, De matraca, placa de madeira com argolas metálicas nas extremidades, soando pela percussão no movimento oscilatório. Substitui a campainha no cerimonial religioso nos dias do silêncio de preceito. Locução vulgar no Brasil e brasileira nesse sentido. Em Portugal é apupar, escarnecer, vaiar afrontosamente. Moraes não regista na acepção que deveria ser-lhe conhecida no Rio de Janeiro e Pernambuco.

ARROZ-DOCE DE PAGODE

Pessoa infalível nas festas. Sempre visível em qualquer solenidade, havendo dança e comidas. "Foi arroz-doce de quanto pagode de truz se fez pelo sertão do Tietê": (Valdomiro Silveira, *Os cabloclos*, 133, S. Paulo, 1920). Gulodice indispensável e preferida ao paladar português, fidalgo e plebeu, e brasileiro desde o séc. XVI. O Veador de dona Luisa de Gusmão, rainha de Portugal, esposa d'El-Rei D. João IV, na sua fôlha-de-pagamento tinha: – "e de arros doce que tem por dia a rasão de duzentos reis". "O Prato de Arroz-Doce" é o romance histórico de A. A. Teixeira de Vasconcelos, referente à revolução do Porto, 1846, publicado em 1862. Na *História da alimentação no Brasil*, (2º, 3-C, Brasiliana-323-A, S. Paulo, 1968), registei a biografia do Arroz-Doce, e como se divulgou em Portugal, trazido para o Brasil na época do povoamento, e ainda constituindo a sobremesa familiar. "Cheiroso como um taboleiro de arroz-doce!" Pagode é a reunião jubilosa. O "Arroz-Doce de Pagode" será uma "permanente" nessas ocasiões, caracterizando o indivíduo de teimosa freqüência.

SETE CHAVES

Sob sigilo total e cautela absoluta. O Povo costuma dizer "debaixo de sete chaves", numa precaução historicamente inexistente. Certa é a referência às "quatro chaves". As arcas de segredo, destinadas a guardar documentos, ouro, jóias, desde o séc. XIII em Portugal, eram de madeira sólida e com quatro fechaduras de ferro. Cada chave competia a um alto funcionário, às vezes o próprio Rei pertencia ao número dos chaveiros. Seria possível abri-la somente com a presença e colaboração dos quatro claviculários. O Instituto Histórico e Geográfico do Rio Grande do Norte possui uma dessas arcas de segredo, outrora do Senado da Câmara de Natal, na primeira metade do séc. XVIII. Debaixo de quatro chaves defendia-se a total reserva nas garantias da responsabilidade material e moral. Sete, o velho número cabalístico, sempre seduziu a imaginação popular: – hidra de sete cabeças, serpente de sete línguas, botas de sete léguas.

COMO TRINTA!

Frase de exaltação, supervalorizadora das limitações humanas. "Sou homem como trinta", subentende-se "homens". No *Ulissipo*, (1618), de Jorge Ferreira de Vasconcelos, atesta-se a vulgaridade em Portugal do séc. XVI: – "Quem, eu? *como trinta*. Bebo os ventos por ela, a olhos vistos": (III, 6). Fora modelo do duelo de grupos de trinta fidalgos contra outros tantos. Muito comum e famoso desde o séc. XIV. Fernão Lopes, (*Crônica de D João I*, I, LXX), regista o desafio de Nuno Alvares ao castelhano D. Pedro Alvarez de Lara, conde de Mayorgas: – "cuidou de o mandar requestar pera se matar com elle, *trimta por trimta*". Trinta partidários do Mestre de Aviz enfrentariam trinta oficiais d'El-Rei de Castela, em campo aberto, homem a homem, de espada e lança, de pé ou a cavalo, conforme a prévia convenção. A orgulhosa imagem figuraria um único combatente tendo resistência e coragem da trintena batalhante. Houve exagero literário. O grande poeta Segundo Wanderley, retratando meu Pai em versos íntimos, desenhava-o à volta de 1906:

> – *Diz que faz, diz que acontece,*
> *Nem por susto ele estremece,*
> *É homem três vêzes trinta!*

A locução quinhentista contentava-se com um terço da valentia.

É UMA TIBORNA!

Festa barulhenta, desorientada, confusa. Patuscada inferior pelas bebidas e alimentos consumidos embora em ambiente de alacridade. "A tal recepção foi uma tibórnia!" Também Tibórnia. Falta de compostura e decência na reunião, com os participantes mal-educados e vorazes. É o sentido brasileiro que conheço, há mais de meio século. Em Portugal é o pão molhado no azeite, ainda quente no lagar. Taborna ou Tiborna. "Hoje dão o mesmo nome a lauta ceia de bacalhau, lombo ou chouriços, cozinhada nos lagares": (Jaime Lopes Dias, *Etnografia da beira*, VI, Lisboa, 1942). Festeja-se nessa ruidosa refeição o final da época das azeitonas, fabricando-se o azeite, básico na alimentação portuguesa. A ceia terá o caráter íntimo, bulhento e cordial, de um grupo de rapazes e raparigas, jubilosos pela terminação da penosa tarefa rural.

DEIXE DE CANTIGAS! DEIXE DE LÉRIAS!

"No 'Cancioneiro da Vaticana' existe uma canção preciosíssima com um estribilho arabe *Lelia vae lelia*; é o resto do canto conhecido pelo nome de *Leilas*. Janer, na obra da *Condicion de los moriscos*, falla da terrível ordem que Filippe II promulgou em 1566, prohibindo o escrever e fallar arabe, bem como o usar trajos e cantar cantigas mouriscas: – 'y tanbien em los de fiesta, no haciendo *zambras* ni *leylas* con instrumientos ni cantares moriscos, aunque no dijesen en ellos cosas contrarias à la religion cristiana'. Estas prohibições eram acompanhadas de violencias corporaes, mas as cousas mantinham-se pelo automatismo do costume, d'onde eram estirpadas pela falsicação catholica; assim ainda hoje encontramos a locução popular: – *Deixe-se de lérias*, que também se substitue: – *Deixe-se de cantigas*, em que essa designação poetica está deturpada": Theophilo Braga, "A civilização árabe em Portugal", *Era Nova*, 88-89, Lisboa, 1881.

CASA NOVA, CHAMA COVA

Infeliz no desempenho de altas funções. Quando a Notoriedade coincide com a Desventura. Falecer no exercício de cargo superior. Corresponde ao "vôo de Ícaro". A coroa esmaga o Rei. O Capitólio está perto da rocha Tarpéia. Fez casa, mas não a logrou. O sentido inicial e básico, quase desaparecido no Brasil, lembrava a tradição em Portugal, comum a toda a Europa, que a nova residência pouco tempo seria ocupada por quem a fizera construir. "Ninho feito, pega morta", no clássico adagiário lusitano. A casa recente exigia prévios sacrifícios religiosos, mesmo incluindo vidas humanas, depois substituídas por animais. Em Roma praticavam o preceito infalível e na fundação dos templos ofereciam a *Suovetaurilia*, matando um porco, um carneiro e um touro: (Tácito, *Histórias*, IV, LIII). Paul Sébillot registou longamente essas crenças: (*Le folklore de France, IV; Le paganisme contemporaine*,60-62). Restam, pelo interior do Brasil, alguns vestígios do respeito supersticioso, recebido de Portugal. *Les Dieux s'en vont*, mas os cultos ficam...

É UM HOMEM MARCADO

Não se refere aos defeitos físicos congênitos que o Povo considera denúncias de imperfeições morais: – *Cavete ab iis natura signavit*, correspondendo ao popular "Deus marcou, alguma tacha lhe achou". É uma sobrevivência alusiva à marca de fogo impressa na espádua do condenado pela mão do carrasco, assinalando o ladrão. Os romanos imprimiam a letra *F* (*Fur*, ladrão), e foram imitadas em todos os direitos consuetudinários na Europa. Em Portugal as *Ordenações* tornaram penalidade regular.

Marcavam, na reincidência, o sinal da forca, e na terceira vez, cumpria pena capital. Havia a ressalva: – "Querendo emendar-se, nunca poderá ser visto o dito sinal, de modo que os infame": (*Ley da reformação da justiça*, de 6 de dezembro de 1612). A marca de ferro ardente no ombro desapareceu sob D. Maria I, (*Código criminal intentado pela rainha D. Maria I*, por Pascoal José de Melo Freire, Lisboa, 1823, composto em 1789), por ofensiva à dignidade humana. A frase, ainda vulgar, sugere suspeição na honestidade ou imagem positiva da criminosa evidência. "É um Homem Marcado!" Está feito o julgamento.

COMIGO É NOVE!

Grito de suficiência desafiante, plena ostentação de arrojo, atrevimento valentão. Nove tem larga projeção na fraseologia popular. Nove horas, terminando ciclo de atividades diárias. Marcando tempo intransponível (nº 28). A origem será diversa nessa interpretação. Nove Pontos indicavam a velocidade máxima nos antigos bondes elétricos. Ir a Nove Pontos! rapidíssimo. "Comigo é nove" é frase de guerra, excitadora de capoeiras, capadócios e cafajestes:

– *Comigo é nove!*
Corra dentro!

Não seria "ponto-feito", "ponto-forte", n'algum jogo de azar? Como o "Quatro-paus" no Truco ou o "Dois de Paus" no Basto? O "Ás"? "Dar sota e ás?" O Nove expressa o ápice dos recursos pessoais. Ignoro em que jogo ocorre o valor de Nove. Bisca-de-Nove ou Sueca? Não me parece provir de outra fonte.

BAIXOU O FACHO

Aquietou-se, acalmou-se, sossegou. Andar de "facho levantado", com orgulho, vaidade, pedantismo. Mulher sexualmente ansiosa, provocante. Namorada ardente. Aplica-se às raparigas e aos acessos seródios nas maduronas. Em Portugal, "andar a dar facho" é bisbilhotar, mexericar, "a dar conta do que se trata". Idanha-a-Nova: (Jaime Lopes Dias, *Etnografia da beira*, VI, Lisboa, 1942). Facho, archote, lanterna, antiga sinalização luminosa. As permanentes eram as almenaras. Dizia-se "abater o facho", apagá-lo, quando o inimigo era lobrigado. Frei Luís de Souza, (*Anais del Rei D. João Terceiro*, Lisboa, 1844), narra um falhado desafio de 1526 n'África: – "O alcaide meu senhor vos faz saber que elle está *n'aquelle facho*, descontente do pouco que hoje fez, e muito desejoso de entrar em campo com vosco, ou de corpo a corpo, ou de tantos por tantos. Se aceitaes a offerta, elle segura o campo, e promete cumpri-la". O capitão português "pondo as pernas ao cavallo encaminhou para o facho"... onde o alcaide mouro desafiador não compareceu. Facho, o mil-réis: – "o vestido custou cinqüenta fachos". Num outro episódio n'África, (Safin), comunicado por D. Rodrigo de Castro a El-Rei, ocorrido em dezembro de 1540, informa-se: – "Tanto que eu fui no campo, deixarão *cahir os fachos*": opus cit. Antes, "ele", o Alcaide Budibeira provocador fujão, "mandou logo *levantar os fachos* que tem de redor de nós".

NEM ARROZ!

Nenhuma resposta. Ouvir sem redarguir. Não dar importância. "Sô coronele Canaro ralhô cô ieu, mas porém ieu *nem arroiz*", diz em Canudos, 1950, o matuto Lalau ao pintor Funchal Garcia: (*Do litoral ao Sertã*, Biblioteca do Exército editora, Rio de Janeiro, 1965). Não será arroz, que não dá sentido, mas *arrioz*, bolinha, pelourinho de pedra usado; no jogo quinhentista do alguergue, para ponto no tabuleiro marcado. "Nem arroiz", sem reação à jogada do adversário, ausência de parada, sem retorquir; indiferença, abandono, pouco-caso. Calado por resposta.

AO LÉU

Abandonado à sorte, vivendo sem responsabilidade, ao sabor da corrente, "de bubúia". O poeta Mário Pederneiras publicou *Ao léo do sonho e à mercê da vida*, (Rio de Janeiro, 1912). É o entendimento popular. "Vive de léu em léu", ou "de déu em déu", ao acaso, de surpresa em surpresa, errante, nas oportunidades imprevistas. Moraes registra "Léo", signo zodiacal, espaço, larga, lazer, já não cabíveis na fraseologia que me habituei a ouvir. "Morava nas Ubaeiras mas agora vive por aí, ao léu!".

AGARRE-SE COM UM TRAPO QUENTE

É recurso de esperança, paliativo, fórmula de acomodação efêmera. Os trapos, os panos quentes ou mornos, permitem aguardar solução definitiva e tardia ou demorada. Mestre João Ribeiro cita uma carta do cardeal Gaddi, 1547, *tute queste cose sono panni caldi*, evidenciando a metáfora, já existente e popular na primeira metade do séc. XVI. O trapo-quente pertence à secular terapêutica portuguesa, invariável e quotidiano na memória brasileira. "O mal torna-se achaque, e depois peguem-lhe lá com um trapo quente": (Antonio de Castilho, *Colloquios aldeões*, Ponta Delgada, 1850).

PRIMEIRO SONO

É o sono inicial, profundo e recuperador, antes da madrugada, incomparável para os adultos, a "dormida" confortadora, insubstituível. Os demais são complementares, consolidando o descanso noturno. Imagem viva no sertão, pastoril de outrora. "Dormi o primeiro sono até o quebrar das barras!" Canta-se em Portugal:

> – *Vai-te embora, passarinho,*
> *Deixa a baga do loureiro:*
> *Deixa dormir o menino*
> *Que está no sono primeiro!*

Fernão Lopes evoca D. João I rondando o acampamento: – "depois do sono primeiro foi El-Rei andar pelo arraial": (2ª, XXIV). "O Ministro está no primeiro sono..." sem atender aos reclamos da realidade evidente. Não é fácil interromper o primeiro sono.

É COMO MANGABA

Quem começa não acaba. Jamais farta ou satisfaz. Em Portugal dizem o mesmo com as cerejas, e Camilo Castelo Branco aos tremoços: – "As maroteiras são como os tremoços: quem come um come um cento": (*A caveira da mártir*, 1876). É difícil libertarmo-nos dos pequenos vícios, comuns e diários, imperceptíveis na continuidade habitual.

BOA PEÇA!

Malandro, cínico, finório. Em Portugal, velhaco, traste, bandalho. Gil Vicente empregou-a no *Velho da horta*, (1512) : – "Olhade a peça!" aludindo a mulher aos seródios amores do ancião. Posteriormente, Ribeiro Chiado, *Auto das regateiras*: – "E que peça, e que siso e que cabeça!", e o espanhol Torres Naharro, *Comedia tinellaria*: – "ay que pieça!", O "boa peça", "que peça", valem o mais baixo conceito moral. Boa Pedra. Boa Peseta.

TRABUZANA

Tempestade. Barulho. Confusão. Briga. Trabuco, nos finais do séc. XV, era um arcabuz de grosso calibre, e antes, uma máquina de guerra, catapultando grandes pedras nas praças sitiadas. Trabuzana era o rumor conseqüente aos disparos dos trabucos. Trabuco ainda denomina o charuto volumoso. Dizem "trabucar" valendo trabalhar com esforço e obstinação em tarefa difícil. Quem não trabuca, não manduca.

VELHO COMO A SERRA

A imagem com que se compara a velhice do Tempo, não é a mesma para o Povo. Em França, *vieux comme Adam, comme Mathusalem, comme Hérodes, comme les rues, comme les chemins*. Como a Sé de Braga, em Portugal, ou como a Sé de Palha, na Bahia, coberta de folhas de palmeira em 1549, e também dita Sé da Praia. "Velho como cobra", ouvido por mim, talvez versão do "mais antigo que a serpe", figura possivelmente literária portuguesa, ocorrendo em Jorge Ferreira de Vasconcelos, *Eufrosina*, (Coimbra, 1560). Leonardo Mota regista como vulgar no Ceará "velho como o chão", não deparada nas minhas indagações. O modelo mais comum é o "velho como a Serra", *old as his hill* ou *alt wie dic Berg*, nos mundos inglês e alemão, e que mestre João Ribeiro dizia corrente "em quase todas as línguas cultas". É a frase que sempre ouvi nos sertões, a mais vulgar e preferida. A Serra impõe a presença da Antiguidade.

O eminente etnógrafo português Jaime Lopes Dias informa-me, janeiro de 1970, não dizer-se em Portugal "velho como a Serra" e sim "velho como a Sé de Braga".

NÃO PISAR EM RAMO VERDE

Precaução, cuidado, cautela. Mestre João Ribeiro relacionava a locução com o ramo verde de pinheiro nas tavernas portuguesas do séc. XV-XVI, anunciando a venda do vinho. Seria mais lógico, valendo o ramo verde sinônimo taverneiro, *ir* e não *pisar*, talqualmente diz Jorge Pinto no "Auto de Rodrigo e Mendo", (Lisboa, 1587):

– Quereis vender a guitarra
Dar-vos-ei pera *ir ao ramo*.

Creio constituir frase de um episódio popular em que, pisando em "ramo seco", se denunciara a passagem pela fratura ou rumor. E evara-se a técnica preventiva evitando os próprios "ramos verdes", insusceptíveis de avisar a evasão noturna. Os versos de Antonio Prestes, "Auto da Sioza", (Lisboa, 1587), são alusivos:

– Eu nem *pé em ramo seco*
E inda sois toda querelas.

E de Luís de Camões no "Auto de Filodemo", (1555, ed. 1587, Lisboa), na voz de Duriano: – "Pois não creio eu em São Prisco de páu, se hei de pôr *pé em ramo verde...*".

Excesso de prudência. Nenhuma ligação com os ramos verdes à porta das adegas, seduzindo Maria Parda.

DESTAMPATÓRIO DE ASNEIRAS

Não interessaria a frase se não a ouvisse em minha salinha, dita por ilustre advogado referindo-se a umas declarações políticas de parlamentar profissional na imprensa carioca.

Moraes regista o destampatório como destempero, despropósito. De destampar, despropositar com alguém. O Povo, invariavelmente, tem o destampar como sinônimo de destapar, em Portugal tirar a tapadoura, que não usamos no Brasil, mas tampa, tampar, destampar, destampatório. Destampado, sem a tampa, linguagem caseira e comum em que me criei, como diria Dom Francisco Manoel de Melo. Retirada a tampa que sustinha as asneiras, essas se projetaram, numerosas e livres.

O GALO ONDE CANTA AÍ JANTA

Só conheço exemplos portugueses e espanhóis do séc. XVI, referindo-se ao padre, frade, abade. No Brasil, onde existe pouca tradição do canto religioso monacal, liga-se à figura do galo, réplica ao argumento – "Quem canta de graça é galo!". A tradução é que o salário é pago no local da obra.

COM QUATRO PEDRAS NA MÃO

Agressivo, grosseiro, irascível. Atirar pedras é um dos mais antigos processos de caça e guerra. Jogando-as com as fundas, (Fundibulários, Petrodoloi, Funditores), ou à mão livre, constituiu atividade militar, setecentos anos antes de Cristo, até o séc. XVI, quando as armas de fogo inutilizaram a função belicosa, regular e oficial nos Exércitos, *qui fundis ac lapidibus pugnabant*, (Festus). Mesmo contemporaneamente o arremesso de pedras é meio ofensivo e defensivo e eminentemente infantil e popular em todos os recantos do Mundo. "Doido de jogar pedras" não será monopólio dos dementes furiosos. Abater animais e frutas, repelir a Polícia, ferir adversários, às pedradas, é fórmula natural. A técnica nasceria com os caçadores do Paleolítico, logo depois das unhas e dos dentes e, para mim, anterior aos galhos de árvores, origem dos cacetes, bordões e vara paus. Em Portugal dizem "com sete pedras na mão", (J. Leite de Vasconcelos), um tanto excessivo para a capacidade manual.

CAGAFOGO

O reverendo Padre Rafael Bluteau, (*Prosas portuguesas*, 1, 17, Lisboa, 1828, ed. José Antonio da Silva. O autor falecera 94 anos antes), evoca uma sessão havida na livraria do Conde de Ericeira, em 26 de fevereiro de 1696, onde se discutiu a necessidade de uma denominação sonora e limpa para o *Cagalume*. Foram escolhidos *Noiteluz* e *Bicho luzente*, recusando-se *Vagolume*, *Fuzilete* e *Pirilampo*, 274 anos depois, voam os *Vagalumes*, e literariamente os *pirilampos*. Em Portugal ouvi muitas vezes *Cagalume*. Lume não é vocábulo intrinsecamente popular no Brasil, embora o Cagalume esvoace sua esverdeada fosforescência. O apelido real e preferido, pelos sertões inteiros, é o *Cagafogo*! Não preveriam essa eleição os eruditos portugueses de 1696, da Academia dos Generosos, insuspeitando o futuro brasileirismo.

MORRA MARTA MAS MORRA FARTA!

Locução estudada por tantos eruditos em Portugal e Brasil que nada resta a respingar, depois da passagem dos ceifeiros profissionais. Nem a traria a terreiro se não fora amável e teimosa sugestão familiar. A fonte está em Lucas X, 38-42, e o magistral comentário na "Paremiographia", de Alberto Faria, (*Aérides*, Rio de Janeiro, 1918).

Em Betânia, casa de Lázaro, Jesus Cristo tem Maria atenta aos seus pés e Marta "girava na caseira lida", como poetou o conde de Afonso Celso, Maria é a meditação e Marta o trabalho doméstico. É óbvio que a esta advenham os proveitos da tarefa quotidiana, notadamente os alimentos, distantes dos cuidados da mana contemplativa. Marta, dizem os monges de Trevoux, "preparava de comer a Jesus Cristo", enquanto Maria escutava-o. Se esta sucumbir, não será de excessos digestivos. Morrendo Marta, morrerá farta, com os frutos da labuta normal, dispensa, copa e fogão. A frase, possivelmente do séc. XV porque era vulgar no XVI, divulgaria humoristicamente os atributos funcionais da irmã de Lázaro e Maria. Já em 1505 o castelhano Juan del Encina escrevera uma ecloga dramática, *Muera gata y muera harta*, mas os gatos eram consagrados a Santa Martha, bichos de cozinha e telhado.

Em linguagem contemporânea e técnica, Maria era recepcionista e Marta, cozinheira. Qual morrerá farta, das duas?

É minha tradução, bem diversa de todas as clássicas.

DE APÁ VIRADA!

Em São Paulo a minha versão do "Pá virada", (p. 179), será entendida diversamente. O paulista Pá Virada, destemido, largado, afoito, não se articula ao instrumento de trabalho manual, a verdadeira Pá, mas ao Apá ou Pá, como dizem em Portugal, secção muscular mais larga nos membros dianteiros dos animais, omoplata, espádua, ombro. "Tem cabelo no apá", isto é, na pá, que é justamente a parte do ombro que corresponde à axila": (Amadeu Amaral, *O dialeto caipira*, 109), Paulo Duarte corrigiu: – "é a parte correspondente à omoplata". Valdomiro Silveira regista: – "Do apá seco: valente, decidido e também, muito atirado em amor": (*Mixuangos*, Voc). Não entendo o "Apá seco" e o "Apá virado" justificarem valentia, arrogância, priapismo. Ou o "cabelo no apá" originar força física, certa convergência da tradição do cabelo significar vitalidade e potência. Creio que a figura da pá metálica e sua projeção na fraseologia popular, desde o séc. XVI, é responsável pelo contágio homonímico. *La verdad siempre es vieja.*

Fuzilando

In illo tempore, o fuzil era o pedaço de ferro com que se "iscava" fogo, percutindo-o na pederneira. A faísca incendiava a palha seca, fina, amassada, algodão, raspas de arbustos lenhosos, constituindo a "isca". Dizia o conjunto acendedor *Artifício* ou *Isqueiro*. Obter a chama pelo atrito entre pedras foi o primeiro processo na conquista do lume, fórmula anterior à existência humana porque no alto Paleolítico os pré-homens comiam carne assada. Era assim no sertão-oeste do Rio Grande do Norte, onde vivi, confinado ao Norte com o Ceará e ao Sul com a Paraíba. Linguagem corrente até 1913, quando voltei a Natal. Nenhuma sugestão do Fuzil-carabina, que começara tendo a pedra, batismo do nome. Daí aplicar-se com exatidão a frase: "O relâmpago está fuzilando", reproduzindo a imagem do lampejo obtido pelo ferro do fuzil na pedra. "O Tempo está fuzilando no poente." O Tempo era a atmosfera, o estado visível da abóbada celeste, barômetro intuitivo.

Bater Caixa

Diz-se por São Paulo, sul de Minas Gerais, partes do Estado do Rio de Janeiro, valendo espalhar notícias, contar novidades, assoalhar boatos. A informação oficial, até primeiras décadas do séc. XIX, era antecedida pelo rufo do tambor, atraindo as atenções, "juntando gente". O pregoeiro lia o documento destinado ao conhecimento público. Iam repetir a cerimônia noutro local. A imagem sobrevive à função desaparecida.

CÓS E MANEIRA

Cantava o cego Sinfronio Pedro Martins, ouvido por Leonardo Mota:

– Eu, atrás de cantadô,
Sou como vento por praia,
Como junco por lagôa,
Como fogo por fornáia,
Como piôi por cabeça
Ou pulga por cós de sáia!

O cós da saia, onde passava o fio de algodão das pobres ou o leve torçal de seda das ricas, desapareceu. As saias estão reduzidas às anáguas, quando o vestido não tem forro ou é transparente. Mas as anáguas não têm cós. Têm elásticos. Vamos deixar de intimidades. O cós sustentava a saia.

No *Auto do Filodemo*, de Luís de Camões, (1555), há um diálogo, entre Duriano e a moça Solina, já não entendido na indumentária feminina contemporânea:

Solina: – Ora, ide rir a feira
e não sejais dessa laia.
Duriano: – Se vedes minha canceira
porque não lhe dáis maneira.
Salina: – Que maneira?
Duriano: – a da saia.
Solina: – Por minha alma de vos dar
meia duzia de porradas.

O anotador, prof. Marques Braga, (*Autos*, Lisboa, 1928), adverte em latim sobre a "maneira": – *Turpi vocabuli sensu*.

A "maneira" também morreu nas saias à volta de 1930. Era uma abertura ao lado, facilitando o puxão retificador do cós. Até o séc. XVIII fora o caminho para a algibeira, oculta sob as vestes íntimas. Não se usava bolsa de mão. Os homens ostentevam-na pendente do cinto. Duriano pretendia tatear proximidades reservadas da juvenil Solina, que o repeliu. Depois, como nas velhas comédias, acabaram casando.

AS VOLTAS DO DOMINGO NA RUA

Aos domingos à tarde o divertimento tradicional e preferido pelos rapazes sertanejos e homens de meia-idade, ainda sacodidos e ardegos, era o passeio a cavalo pelas ruas silenciosas das pequenas e velhas Vilas. Umas duas horas de exibição orgulhosa nos animais adestrados e dos cavaleiros elegantes, com as montadas vistosas pelos arreios aparelhados de prata. Demonstrações da secular equitação senhorial, estribos longos na estardiota, e as marchas clássicas do *Baixo*, *Esquipado*, *Baralha*. Quem era "montado", participava das "carreiras" dominicais, volteios, curvas e reviravoltas, que algumas legislações municipais proibiam no perímetro urbano.

Garcia de Resende na *Crônica de El-Rei D. João II*, (Lisboa, 1545), referente ao período entre 1481 a 1495, regista o hábito real: – "E n'estes dias, e assi em os domingos e dias santos cavalgava pela cidade... E sempre ia à carreira, e fazia correr todos os que o bem faziam, e elle corria as mais das vêzes e o fazia com muita graça e desenvoltura, e era muito para folgar de vêr os singulares ginetarios e ginetes que então havia".

Na *Miscelânea*, (Lisboa, 1554), ainda recordava:

– Vimos costumes bem chão
nos Reis ter esta maneira,
Corpo de Deus, São João,
haver canas, procissão,
aos domingos carreira,
cavalgar pela cidade
com muita solemnidade;
vêr correr, saltar, luctar,
dançar, caçar, montear,
em seus tempos e idade.

Era assim *in illo tempore*, primeiras décadas do séc. XX. Dizia-se *carreira* e mais precisamente, *voltas*.

FANADINHO

Quando criança, fui magrinho e triste, assustando meus pais, sadios e robustos. O grande médico local, Dr. José Paulo Antunes, (1844-1916), baiano alto, esgalgado, fanhoso, muito culto e muito preto, sossegava a família: – "O menino é *fanadinho*, mas, com o Tempo, botará corpo!". Foi o que aconteceu. O nome de "Fanadinho" acompanhou-me alguns anos. Os dicionários informavam que o "fanado" era circuncidado, o que me estarrecia. "Mouro fanado, alfanado." "Confronte-se com o sentido de pequenez que há em fânico e faniquito": (João Ribeiro, *Frases feitas*, ed. 1960). Na Guiné a cerimônia de circuncisão diz-se "Fanado". Estaria certo Bluteau, dando o sentido de murchar, decorrentemente, no diminutivo, murchinho, mirradinho, fanadinho, do francês *faner, flétrir, dessécher*. De outra forma não se entenderá o senador Zacarias de Goes e Vasconcelos ter, em discurso famoso em pleno Senado do Império, chamado a José de Alencar, baixinho e seco, *Ministro Fanadinho!*

VIRAR CASACA

Versatilidade política. Transferência da fidelidade partidária. Convicção sucessiva. Mudar de Partido. *Tourner Casaque; changer de partir, d'avis, de conduit. Cette locution pittoresque est due à l'habitude qu'avaient autrefois les partis belligérants de se distinguer par des vêtements de couleur différente dont ils couvraient leur cuirasse, ce qui mettait les transfuges dans la nécessité de changer leus casaque, ou simplement de la retourner, s'ils avaient pris précaution de la doubler des couleurs du parti ennemi: Larrouse*. Contam que Carlos Emanuel III de Savóia, (1701-1773), defendendo seu ameaçado patrimônio territorial, aliava-se aos franceses ou aos espanhóis, conforme a utilidade, usando alternadamente as cores nacionais desses países em sua casaca de gala.

Essa é a História antiga. Hoje, "virar a casaca" é uma profissão banal, apenas exigindo vários forros para a concordância oficial e múltipla. Vira-Folha.

COMÍ COMO UM ABADE!

Mestre J. Leite de Vasconcelos, (*Etnografia portuguesa*, II, Lisboa, 1936), resume o muito que os abades fizeram em Portugal, plantadores de povoações, fixadores do homem à terra. Mas a tradição popular portuguesa é impiedosa com os seus abades, personalizando, no mínimo, a glutonaria interminável e famosa. Um anedotário infinito consagra-os na memória burlona das aldeias e vilas. "Boa, Abade, missa à tarde?" já registava Bluteau, que era sacerdote. Gordo como um abade! Comilão como um abade! Está um abade, farto, ocioso, refestelado! Foi essa imagem que se aclimatou na fraseologia brasileira, contemporânea e vivaz. Vida de abade! Venturosa, despreocupada, sadia. Pobres abades!...

Há mais de 40 anos assisti a uma dessas aplicações inoportunas da figura abacial. Almoço delicado e longo no palacete do industrial Jorge Barreto, preparado pelas mãos de Fada de dona Maria Augusta. Os homenageados eram o Arcebispo do Maranhão, D. Octaviano Pereira de Albuquerque, (1866-1949), que falecera Arcebispo-Bispo de Campos, e o deputado Eloy de Souza, (1873-1959), um dos mais brilhantes conversadores do Brasil. Passando ao salão, depois do ágape festivo, e brindes felizes, Eloy, repoltreando-se, soltou a imagem clássica: – "Comi como um Abade!" D. Octaviano, alto, vermelho, gaúcho possante, fuzilou os olhos azuis numa resposta chispante e áspera. O dono da casa, uns dois convivas, inclusive eu, fizemos o papel de jacamim pacificador entre os duelistas, de sabida eloquência. Eloy defendia-se bem, alegando que os abades tinham bom apetite porque eram consciências tranquilas e puras. Mas a disputa fez amplo desgaste no nosso bom-humor digestivo. Finalmente, armistício cordial. Jorge Barreto, ao sairmos, dizia baixinho: – "Pensei que era um elogio...".

O DIABO ARMA E DESARMA

Estudando "o Diabo as armas", (intrigas, complicações, problemas), mestre João Ribeiro escreveu: – "A frase é moderna e parece referir-se ao perigo das armas de fogo". O Povo suspeita que podem disparar por si, independente da intervençao humana. Lord Chesterfield, no *Letters to my son*, 1745-1753, dizia ser essa a instintiva impressão feminina. Satanás apontando à mãe com uma tranca de porta, matou-a com um tiro. *El Diablo las carga*. Armar, para o Povo, é preparar, arranjar, dispor. "Armou-se-lhe grande tormenta", lê-se no Argumento do *Auto de Lucideno*, de Camões, (1555). Armam ciladas, temporais, móveis, navios, cortinas, ainda no tempo das bestas e catapultas.

ESTÃO AREADOS

A propósito das comissões "técnicas" e da elevação alucinante do preço das coisas indispensáveis à vida, milionarizando os vendedores intermediários, Isabel, minha cozinheira, sentenciou, gravemente: — *Estão areados!* Perderam rumo, equilíbrio, consciência da rota normal e lógica. Num famoso sermão de 1654, na 6ª Dominga da Quaresma, em São Luís do Maranhão, o Padre Antônio Vieira proclamou: — "Esta é a causa porque os pilotos que não são praticos nesta costa, *aream*, e se teem perdido tantos deles!". Estavam destinados, *vários* do juízo, pela influência do ar, os maus ventos perturbadores. Fica-se *areado* em terra.

DIZER INDIRETAS

Frases ambíguas ajustadas a determinadas pessoas inominadas. "Tem aqui na sala um dançador muito animado mas de meia-cara; entrou-sem convite. É bom ir dando o fora!" Mestre João Ribeiro fazia-a originar-se da argumentação dialética na Escolástica – *directè*, *indirectè*, quando me parece resultado popular de observação formal e comum.

— A menina qu'eu namoro
anda de flor no cabelo!

– Começa com a letra M
o nominho do meu bem.

VENDER FARINHA

Em determinados setores dos sertões brasileiros, muitos indivíduos têm o costume de deixar a camisa por fora da calça, conservando ou não o paletó. Quem se apresenta deste modo "está vendendo farinha". Em conseqüência, pode ser ouvida queixa, como a seguinte: – "Estava vendendo farinha, suado, quando vêio um pé de vento com chovisco; no outro dia, manheceu com féve". Certamente, a referida locução tem origem na circunstância de que muitos vendedores de farinha de mandioca nas grandes feiras semanais, próprias dos sertões, adotam esse hábito. Se bem que os tropeiros, os camponeses em grande número "vendem farinha": (Fernando São Paulo, *Linguagem médica popular no Brasil*, 2º, Rio de Janeiro, 1936). A fralda da camisa branca lembra o saco de farinha, entre-aberto.

NASCEU EMPELICADO!

É a frase proclamando o sempre-feliz, vitorioso nos empreendimentos, com êxito nas iniciativas. É aquele que nasceu envolvido no saco amniótico ou com a cabeça enrolada nas membranas fetais. *Être né coiffé, avoir un bonheur insolent, une chance persévérant* (Larrousse). A Sorte acompanha esse privilegiado. Rafael Bluteau, (*Vocabulário português e latino*, Coimbra, 1712), informava a tradição em Portugal e que já viera de Roma: – "Imagina o vulgo, que os meninos, que nascem empelicados, são mais venturosos, que os outros, porque não nascem nús, como se a pelle, com que a natureza os cobre fora presagio de que a fortuna os ha de cobrir de honras, & riquezas".

Ligava-se o "empelicado" à fama de ser "filho de frade", que eram destinados à vida venturosa. *Feliz como filho de frade!* dizia-se em Portugal e também no Brasil. O desembargador João de Barros, (*Espelho de casados*, "em o qual se disputa copiosamente, que excellente, proveitoso e necessario seja o casamento", Porto, 1540), registou as desconfianças rancorosas do marido "porque sua mulher pariu um filho envolto em uma pele como às vezes acontece cuidou que era filho de frade". A pelica, cobrindo-lhe corpo e cabeça, lembrava o burel fradesco e paterno. A fama do "empelicado" continua, mas já não é "filho de frade".

BATER-SE COM ARMAS IGUAIS!

— "Corresponde, figuradamente, a usar dos mesmos planos que o contrário, acompanhando-o no terreno para onde elle levar a discussão. É uma metaphora dos usos da Cavallaria; nos duellos e principalmente nos combates judiciários, os contendores luctavam com espadas perfeitamente eguaes no comprimento, largura e tempera. Era ponto de honra nos duellos que ninguem se aproveitasse das vantagens de melhor arma, e nas *ordalias* ou julgamentos de Deus, não se esqueciam de equilibrar todas as probabilidades de exito, para que Deus decidisse pela victoria nessas condições, qual dos antagonistas tinha razão. Para esse fim fabricavam-se até armas especiais; eram ordinariamente duas espadas, chamadas *gemeas*, que até se ajustavam a uma só bainha. Só com ellas se admittia a peleja e... dellas nos ficou a locução": *Theobaldo*, "Provérbios históricos e locuções populares", Rio de Janeiro, 1879.

É UM ALARVE

Locução letrada e semidesaparecida no Brasil. Homem voraz, glutão, insaciável. Alarabis de Marrocos, de pele quase negra, nômades, rapidantes, assaltadores de caravanas. Vencidos, fizeram-se pequenos agricultores, com criação de gado em processos rudimentares. No séc. XVI, quando do maior contato português com a região marroquina, os Alarves ganharam fama de selvagens, rústicos, insolentes. Assim os trata o historiador João de Barros, comparando-os aos labregos mais intratáveis e brutos. Nunca se fartavam de comer. Frei Bernardo da Cruz (*Crônica D'el-Rei D. Sebastião*, publicada em Lisboa, 1837, por Alexandre Herculano e A. C. Payva), elogia-os ardentemente: — "São tidos os Alarves por toda África por a gente mais nobre dela e o tronco de que os mouros mais se honram". O autor, frade franciscano, foi Capelão-Mor na jornada trágica de 1578. Evidentemente insuspeito no panegírico. Afirma que os Alarves vivem "sustentando-se com poucas delícias de manjares". Sóbrios, frugazes, laboriosos. *Quid est veritas?*

RAM-ME-RAM OU RAMERRÃO

Conheço, desde criança, o "Ram-me-ram", valendo o ritmo normal das coisas, habitualismo, a banalidade do costume diário nas ocupações comuns. Decorrentemente, monotonia, desencanto pelas tarefas sem surpresa e sem novidade. Muito usado também o "Ramerrão":... "por ahi vamos, a orelha murcha, o olho baixo, o passo apalpante, as moscas no lombo, cabeceando, banzando, caxingando, na marcha tardonha e trupicante da eterna obediencia, do ramerrão eterno": (Ruy Barbosa, "Campanha Presidencial", Rio de Janeiro, 1921). A locução é constante "nesse ram-me-ram", traduzindo o enfado do continualismo profissional.

Sobre a origem, bateram-se João Ribeiro e Gonçalves Viana, aquele mais ágil e documentado no plano conjetural. (*O Fabordão*, Rio de Janeiro, 1910). Depois de cabriolas hábeis, o mestre brasileiro aceitou o "ram-me-ram" proceder da soletração, mencionando uma cantiga da opereta cômica *A ninfa siringa*, anterior a janeiro de 1736, quando é citada no *Anfitrião*, de Antonio José da Silva.

– Senhor Có, esse, cos,
C,ó, ram-me-ram...

Processo que dera o "legalhé", "cutiliquê", etc.

Divulgar-se-ia por essa copla ou constaria de locução mais antiga e vulgar em Lisboa? Teofilo Braga, (*História do teatro português*, III, Porto, 1871), regista a *Ninfa siringa*, de Alexandre Antonio de Lima, representada em 1741, quando cinco anos antes era conhecida.

Manuel de Figueiredo, (1725-1801), aproveita-a n'uma de suas peças teatrais:

– Senhor Có, ess, cos,
C,ó, có, ram-me-ram...

No "*Tesouro da língua portuguesa*", de Frei Domingos Vieira, (Porto, 1874), há um verbete sedutor: – "*Ra-me-ram*, ou *Remerrão*, adv. onomatopaico, vindo do som uniforme de um instrumento mal tocado, ou do som de algum instrumento fabril".

Os demais debates não aproveitam. *Words, words, words...*

TALAGADA

Setembro de 1947, arredores de Braga. Meu companheiro de viagem, o escritor Gastão de Bittencourt, exclama, fazendo parar o automóvel: – "Setembro no Minho, sem uma taleigada de vinho?". Setembro é o mês das vindimas em Portugal. Cumprimos o preceito. Taleiga é velha medida de cereais e líquidos. De trigo, quatro alqueires. De azeite, dois cântaros. Menino, no alto sertão do oeste norte rio-grandense, tantas vezes ouvi dizer-se *talagada*, por gole, sorvo, trago. Julgava provir de "tragada". – "Bote aí uma talagada de cana pra rebater o calor!". Era a "taleigada" portuguesa.

PAU NOS GALHOS

Temperamento facilmente irritável, multiplicando as dificuldades encontradas pela impaciência em resolvê-las. A frase identifica o efeito com a causa. Os romanos assinalavam os touros agressivos prendendo-lhes um pouco de feno, capim, galho seco, a um dos cornos. Vendo esse sinal, deviam afastar-se do animal bravio. *Habet foenum in cornu, fuge!* Tem feno no chifre, fuja! É a origem do contemporâneo "Pau nos galhos".

NÃO HÁ BOIADA SEM BOI CORNETA

Corneta é o boi com um único chifre. É natural que n'uma boiada exista algum animal defeituoso, como nos grupos humanos viva exemplar moralmente incompleto. O Boi-corneta, dizem os vaqueiros, é de maugênio, bulhento e brigador, tentando sublimar pela violência a falha na cornamenta. O defeito físico evidente justifica o desajustamento individual na convivência. "Todo Corneta é briguento". O grande geólogo americano John Casper Branner, (1850-1922), "Emeritus" da Stanford University, dava esse nome ao Presidente Theodore Roosevelt: – "Our Boi Corneta President Roosevelt".

DEU EM VASA-BARRIS

Perdeu-se, malogrou-se, desastrou-se. Deu em pantanas, em águas de bacalhau. A locução é historicamente brasileira. Em junho de 1951, na enseada de Vasa-Barris, no litoral de Sergipe, naufragou a urca "Grifo Dourado" onde voltava da Espanha Gabriel Soares de Souza, com o material vultoso para uma expedição ao rio de São Francisco, buscando metais preciosos. "Dar em vasabarris" divulgou-se tanto no Brasil quanto em Portugal, não desaparecendo no uso popular em ambos os países. Ver João Ribeiro, *A língua nacional*, S. Paulo, 1921.

Alexandre Antonio de Lima citava a locução no seu longo e banal poema *A Benteida*, (Lisboa, 1752):

– Pondo em tanta vasilha a imensidade
Deu em vasa-barris com a Divindade.

Como Antonio de Castilho, (*Colóquios aldeões*, Ponta Delgada, 1850): – " e damos com uma alma cristã em vasabarris", atestando a vulgarização em Portugal.

MALANDRO NÃO ESTRILA!

Popular em todo o Brasil. Conformação, resignar-se, aguardar a "virada" da Sorte. Sua vez chegará. Francisco Guimarães, o repórter "Vagalume", informa: — "Na roda do samba, admite-se a batucada, onde o camarada, mostra se é bom na *banda* e prova se é ágil nas pernas. Tais demonstrações, eram feitas em público, antigamente, nas festas da Penha. O que arriasse, não tinha o direito de ficar zangado e daí nasceu a gíria: — *Malandro não estrila!* Quem se metia na roda, sabia ao que estava sujeito. O derrotado tratava de treinar para a revanche no próximo encontro": (*Na roda do samba*, 35-36, Rio de Janeiro, 1933).

A VOLTA É CRUEL!

No vocabulário dos capadócios e valentões *Volta* é a forma habitual, a maneira típica, a ação peculiar de cada um dos cafajestes famanazes enfrentar o adversário na técnica personalíssima na luta. Começou no Recife, nos finais do séc. XIX, e o termo derramou-se pelo Nordeste, alcançando o sul do Brasil, notadamente no mundo da malandragem no Rio de Janeiro. O criador da imagem foi o famoso Nascimento Grande, (José Antonio do Nascimento), nascido no Recife e falecido em Jacarepaguá, Guanabara, janeiro de 1936, com mais de cem anos de idade, informava-me o Dr. José Mariano Filho. "Vi-o várias vezes. Mulato escuro, de alta estatura, chegando a pesar 120 quilos, bigodes longos, olhos serenos, muito cortês e maneiroso, usava invariável chapelão desabado, de feltro, capa de borracha dobrada no braço e a célebre bengala de quinze quilos, manejada como se nada valesse e que ele denominava *A volta!* Uma bengalada derrubava um homem; duas desacordava-o e três matava. Daí a frase ainda corrente nas cidades litorâneas do Norte: — *A volta é cruel*, referindo-se à *Volta* do Nascimento Grande". (Luís da Câmara Cascudo, *Flor dos romances trágicos*, 55, Rio de Janeiro, 1966).

ÁGUA RUIM, PEIXE RUIM

O peixe depende, ecologicamente, do pesqueiro onde as condições de temperatura, suficiente segurança, alimentação, asseguram-lhe a continuidade da espécie na justa proporção sobrevivente. Os pesqueiros, escalonados ao partir de certa distância da praia, guardam sempre alguns de seus moradores, com relativa diminuição conforme as condições modificadoras, mesológicas e acidentais. Na linguagem pescadora "Água" não é apenas o ambiente vital mas também a característica na "safra", denominada pelo pescado mais numeroso na época da pescaria: – "Agua do Voador, Água da Alvacora, Água da Tainha". "Água-ruim" vale pela escassez dos peixes colhidos. Serão, naturalmente, inferiores em gordura e carnação. Na haliêutica do Amazonas, "Água-ruim" corresponde a *Uáina*: – "Fase de toxidez da água de certos afluentes quando ocorrem os primeiros repiquetes, e os peixes ficam então entorpecidos e a bubuiar, sendo apanhados facilmente com as mãos e mortos a pauladas (tambaquis). Assim água ruim, peixe ruim, que se não deve beber e comer. Do tupi": (Dr. Alfredo da Matta, *Vocabulário amazonense*, Manaus, 1939). Aplicam a frase explicando o homem, produto do meio formador.

PASSAR A MANTA

Enganar a outrem numa transação qualquer. Referência talvez à manta ou capa com que se apresenta o Demo quando quer iludir, fazendo-se de santo. Cf. a expressão com capa de santo, que indica o modo com que alguém age com ardiloso fingimento: Lindolfo Gomes, *Contos populares brasileiros*, S. Paulo, 1949. É mais vulgar no sul e centro do Brasil.

É DE CHUPETA!

Excelente. Agradável! Aprazível. Domenico Schiopetta, artista italiano, acompanhara, ainda criança, o Pai, carpinteiro do teatro do Salitre em Lisboa onde morreria esmagado por um alçapão nas últimas décadas do séc. XVIII. Domenico foi compositor de músicas leves, pondo solfas às modinhas mais favoritas, como "Jovem Lilia abandonada", com letra de Castilho. Pintou paisagens e figuras, além de ornamentação cenográfica, discípulo de Mazzoneschi e Philiberto. Assinava-se *Esquiopeta*, e também *Sciopetta* e *Scopeta*. Faleceu em 1837. Seus trabalhos tiveram fama e fácil aplauso. O nome prestou-se à tradução burlesca e popular: – *É de chupeta!* que foi vulgar em Portugal e Brasil.

CANHANHA E CORCOROCA

"Tão boa é a canhanha como a corcoroca", é um adágio do Rio de Janeiro já registado em 1922 por Antenor Nascentes. Uma pela outra. Chita da mesma peça. Vinho da mesma pipa. Farinha do mesmo saco. A canhanha, *Haemulon parra*, e a corcoroca, *Haemulon sciurus*, são peixes hemulídeos, de confusa e vasta sinonímia popular. Vendem um pelo outro, porque é difícil estabelecer-se, entre os leigos, a distinção. Na linguagem carioca, entende-se que um malandro é igual ao outro.

COME SURUCUCU!

Destemido. Cabra sarado. Machão. Bamba. Mata porco-espinho com a bunda. Dá murro em faca-de-ponta. A surucucu, *Lachesis mutus*, é a mais venenosa dos Viperídeos, notadamente a "surucucu-pico-de-jaca" porque o couro imita as protuberâncias de uma casca de jaca. Comer surucuru é puxar Satanás pelo rabo! Não é possível maior loucura. No velho mundo dos morros cariocas era a imagem do valentão venerado. "O pessoal do samba não rejeita parada e diz com muita propriedade – Quando a farinha é pouca, o primeiro pirão é nosso! – E o outro diz logo – Na casa de caboclo velho, *quem não come surucucu não almoça!* – Ou então – Quem tem seu vintém bebe logo! – De qualquer modo, a gente da roda do samba se garante porque tudo passa e o samba fica!": Francisco Guimarães, Vagalume, *Na roda do samba*, 129, Rio de Janeiro, 1933. O palhaço de circo Júlio de Assunção, cantador de lundus e tocador de violão no Rio de Janeiro, morreu por haver comido uma surucuru ensopada no Andaraí: (Alexandre Gonçalves Pinto, *O choro*, 101, Rio de Janeiro, 1936). Surucucu também é a figura popular das mulheres agressivas, violentas, desajustadas com toda a gente viva.

PASSAR GINJA

Ainda ouvi empregar-se a frase no velho Rio de Janeiro da cuíca e pandeiro. A "Capital Federal" dos morros e batucadas. Significa alimentos reduzidos ou quase inexistentes. Pirões "apertados". Passadio ruim. "Mastigo" precário. "Gostava de tocar em baile onde houvesse gordos pirões, acompanhados de belas bebidas. E se assim não fosse dava o fora dizendo que não foi feito para *passar ginja*": Alexandre Gonçalves Pinto, *O choro*, 87, Rio de Janeiro, 1936.

A ginja é uma espécie de cereja e em Portugal fruta popular e comum. Na fraseologia lusitana um *Ginja* é o avarento, casmurro, antiquado, correspondendo, no Brasil, ao "Carne Seca", Fechadão, Cauíra. Alimentar-se de ginjas, ou sob sua égide, será regime intolerável pela parcimônia nutritiva. Ginja, fruto da gingeira, *Pronus cerasus*, Linn.

COIÓ!

Já em 1879 Silvio Romero registava o vocábulo no Rio de Janeiro e Pereira da Costa no Recife, impresso, significando o companheiro, menino-grande, participante dos jogos infantis de rua. Era uma fórmula para iniciar a brincadeira de correr, escolhendo quem ficasse com o chicote, vergôntea, cipó, perseguindo aos colegas na Manja, Jôte, Carreira. Quem fosse atingido, substituiria o perseguidor:

– Laranja da China,
Tabaco em pó.
Quem é o durão?

— Sou eu só!
— Olha lá que te pego.
— Não pega, não!
— Ora bate, Coió!

Por esse tempo, fora da lúdica infantil, Coió ficou valendo o namorado mais ou menos permanente. "Ela já tem o seu Coió!" Também valia o fervoroso admirador das atrizes cantoras, circenses e do palco, Em 1901 existiu no Recife uma associação dramática "Verdadeiros Coiós" e em 1902, um grupo carnavalesco, o "Club dos Coiós". No primeiro ano do séc. XX era vulgar aludir-se ao "Coió sem sorte", namorado infeliz. Na volta de 1908 apareceu um traque-de-São João que se acendia pela fricção e ficava queimando e estalando nas calçadas. Era o *Espanta-coió*, atirado aos pés dos namorados na conversa janeleira, atrapalhando o idílio porque atraía atenção da família. Havia o assobio *Chama coió*, fininho e prolongado, alertando o candidato distraído. Era quase privativo das "meninas sabidinhas" ou "sapecas", "semostradeiras". A pequenina volta de cabelo em forma de anzol ou circular na testa das mocinhas, dizia-se *Pega coió*. Um cachinho de lado, paralelo à orelha, é que tinha nome de *Pega rapaz*. Coió e seus subprodutos circularam intensamente no linguajar nacional. Os dicionários conspícuos, Moraes até 1831, ou Frei Domingos Vieira, na edição do "Tesouro", não o acolheram. Nem por isso o coió deixou de ter vida farta e milagrosa.

QUEM TEM MAZELA TUDO DÁ NELA!

Max Muller dizia ser a viagem dos contos populares uma maravilha semelhante ao próprio enredo. A expansão do temário é uma força miraculosa em sua irradiação comunicante. Quanto registramos é parte mínima do patrimônio possuído pela memória do Povo.

Não concluíra meu curso jurídico no Recife e residíamos em Natal na avenida Jundiaí, no Tirol. Seria, evidentemente, antes de 1928. Estávamos no terraço nas primeiras horas da noite. Meu Pai, com um tumor no polegar do pé direito, apoiava-o numa cadeira almofadada junto à vistosa rede nordestina. Esvoaçava um grande besouro negro e num dos seus volteios zumbidores chocou-se justamente com o dedo inflamado, tão defendido pelo doente. Meu Pai limitou-se a comentar, dizendo um rifão que eu ignorava: – "Quem tem mazela tudo dá nela!". Rimos e o besouro sofreu castigo mortal. Jamais deparei o adágio nem meu Pai o repetiu. Relendo, agora, a *História do teatro português*, de Teofilo Braga, (IV, 295, Porto, 1871), no "Repertório Geral do Teatro até a morte de Garret", fiquei sabendo que em 1838 fora representada em Lisboa uma peça de Felner, *Quem tem mazela tudo lhe dá nela!*

QUINHÃO DO VIGÁRIO

Reminiscência das obrigações devidas aos Párocos, creio que a frase, ainda corrente e viva no Rio de Janeiro, seria a derradeira repercussão, embora em sentido irônico e negativo. "Já estou velho mas não dou o meu quinhão ao Vigário", afirmavam os "maduros inconformados". Era inseparável locução no vocabulário dos boêmios em via de aposentadoria por limite de idade funcional. Ainda em junho de 1941, dizia-me o antigo "chorão" Alexandre Gonçalves Pinto, referindo-se ao poeta Catulo da Paixão Cearense, então com 78 anos: – "Não dá quinhão ao Vigário! Ainda sabe beber e cantar!".

SAIR À FRANCESA

Sair sem despedir-se. A descortesia, tão pouco francesa, irritou-os, e nasceu o *filer à l'anglaise*, que os britânicos não concordaram. O *s'en aller à l'anglaise* apareceu em Paris nos finais do primeiro terço do séc. XIX. Ainda no tempo de Carlos X, O "despedir-se à francesa" era muito anterior. Na Lisboa de 1779, Nicolau Tolentino versevaja:

> Sairemos de improviso,
> despedidos à francesa.

Reinava Luís XVI na França e Dona Maria Primeira, Rainha Nossa Senhora, em Portugal. Napoleão Bonaparte tinha 10 anos de idade. A locução, evidentemente, não nascera por sua causa. Não terá relação com as invasões napoleônicas na Península Ibérica. Mas os portugueses se haviam batido com os franceses no Roussillon. Campanha de 1793-1795. Em 1779, Nicolau Tolentino citava-a, corrente e comum, numa sátira dedicada a D. Martinho de Almeida. O choque no Roussillon também não influiu. Os dicionários franceses, nem mesmo o presente Larousse, deram guarida a imagem incivel à égide gauleza. É óbvio que não a ouvimos em Paris. Nem mesmo em Londres. É, entretanto, popular em Portugal e bem antiga no Brasil. Teobaldo, (Francisco Mendes Paiva, *Provérbios históricos e locuções populares*, Rio de Janeiro, 1879), regista explicação simplista: – "Se attendermos ao vocabulo franquia, que significa primitiva a geralmente o imposto de sahida, os direitos da expedição: se considerarmos que esta palavra tem a mesma origem que *francez*, ser-nos-hia licita a conjectura de que *despedir-se à franceza* seja uma modificação de sair *franco*, como uma allusão à mercadoria que uma vez *franqueada* não se demora para conferencias e pagamentos de impostos. Esta etymologia póde razoavelmente ser assignada à phrase provebial e explica-la satisfatoriamente".

A outra, também de Teobaldo, situa-se na época portuguesa em que "o francez não era ali falado, desconhecia-se até". Houve essa época, Teobaldo? "Francez era então lingua que ninguem entendia; e se alguem deixava uma reunião ou sahia de uma casa ás occultas, sem falar a pessoa nenhuma, era o mesmo que se falasse em francez: ficavam todos na mesma. Viria dahi a phrase vulgar *despedir-se à franceza* por sahir sem despedir-se, como significando a mesma cousa para os homens daquelle tempo".

O Dr. A. Castillo de Lucas, mestre da Etnografia espanhola, escreve-me, 28 de janeiro de 1970, informando o assunto na Espanha: – "En España la frase más frecuente y que admite el diccionario, es la "despedirse a la francesa", que significa marcharse de un lugar sin decir adios, es decir, de un modo desapercebido. Por lo visto, esta fórmula o manera de despedirse en Francia se interpretaba por "sans adieu", es decir una despedida con el propósito de volver y por la tanto era una forma cortés de marcharse sin molestar a los demás. Despues se tomé aquí en España por una incorreción. Otra versión que tiene este despedirse a la francesa es porque cuando los franceses en la guerra de la Independencia en España, pretendieron tomar Cádiz, se hubieron de marchar sin conseguirlo y sin lucha para anunciar su marcha. No encuentro en el saludar a la francesa que V. me indica sino una forma irónica, incorreta de entrar en una reunión sin saludar".

O assédio de Cádiz é de 1810-1812 e a frase era popular em Lisboa já em 1779. Espanha também apresenta origens locais e patrióticas. Os franceses negam formalmente a locução como usual na França, e seus dicionários registam o *filér à l'anglaise, en cachette, ou sans prendre congé, ou sans permission.*

Não conheço registo anterior aos versos de Nicolau Tolentino. Teria origem portuguesa?

É UM CARAXUÉ

Sustentado e protegido pela amante prostituta, o "amor" da mulher-do-mundo. Cáften, proxeneta, "azeiteiro". O nome é dado aos pássaros Turdídios, alguns melodiosos e outros de canto gaguejado e zombeteiro. "São os sabiás da Amazônia", afirma o Dr. Alfredo da Mata. O título, moralmente triste, será conhecido em quase todo o Brasil. O caraxué-pássaro não põe ovos nos ninhos alheios, talqualmente outros aproveitadores. Não sei se a fêmea-caraxué seja mais laboriosa na manutenção do lar que o esposo cantador. A tradução é *guira*, pássaro, e *xué*, vagaroso, lerdo, lento. O *xué* árabe, recebido por intermédio português, é o mais divulgado e popular no Brasil, significando inferior, desmazelado, vulgar. "Festa xué, poeta xué, vestido xué". Inicialmente dizia apenas o diminutivo de *pouco*. É evidente não se aplicar ao caraxué barítono ou ao concorrente às rações prostibulares.

COMER LEITE

No sertão nordestino do meu tempo de menino não se dizia "beber" mas "comer" leite. Os adultos quase não o bebiam. Grandes e pequenos serviam-se do leite misturado com jerimum, batatas, farinha, polpa de umbus, na saborosa umbuzada. As crianças eram alimentadas com o leite das cabras. *Comadres*, como Henry Koster registou em 1810. Havia, naturalmente, a quotidiana coalhada, indispensável, e o queijo infalível. Era assim pelo interior, da Bahia ao Piauí. Sempre julguei habitualismo regional, quando deparei no *Pastor peregrino*, (Lisboa, 1608), de Rodrigues Lobo: – "*Comerás do leite, ouvirás dos contos, e partirás quando quizeres!*". E numa quadrinha do Alentejo, recolhida por Teófilo Braga e Tomás Pires, a confirmação anônima:

> – Tu és clara como o leite,
> E o *leite também se come...*

Estava certo.

ÁGUA NO BICO

Trazer água no bico é intenção dissimulada, planos ocultos mas perceptíveis. Impõe desconfiança. No *Enfatriões*, de Camões, diz Calisto:

> – Isso traz agoa no bico,
> Esse home he parvo ou feio.

Interpretaram a imagem evocando o pássaro conduzindo água no bico para a sede dos filhos. Não se trata de aves mas de um aforismo de meteorologia rural. "Lua com circo traz água no bico". Bico é o halo lunar, denominado "Bolandeira" no Nordeste do Brasil, sinal infalível de chuvas próximas. O mesmo que franjas, rendas, "bicos", ainda dando esse nome a uma espécie rendeira de almofada, com extremidades pontudas, outrora muito apreciada e decorativa nas antigas blusas femininas. Continua sendo um prognóstico respeitado nos sertões.

TUDO MÍNGUA NO MINGUANTE

Antiquíssimo adágio do séc. XVI aconselhava: – "Ao minguar a lua, não comeces coisa alguma". Ninguém deve casar, matar porco, cortar madeira. Não empreender marcha, viagem marítima, oferecer batalha. O general Antonio Carlos da Silva Muricy, um dos mais ativos organizadores da revolução de março de 1964, disse-me que embora tudo estivesse previsto e articulado para a ação, adiou-se o deflagrar porque a lua estava em quarto-minguante, e certamente o plano falharia de maneira total. *Believe it or not.*

MOITA!

É a atitude silenciosa quando esperamos contestação satisfatória. "Perguntei tudo e ele, Moita!" "Deu o calado por resposta". Amoitar-se é esconder-se. A moita, mouta em Portugal de onde veio a frase, é o pequeno bosque, cerrado, comumente de determinadas espécies vegetais. Assim, no Brasil, moita de marmeleiros, mufumbos, matapasto. Com árvores de porte não há "moita". Ninguém fala em moita de aroreiras, oiticicas, jatobás. Ocultar-se na moita sugeriu a respondência de conservar-se mudo, oralmente invisível ou ausente. Mas há outro emprego que não encontro nos dicionários. O imperativo – *Moita!* valendo ordem impositiva de Silêncio. Bico! Boca! Jamais ouvi alguém dizer, no Brasil, "Caluda!", embora, desde 1905, tomasse conhecimento de sua existência no poleiro das Interjeições.

Nota ao *Cantar serena estrela*: – A locução é explicada pela modinha constante do texto. Na ilha de S. Miguel, Açores, existe a tradição de "Cantar às Estrelas" na noite de véspera de N. Sra. da Estrela, (Candelária), 1º para 2 de fevereiro. O doutor Francisco Carreiro da Costa registou-a no seu estudo *O tempo na linguagem micaelense*, sep. do nº 4, vol. III da "Açoréana", Angra do Heroísmo, Terceira, 1945. Devo meu exemplar à sua gentileza generosa.

– "*Cantar serena estrelas*: – É uma das mais curiosas tradições populares micaelenses, esta do cantar às Estrelas. Consiste em ir pela noite afora, na noite de 1 para 2 de fevereiro, na véspera, portanto, do dia de Nossa Senhora da Estrela, ao modo de serenata, em grupos, ao som de instrumentos, cantando é improvisando pelas portas dos vizinhos, dos amigos e dos conhecidos". Dois modelos:

– Estrelas vimos cantar
Que esta noite delas é,
E quem às estrelas canta
É porque nelas tem fé.

– Hoje é véspera das estrelas
Amanhã é o seu dia,
Cantam os anjos no céu
Com prazer e alegria.

ÍNDICE

A BOI VELHO NÃO BUSQUES ABRIGO, 157
À custa da barba longa, 106
A Inácia, 209
A mãe do bispo, 138
A mulher do piolho, 124
A terra lhe seja leve, 148
A terra te soverta!, 189
A toque de caixa, 183
A ver navios, 258
A volta é cruel!, 314
Abafar a banca, 85
Abrir o chambre, 162
Agarre-se com um trapo quente, 297
Água no bico, 322
Água ruim, peixe ruim, 315
Ah! uma onça, 47
Ainda a pedra de escândalo, 144
Ainda candeias às avessas, 143
Amarrar o bode, 28
Anda num curre-curre, 195
Andar à toa, 30
Andar ao atá, 75
Ao léu, 296
Aos trancos e barrancos, 133
Apetitosa!, 31
Apito, 227
Aqui é onde a porca torce o rabo, 104
Aquilo é uma poia!, 122
Arcas encouradas, 56
Arco da velha, 129
Argel, 234
Arraia miúda, 158
Arranca-rabo, 284

Arrotando importância, 190
Arroz-doce de pagode, 291
As botas de judas, 167
Às de Vila Diogo, 91
As paredes, 160
As voltas do domingo na rua, 305
Assinar de cruz, 64
Assoe-se nesse guardanapo, 245
Avô torto, 120
BADULAQUE, 155
Baixou o facho, 295
Bancando..., 171
Bater barba, 156
Bater caixa, 303
Bater com a mão na boca, 86
Bater-se com armas iguais!, 310
Beber da merda, 155
Beber ou verter, 177
Bebeu água de chocalho, 117
Beijar e guardar, 103
Bernarda, 209
Besta como uruá, 147
Bicho careta, 260
Bigodeado, 237
Bilontra, 116
Biruta, 206
Boa peça!, 298
Boa pedra, 252
Boa peseta!, 188
Bocó!, 287
Bode expiatório, 99
Bóia, 228
Borrar o mapa, 71

Breca, 57
Brincar, 270
Buscar fogo, 40
CABEÇA DE TURCO, 201
Cabeça seca e treze de maio, 48
Cabelinho nas ventas, 251
Cabra da peste!, 281
Cabra de peia, 191
Cachimbado, 236
Cachimbo apagado, 237
Cada um sabe onde o sapato lhe aperta, 137
Caga na vela, 173
Cagafogo, 301
Caldeirão do inferno!, 128
Caldo entornado, 124
Calote, 151
Camisa de onze varas, 27
Canhanha e corcoroca, 316
Cantar "serena estrela", 184
Cara de herege, 150
Cara-dura, 157
Carcamano, 187
Carona, 182
Carradas de razão, 270
Casa da mãe Joana, 101
Casa de Orates, 150
Casa nova, chama cova, 294
Casaca de couro!, 134
Ceca e meca, 277
Chapa, 218
Chegar ao rego, 212
Cheio de gás, 82
Chimangos e maragatos, 184
Chorar pitanga, 217
Chucha calada, 198
Cobra que perdeu a peçonha, 74
Cobras e lagartos, 153
Coió!, 317
Com licença da palavra, 44
Com quatro pedras na mão, 301
Com uma bochecha d'agua, 257
Com unhas e dentes, 131
Coma sal com ele, 29
Come surucucu!, 316

Comem e bebem juntos, 246
Comendo coco, 200
Comer com os olhos, 99
Comer leite, 321
Comeu buta!, 287
Comi como um abade!, 307
Comido da lua, 199
Comigo é nove!, 295
Como abelha, 244
Como trinta!, 292
Como um fuso, 137
Comprou a casa dos bicos!, 259
Condessa, 186
Conhecer pela pinta, 174
Corra dentro!, 283
Correr coxia, 136
Corta jaca, 241
Cortar os esporões, 69
Cós e maneira, 304
Cré com cré e lé com lé, 235
Cruz na boca, 53
Cum quibus, 117
Cuspir na cara..., 113
Custar os olhos da cara!, 110
D'AQUI MAIS PRA AQUI, 83
Dá cá aquela palha!, 101
Danado!, 77
Dar a vida, 196
Dar bananas, 164
Dar com os burros n'água, 111
Dar luvas, 177
Dar o desespero, 274
Dar o nó, 152
Dar trela, 53
De alto coturno, 139
De apá virada!, 302
De caixa destemperada, 237
De canto chorado, 202
De meia cara, 135
De pés e mãos, 148
Deixe de alicantinas..., 197
Deixe de cantigas! Deixe de lérias!, 293
Deixe de pagode!, 221
Dente de coelho, 73

Descendo do sertão, 247
Descobrir mel-de-pau engarrafado, 133
Despacho, 214
Destampatório de asneiras, 300
Deu em vasa-barris, 313
Dia em que os diabos se soltam!, 110
Dizer indiretas, 308
Doer o cabelo, 188
Dois bicudos não se beijam, 192
Donzela de candeeiro, 170
É COMO CARNE DE PÁ, 282
É como mangaba, 298
É de chupeta!, 315
É de se tirar o chapéu, 36
É espeto!, 238
É frecheiro, 178
É moça, 225
É muito cutia!, 236
É peia!, 186
É rixa velha, 102
É tiro!, 265
É um alarve, 310
É um beldroega!, 261
É um caraxué, 321
É um homem marcado, 294
É um mata-borrão!, 141
É um pagão!, 275
É um puticí, 227
É um safado!, 112
É um sendeiro!, 195
É um tratante!, 210
É uma abadessa, 171
É uma matraca!, 291
É uma tiborna!, 293
Éfes e érres, 37
Em água de barrela, 242
Em cima da bucha, 220
Em tempo de muricí, 208
Emendar as camisas, 32
Emprenhar pelos ouvidos, 207
Encolhas, 219
Enfiado, 147
Enfronhado, 84
Engravatado, 49

Entrar com o pé direito, 73
Entrar numa roda de pau, 159
Entroviscado, 58
Enxerido sem lenço, 51
Escuro como um prego, 84
Esfarinhado, 241
Espevitada, 230
Espora quebrada, 72
Espritado, 66
Está com a mãe de São Pedro, 104
Está de cavalo selado, 265
Está em Roma, 285
Está na malassada, 285
Está na rede, 120
Está nos seus trinta e seis!, 284
Esta num torniquete, 224
Estão areados, 308
Estar de carinha n'água, 81
Estar de paquete, 76
Estar em papos de aranha, 33
Estar na onça, 255
Estrada da liberdade, 65
Estranhar a capadura, 142
Eu arvorei!, 239
FACADA, 212
Falar no mau, preparar o pau, 100
Fanadinho, 306
Favas contadas, 26
Favela, 222
Fazendo biscoito, 264
Fazer as onze..., 78
Fazer chorar as pedras, 132
Fazer pinto, 163
Fazer sopa, 96
Ficar no tinteiro, 219
Ficou um bolo!, 190
Fidalgo de meia-tigela, 167
Fisgar ladrão, 114
Foi um ramo, 59
Frango da botica, 65
Frevo, 232
Fulustreco, 273
Furado na venta, 240
Futrico, 245

Fuzilando, 303
GALINHA DOS PATOS, 187
Gato por lebre, 180
Gato-sapato, 105
Godero, 215
Gostar da fruta, 282
Guarda de baixo!, 110
HOMEM DE BOA FÉ, 194
Horas minguadas, 54
Hóspede de três dias..., 127
INCHAR, 172
Ir ao mato, 252
LÁ NELE!, 57
Lá se foi tudo quanto Marta fiou!, 290
Ladrando a lua, 246
Lamba as unhas!, 244
Lamber o dedo, 88
Lavagem, 253
Letreiro na testa, 139
Leva remos!, 242
Levado da carepa!, 243
Levado pelo nariz, 240
Levantar e arriar o paneiro, 154
Levante o dedo!, 249
Levar forquilha, 42
Levar pelo beiço, 239
Levou gagau, 55
Locuções referentes ao bilhar, 224
Lunático e aluado, 61
MACACA, 202
Macaco não olha o rabo!, 29
Macaco velho não mete
a mão em cumbuca, 261
Madeira de lei, 223
Mais vale um gosto do que
quatro vinténs, 263
Malandro não estrila!, 314
Mamado, 219
Mandado, 214
Mandar à tabúa, 232
Mão beijada, 36
Mar coalhado e areias gordas, 146
Marca barbante, 264
Maria vai com as outras, 232

Matar o bicho, 235
Mateus, primeiro aos teus!, 229
Meco, 80
Meio Lili, 210
Mequetréfe, 266
Meter a catana, 151
Meter um prego, 97
Metido a taralhão, 275
Meu cadete!, 255
Milagre de Santa Vitória, 70
Minha costela!, 238
Minha senhora!, 27
Mnemônias, 39
Moita!, 323
Molhado como uma sopa, 165
Mordedor, 212
Morra marta mas morra farta!, 302
Morreu o neves, 134
Mundos e fundos, 179
NA CACUNDA DO CACHORRO A GALINHA
BEBE ÁGUA!, 288
Na ponta do dedo, 255
Na rua da amargura, 238
Na tubiba, entubibar, 95
Não case em maio, 108
Não dar-se por achado, 274
Não entendo patavina, 189
Não há boda sem tornaboda, 271
Não há boiada sem boi corneta, 313
Não me cheira bem, 181
Não pisar em ramo verde, 299
Não sou bodé!, 256
Não sou caju, 140
Não vale um xenxem!, 234
Não vale uma sede d'água, 121
Nasceu empelicado!, 309
Nascido nas urtigas, 102
Nem a gancho, 32
Nem arroz!, 296
Nhénhénhén, 52
Níquel!, 31
No fio da navalha, 121
No quente, 276
No rumo da fumaça, 220

No rumo da venta, 130
Nos azeites, 211
Nove horas, 45
Numa roda viva, 285
O DEDINHO ME DISSE!, 242
O diabo arma e desarma, 307
O fito, 178
O galo onde canta aí janta, 300
O homem da capa preta, 201
O queijo do céu, 43
Obra de Santa Engrácia, 258
Os mansos comem coelho, 106
Os pés pelas mãos, 249
Os pontos nos iis, 236
Os três vinténs, 41
Outros quinhentos, 34
Ouvir como grilo, 30
Oveiro virado, 217
PÁ VIRADA, 216
Pagar o pato, 125
Palma e capela, 38
Pano amarrado, 148
Para inglês ver, 201
Para os alfinetes, 161
Passar a manta, 315
Passar a perna, 202
Passar ginja, 317
Passou-lhe a mão na cabeça, 85
Patacão de sola, 164
Pau de cabeleira, 259
Pau nos galhos, 312
Pedrinha no sapato, 87
Pegar a ocasião pelo cabelo, 169
Pegar no bico da chaleira, 262
Peitado, 214
Peitica, 215
Pela orelha, 240
Pelo bater da chinela, 89
Pelo nome não perca, 254
Pender a mão, 257
Pensando morreu o burro, 286
Pentear macacos, 43
Pé-rapado, 226
Perder as estribeiras, 143

Perdeu o trilho, 288
Perdi meu latim, 261
Pés juntos, 55
Pian-pian, 83
Poeta d'água doce, 135
Por que cargas d'água?, 273
Por um triz..., 188
Porrado, 26
Portador não merece pancada, 175
Pratos limpos, 208
Pregar uma peça, 126
Preto no branco, 194
Primeiro sono, 297
Procurar um pé, 253
Provérbios, 35
QUATRO PAUS, 286
Quebrar a tigela, 168
Quebrar lanças, 218
Queira-me bem que não custa dinheiro, 119
Queiroz, paga pra nós..., 193
Quem a boa árvore se chega..., 131
Quem anda aos porcos, 217
Quem tem dor de dentes, 253
Quem tem mazela tudo dá nela!, 318
Quem vê as barbas do vizinho arderem..., 113
QUILOTADO, 173
Quinhão do vigário, 319
RABO ENTRE AS PERNAS, 244
Raio de celebrina, 199
Ram-me-ram ou ramerrão, 311
Relampo, 248
Rente como pão quente, 109
Requentado, 213
Rir a bandeiras despregadas, 132
Roer um couro, 222
Ronca, 191
Rota batida, 221
SAÇANGAR, 142
Sair à francesa, 319
Sal na moleira, 166
Salve ele!, 256
Salvou-se um'alma!, 185
Sangria desatada, 204

Sangue no olho, 75
Santinha de pau oco, 159
São brancos, lá se entendem, 70
Sapato de defunto, 74
Segurar o diabo pelo rabo, 107
Sem dizer água vai!, 115
Sem eira nem beira, 176
Sem ofício nem benefício, 175
Sem tacha, 218
Senhor do seu nariz, 243
Ser besta, 265
Sete chaves, 292
Só com esse dedo, 144
Socairo, 123
Sopa no mel, 249
Soprar e comer, 276
Sua alma e sua palma, 149
Sujeito escovado, 96
Sujeito-pancada, 150
Surdo como uma porta, 115
TAFUL, 250
Talagada, 312
Tangolomango, 268
Tapear, 118
Tem rabo ou tem cotoco, 52
Tem topete!, 145
Tempo da amorosa, 205
Tempo do onça, 204
Tempo do Padre Inácio, 233
Tempo do rei velho, 204
Tempo dos Afonsinhos, 200
Ter fígado, 60
Topo!, 193
Torcendo os bigodes, 283
Torcer a orelha, 123
Torcer o pepino, 58
Torrinha, paraíso e galinheiro, 62

Trabalhar para o bispo, 130
Trabuzana, 298
Trastejando, 211
Tratado à vela de libra, 183
Três dias de cigano, 221
Triste como Maria Beú, 109
"Trocar" a imagem, 95
Tudo mingua no minguante, 322
Tuta e meia, 267
UM É XÉO, OUTRO É BAUÁ, 231
Um profuso copo d'água, 180
Um quebra-louça, 254
Uma "senhora" feijoada, 192
Uma banda esquecida, 266
Uma rata, 252
Uma via e dois mandados, 140
Usa escrava de ouro!, 198
VÁ CANTAR NA PRAIA!, 136
Vá plantar batatas!, 97
Vá tomar banho, 67
Vai para o acre, 228
Vale de lágrimas, 281
Velho como a serra, 299
Vem de carrinho, 286
Vender azeite às canadas, 233
Vender farinha, 309
Ver-se nas amarelas, 289
Vida de camaleão, 68
Vida de Lopes, 77
Virar casaca, 306
Viu passarinho verde?, 287
Viva-rosário, 64
Voltemos à vaca fria, 239
XETA, 81

Obras de Luís da Câmara Cascudo
Publicadas pela Global Editora

Contos tradicionais do Brasil
Mouros, franceses e judeus
Made in Africa
Superstição no Brasil
Antologia do folclore brasileiro — v. 1
Antologia do folclore brasileiro — v. 2
Dicionário do folclore brasileiro
Lendas brasileiras
Geografia dos mitos brasileiros
Jangada
Rede de dormir
História da alimentação no Brasil
História dos nossos gestos
Locuções tradicionais no Brasil
Civilização e cultura
Vaqueiros e cantadores
Literatura oral
Prelúdio da cachaça
Canto de muro
Antologia da alimentação no Brasil
*Coisas que o povo diz**
*Religião no povo**
*Viajando o sertão**

* Prelo

Obras Juvenis

Contos tradicionais do Brasil para jovens
Lendas brasileiras para jovens

Obras Infantis

Coleção Contos de Encantamento

A princesa de Bambuluá
Couro de piolho
Maria Gomes
O marido da Mãe D'Água – A princesa e o gigante
O papagaio real

Coleção Contos Populares Divertidos

Facécias

Impresso na gráfica das Escolas Profissionais Salesianas
Rua Dom Bosco, 441 – Mooca – 03105-020 São Paulo - SP
Fone: (11) 3274-4900 Fax: (11) 3271-5637
www.editorasalesiana.com.br